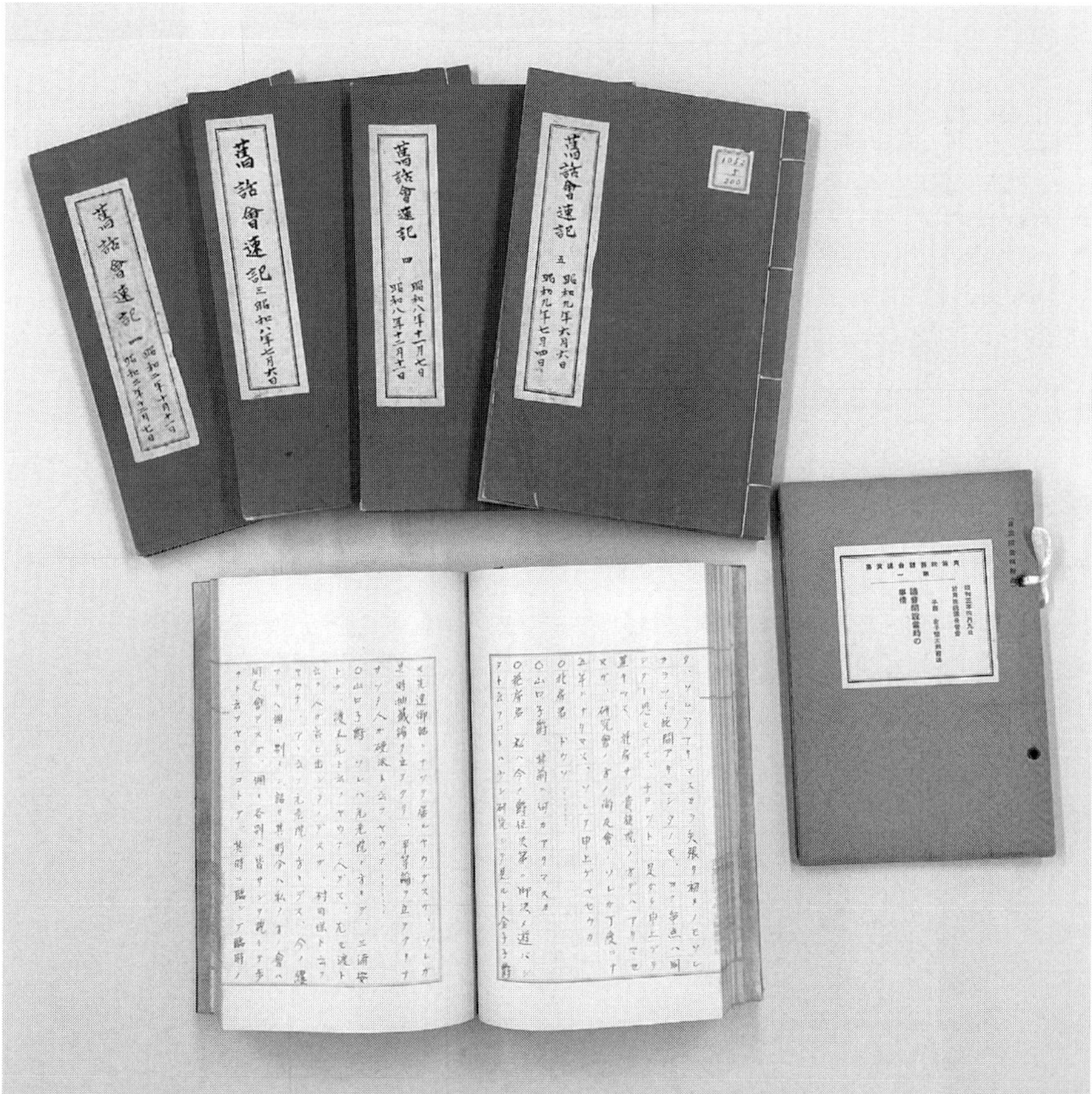

「旧話会速記」（編纂掛本、参議院事務局所蔵）

❖各種の「旧話会速記」

水野勝邦が閲覧した「原本」（『貴族院の会派研究会史　明治大正篇』より）

水野勝邦による朗読テープ（水野本、尚友倶楽部所蔵）

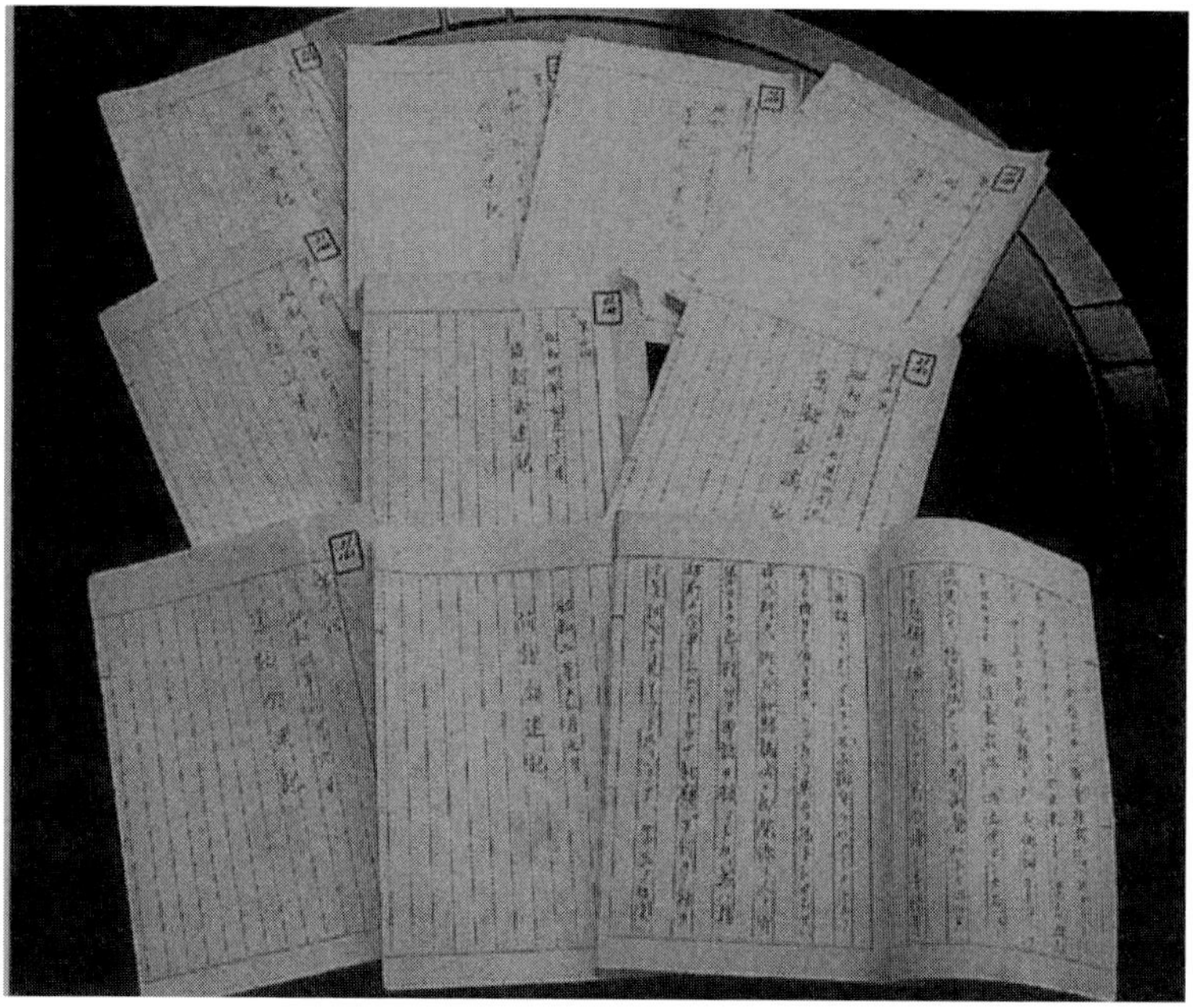

海保勇三旧蔵とされる写本（海保本、霞会館所蔵）

貴族院五十年史編纂掛による写本（編纂掛本、参議院事務局所蔵）

徳川家達＊1

近衛文麿＊4

金子堅太郎＊2

松平頼寿＊5

山口弘達＊3

出典＊1･3･5『貴族院議員名鑑』
(1915年)
＊2『近世名士写真　其1』
(1935年)
＊4『貴族院･研究会 写真集』
(2013年)

尚友ブックレット38

新編　旧話会速記　〈新訂版〉

尚友倶楽部・内藤一成　編集

芙蓉書房出版

刊行のことば

現行憲法の下で、帝国議会は国会となり、貴族院は参議院へ引き継がれた。尚友倶楽部（前身・研究会、尚友会）は、明治以来、貴族院の選出団体として重要な役割を果たしてきたが、戦後は、純公益法人として、日本文化の国際的理解に役立つと思われる、公益事業や、学術団体、社会福祉、などへの援助を中心に活動をつづけている。

近現代史に関連する資料の公刊もその一環である。昭和四十六年刊行の『貴族院の会派研究会史・附尚友倶楽部の歩み』を第一号として、平成二年までには十二冊の「尚友報告書」を発表した。平成三年刊行の『青票白票』を第一号とする「尚友叢書」は、令和三年には四十九冊となり、近現代史の学界に大きく寄与している。

一方「尚友ブックレット」は、第一号『日清講和半年後におけるドイツ記者の日本の三大臣訪問記』を平成六年に非売品として刊行し、以後三十六冊を刊行し今日に至っている。「尚友ブックレット」は、原文書のみならず関連資料も翻刻刊行してきているが、未公開の貴重な資料も含まれており、一般の方々からも購入の要望が多く寄せられてきたので、二十一号から一般にも入手できるような体制を整えてきた。

今回刊行の第三十八号は、第十七号「新編　旧話会速記」（平成十六年刊行）の新訂版である。当時は非売品として刊行したため、部数も少なく入手が困難な状況であった。しかしながら、貴族院研究の基本的な史料として価値が高く、現在でも多くの方々から入手を希望する声が上がっている。そこで、第十七号では十分な調査ができなかった参議院事務局所蔵の写本による精査を加え、新訂版として刊行にするに至った。

今後の議会、貴族院等研究に有効に用いていただき、近現代史の学術研究に役立つことを願っている。

令和四（二〇二二）年七月

一般社団法人　尚友倶楽部

理事長　山本　衞

新編旧話会速記〈新訂版〉●目次

口　絵

刊行のことば　一般社団法人尚友倶楽部理事長　山本　衞　1

旧版まえがき　5

旧話会速記

一、昭和二年十月十一日　7

二、昭和二年十二月七日　17

三、昭和三年四月九日　53

四、昭和四年七月九日　81

五、昭和四年七月十六日　121

六、昭和四年七月二十三日 153
七、昭和八年七月六日 179
八、昭和八年十一月七日 201
九、昭和八年十二月十一日 223
十、昭和九年六月七日 243
十一、昭和九年七月四日 263

【解説】「旧話会速記」各写本と本書の編纂過程 内藤一成 291

「旧話会速記」主要人物一覧 311
「旧話会速記」各本一覧 318
貴族院関連年表 319
歴代貴族院議長・書記官長一覧 327

旧版あとがき 329

後記 331

旧版まえがき

尚友倶楽部から昭和五十五年九月十日に発刊された『貴族院の会派研究会史』の明治大正篇の一九九貝に『旧話会速記』が紹介されている。

昭和二年に創立された旧話会の発案者で当時の貴族院議長、徳川家達公爵は設立趣意書案の中に、目指すところとして「当時の、或いは過去に貴族院議員或いは貴族院事務局の職員であった有志が集まり、憲法制定当時より引き続き貴族院に関係した色々の事件、制度の変革等に関する秘史、逸話、感想等を談じ合い、且つ面白いと思われる談話などを記録に留めて実際上の参考にも供し、また懐古の資料ともする」と述べ、また「公文書等により表面的に観察し得ない事実、感想等で記録に留め置きたい事が少なからずあると思われ、これを記録して置くことは必要であり、興味も多かろうと存じます」と述べておられます。そして旧話会が創立され、『旧話会速記』が誕生したのである。

この速記の原本は現在見当たらず、尚友倶楽部には、この速記録を故水野勝邦理事が録音テープに読みこまれたと見られるものが保管（テープ四巻）されている。べつに、この速記録の写しと思われるものが現在、霞会館と参議院にそれぞれ保管されているが、内容はいずれも殆ど同じと言える。この速記録は旧話会が開催された度ごとに、まず原稿のまま一冊として製本された様である。霞会館の資料によると、旧話会は昭和二年十月十一日の第一回より昭和九年七月四日の第十三回までの開催年月日が記されているので、原稿は十三冊ある筈であるが、今あるどの資料も第六回、第七回、第八回の三冊が見当たらず、十冊のみである。また第十三回の後にも開催されたか否かは不明である。

前記の『貴族院会派研究会史』の明治大正篇の二〇〇頁にある旧話会速記とある写真は諸般の考察から原本のもののようである。これを故水野勝邦理事がテープに読みこまれたものを調べても上記の三冊分が欠落していることから、上記研究会史の刊行された昭和五十五年以前にこの三冊は既に原本にも無かった様である。このように『旧話会速記』の完全なものは見つからないが、現存するだけでも、非常に興味あるものと思われるので、今回、前記の読みこみ録音テープを基底に、他の資料によって補完して纏めたものを『尚友ブックレット』として刊行する次第である.

終わりに、編集を担当された宮内庁書陵部の内藤一成氏に心からの謝意を表するとともに、このブックレット完成のために傾注された調査室の上田和子会員のご努力に感謝申し上げる次第である。

平成十六年七月

社団法人　尚友倶楽部

理事長　戸澤奎三郎

一、昭和二年十月十一日　旧話会

議長　公爵　徳川　家達
出席者　成瀬　達
阪本釤之助
浅田　徳則
藤田　四郎
男爵　阪谷　芳郎
鎌田　栄吉
侯爵　黒田　長成
江木　千之
伯爵　柳沢　保恵

午後三時五分開会　午後三時二十五分了
速記者　下鳥、田中、友野

公爵徳川家達君　今日は過日印刷物の趣意書を御覧に入れ置きました通りの目的をもちまして、諸君のお集まりを願いましたところ、御多忙中にも拘らず多数の方々の御出席を得ました段は深く感謝いたします。貴族院議員または貴族院事務局の職員及び過去において議員または職員たりし諸君のお集まりを請いまして、憲法制定当時より引き続き貴族院に関係したる色々の事件、制度の沿革等に関する逸話、感想等を談じ合いまして、且つ面白いと思われる談話などを記録に止めまして、実際上の参考にも供し、または懐古の資料ともすることは、最も有益で趣味深きことと信じまして、茲に御会合を相願いました次第でございます。差し向き何か適当なる会名を御選定を願いたいと存じます。

而して先日御手許へお廻し申し上げて置きました規約案を一つ御相談を願いまして、簡単な規約を作って置きたいのでございますが、第一会名に就いて何か適当なお考えを伺いまして、之を第一に決定したいと考えます。詳細のことは書記官長から尚お話を致させましょうと思います。本日かく多数の御来会を得ましたのは、私としては誠に感謝の意を表したいと存じます。

成瀬達君　只今のお申し付けに依りまして、私から一応お話を申し上げます。徳川公爵が只今お話になりましたような御趣意で何かやったら宜かろうというお話がございまして、案を立てろというお申し付けでございましたので、実は色々考えてみたのでございます。その結果御覧に入れましたような規約案を作ったのでございます。是は第一条は申すまでもなく我々の方で主としてこの仕事をやるべきものと思いまして、貴族院に事務所を置くということを書いたに過ぎないのでございます。第二条の方はその目的を簡単に掲げたに過ぎないのでございます。第三条の会員の点でございますが、この点に付いて色々考慮をしてみたのでございますが、取り敢えず十年以上御関係になった方々にお集まりを願って、その方々から色々有益なるお話を承ってみて、その結果に依ってはもっとこの範囲を拡張しても宜かろう、こういうような大体の考えをもちましてこの第三条を決めたのでございます。之に依りまして今日お集まりを願います招待状を差し出しました数が、議員の方々で約二百十何名さんと思います。それだけの方々は現に議員の方及び過去における議員の方で、十年以上御在職になった方々でございます。

徳川公爵は規約までにも及ばないかも知れぬというお考えでございましたので、実はこの五条、六条等はどうしようかとも思ったのでございますが、一応こういう規約を作って置きまして、形を備えて置きます方が、私共が色々お話を承ったりその他事務を執りますのに都合が宜かろうという考えからしまして、喧ましいようでございますが、会長でございますとか、幹事長でございますとか、幹事とかいう者を置くことに致してみたのでございます。

会長は貴族院議長の職に在られる方に会長になって戴く、こういう積りでございます。それから幹事長の方は貴族院書記官長の職に在ります者がやりますのが一番都合が宜くはないか、こういう考えで幹事長は書記官長、こういうことに致して置きました。幹事の方は大体古く居ります職員がまだ大分居ります。そういう連中が、会員になる資格のある人も居りますし、致しますが、その他に会員になる資格を、此処で第三条で置かなかった古い職員などもありますので、そういう連中なども幹事になって色々古いことを調べて貰う方が宜くはないか、こういうような積りで、そういう人々も幹事に為し得る方法を取ったのでございます。またそういう関係のない人でも、例えば裏において各派の事務所等において非常に働いた、長い間働いたというような人でもあれば、この人も或るいは幹事として働いて貰うことも時には宜くはないかというような考えをもちまして、そういうような考えからぼんやり外からも幹事を選定することが出来る、こういうことに決めたのであります。

第七条は会費の点でございますが、是は実は議長のお考えも承りまして、当分こっちで、大したことでなければ、そういうような仕事をする位の費用は持とうという考えでございまして、実は会費を今のところ頂戴する必要はないのでございます。併しながらこの仕事が良く行きまして、何か印刷物にしようとか、または定期の刊行物でも出すとかいうようなことに調子よく参ることになりましたならば、時に依りますと会費でも頂戴しまして、それで雑誌でもお配りするといったことが出来ると面白いかとも考えて居りますので、会費の規定は全然置かないということでなく、会費は皆さんから戴くのを原則とするが当分はその金は頂戴いたさない、こういうような規定に書いてみたのであります。

先日も金子〔堅太郎〕子爵にお目に掛りました時に、まあ食事でも緩々して色々話合いをする方が宜かろうというお話もございましたので、私共もそう考えて居ります。そういうような場合には、時に依りますと、そう始終議長に御厄介になるという訳にも参りませんので、部分的にお集まりを願ったり、何かしました時には、また食事などがありますような時などには、或るいは会費即ち弁当代を頂戴しまして、お集まりを願うというようなこともまた宜くはないかなどと考えて、ぼんやりこの第七条の規定を置いたのであります。

第七条までの極めて簡単な規定でありますが、目的が能く分かって居りますし、やり方も随意に出来ます方が宜かろうと考えまして、極めて簡単な規定だけに止めて置いた次第でございます。それでどういう風にしてこの会の目的を達するようにして行こうということに付いて、まだ色々考え中で居ります。私、私案としまして、行く行く何れ会長になられると思いますが、徳川公爵のお考えを承わる積りで居りまする案は、話題即ち何かこのトピックを決めまして、それに依って時々それに御関係になった方々の御集会を願う、こういうことも一つの方法であろうと思う。例えば何か議会開設前の事柄、例えば憲法が制定された当時の状態、貴衆両院制度を採ったその当時の学者、その他の立法者の方々の御意見とか、また貴衆両院の名前がどんな所から由来して来たかというような、そういう小さなことまで色々問題に供してお集まりを願う、こういうことの為には、その当時の方にお集まりを願うといった風な方法でやるのが宜くはないか、問題としましては只今申し上げました如き種類のもの、またはその当時初めて勅選を選んだ時には、どんな方法で選んだろうか、初めて互選議員の選挙の時には、どんな風でございましたろうかというような、細かい問題もあろうと思います。

議会開設の後におきましては、また色々な今日までの問題が、座談的にお話を願いますに適当な問題があろうと思いますが、多少纏まって調査などを致したいと思って居りますのは、各派の生じました具合とか、またはそれの発達、消長、変遷の状態とかいったようなものも面白かろうと存じて居ります。また各派交渉会などというようなことが、どんな事から初めて起こって来て、どんな風に進んで行ったかということも面白いかと思います。また年々の問題、例えば詔勅が降下になった有名な問題もございますが、ああいう風な問題とか、師団増設の問題だとか、色々還元集などというものが出来ました還元問題など、ああいう当時の問題とか、その他細かいことを言いますと、鉄道敷設法の成り立ちました色々の歴史とか、陪審法だとか、郡制廃止とかいったような問題を摑まえまして、その当時の事情等をお調べになりますこともまた面白くはないかという考えも持って居ります。

それからその方法としましては、時代別に、例えば初期議会に御関係の人のお集まりを色々願ってお話を願うとか、或るいは話題別に今申し上げたような話題で、何かの話を今度調べてみようというので、そういう御関係の方のお集まりを願うとか、または議員の種別で、例えば公侯爵の方々のお集まりを願うとか、互選議員の方々のお集まりを願うとか、勅選の方々のお集まりを願うというようなことで、段々話を引き出して行くというようなことも面白い方法だろうと思います。それらの各種別の混合で、或る時代の勅選の方々とか、互選の方々とかいう風にお集まりを願って、会を催すのも面白かろうというようなことを、私の腹案として今持って居ります。

併し今日お集まり下さいました方々において、こんな方法にしたら面白かろうというようなお考えがありましたならば、今日伺って置くと参考になろうかと思って居ります。そういう風にして段々会合を重ねて行きまする中に、或るいは私の方から速記者でも連れまして、どなたか個人の方の所へ或る問題を持ってその当時の事をお伺いに行くといったようなことも、段々と起るかと思いますが、皆様方の所へも伺いましょうし、また不幸にして会合等にお携わりにならぬ古い方々の所などに特にそういう者を連れて出なければならぬというような場合も、将来は出来てくるかと思って居ります。

何れにしましても段々と糸口を解きつつ細かい所へ這入って行く、その結果は先程申し上げました通りに我々の方で編纂をしてみまして、何か面白い記事でも出来まするようでありましたならば、或るいは定期の刊行物を作るといったようなことに致しましても宜くはないかと考えて居ります。

今まで申し上げましたことは、主として史談に関係することでございまして、その他それに伴いまして色々な方面から現在の議員の方、及び過去の議員の方の御懇親を深めるということに、色々に利用して行くことが宜かろうと存じます。定期の刊行物などを作りますことも、或るいはそういうことにも利用が出来はしないか、また一層拡めまして、只今御覧に入れました規約では十年以上在職という規定になって居りますが、もっとこの仕事が良く行くようになりました場合には、或るいはこの範囲をもっと拡張して、広い範囲においての議員の方々、元の議員の方々等のお寄合になる一つの機関にするというようなことに発達して行っても面白かろうというような考えを持って居る次第であります。

大体只今申し上げましたような考えにおきまして、そんな事で略々徳川公爵のお考えになりましたことの目的に副いはしないか、こう考えた次第であります。大体それだけを申し上げて置きます。

公爵徳川家達君　只今書記官長の申し上げましたることは、大体皆さん格別御異存もあらせられないかと考えますが、どうぞ御腹蔵なく、何か御意見でもございますならばお述べを願うことが出来ますれば誠に仕合せと存じます。

阪本釤之助君　会名は何か御腹案がありますでしょうか。若しございますれば——。

公爵徳川家達君　会名は誠に私共甚だ浅学で良い考えも無いのでございますが、極く有り触れた熟字か存じませぬが、温古とか、旧話とか、懐古とか、その位のものしか持って居りませぬ。余り堅苦しい名前にも及ぶまいかと存じます。

阪本釤之助君　甚だ僭越でございますが、実は事務局の書記官を致して居って議員をして居る者が、或るいはまだ外にもありましょうか。私一人と存じますが――。

公爵徳川家達君　犬塚〔勝太郎〕君も居られます。

阪本釤之助君君　犬塚君も前からそうじゃなかったかと思って居りましたが、そうすると甚だ僭越でございますが、実は私は御通知を受けまして、すぐ直感した一つ何がございます。余り角立たずに何も意味のないことが宜くはないか、こういうことを考えまして、霞ヶ関の南にある所の人が集まるのだから、霞南会ということはどうであろうか、霞南という字は、熟字に決まった字ではございませぬけれども、併し春風駘蕩の趣があって気持ちの宜いような字ではないか。若しそれをもう少し捻くれば虎北会、虎の門の北であるから虎北会、若しくは虎東会などもございますが、どうも霞南会は、私は霞の南というようなことは貴族院らしくて宜くはないかということを、その当時すぐそう思いましたので、唯御参考に、迚も物にはならぬと思いますが、ちょっと題を出しました。

浅田徳則君　何か御腹案が外にございますか。只今の温古会とか、その他何とか――。

公爵徳川家達君　懐古――。

浅田徳則君　何か文字が上へかぶさりますか。

公爵徳川家達君　いや、何もかぶさるまいと存じますが――。

浅田徳則君　只今の阪本君のお話の霞南会などということは、丁度それに似寄った霞会というものを、是はこの間外務省に曾て籍を有せし者、現在有して居ります者が先達て作りました。それは霞会というのです。そういう風なのもあります。それで阪本君の只今のお話で言えば、霞南会と云えば霞ヶ関の南の方だが、是ではどうもどちらが南か、東に当るか、ちょっと分からぬようなものですから、先ず是は一つ一説として、尚他にもまた御意見もあろうと思いますから、御腹案の旧話会などの方が分かり易く随分おとなしいものと思いますが、温古会というのは少しどうも習ったことをさらえるというような意味があるようで、温の字をお付けになれば温旧会、それよりは旧話会などの方が一番分かり易くて宜くはないかと思います。

公爵徳川家達君　会名に付いてお心付きのことがございますならば、御遠慮なくお申し述べを願いとうございます。

藤田四郎君　只今阪本さんからお話の霞南会というのがございましたので、思い付きましたのでござんするが、こういう寄合では兎角寄合いますと最初の日を先ず注目するものでありまして、或るいは水曜会とか、土曜会とかいうものが出来ますのでござんするが、今日は確か火曜日と思いますが、火曜の火という字は余り面白い字でございませぬが、丁度霞という字は「カ」という字でございます。南は太陽の陽という字がありますから、霞陽会となされまして、両方通ずるように致しましたら如何でございましょうか、御賛成を願います。

〔「賛成」と呼ぶ者あり〕

男爵阪谷芳郎君　私も旧話会に賛成いたします。

鎌田栄吉君　私も旧話会に賛成いたします。

公爵徳川家達君　是は大問題でもございますまいが、今の霞陽会という藤田四郎君のお述べになったのに賛成賛成という声が大分聞こえましたが、旧話会という——阪谷男爵でございましたか、旧話会に賛成ということがございますから、それでは——。

侯爵黒田長成君　今お決めになる前に一言その事でちょっと申したいと思います。お話の後で宜しゅうございますが――。
公爵徳川家達君　会名に付いてですか。
侯爵黒田長成君　はい。
公爵徳川家達君　それなら今お述べを願います。
侯爵黒田長成君　実は懐古という字でございましたが、之を見ました時に、或るいは徳川公爵が懐古会とでもお付けになりはしまいかと自分には朦朧と考えを持って居ったのでございます。ところが先刻のお話に三つお述べになりました。その中で旧話会ということは少しも心付きませんでございましたが、同じような意味で丁度私の前に想像いたして居ったことと非常に近い、且つ旧話という字は穏当のように存じますから、丁度私が初め考えて居った所に符合しますから、一層宜しいと思います。旧話会という方に私は賛成いたします。
阪本釤之助君君　決して私は反対を致す訳でありませぬが、旧話ということはまあ俗には申しますけれども、本当を言うと話旧でなくてはならぬと思います。旧話という字は熟字に無いのであります。世間の俗に従っておやりになるのなら已むを得ませぬけれども、成るべくなら熟字に有る字を――。霞陽会、若し何なら、或るいは華南会、華の南では如何ですか。
江木千之君　旧話というのが漢語として立派な熟字であるということは、私は責任をもって言います。間違いありませぬ。
公爵徳川家達君　如何でございますか、旧話会という方に御賛成の御方は御手をお挙げを願います。
〔挙手者〕
公爵徳川家達君　暫時――御手をお引っ込ませを願います。霞陽会という藤田四郎君のお説に賛同せられる御方は御手をお挙げを願います。
〔挙手者〕
公爵徳川家達君　旧話会が多数と考えますから、本会の会名は旧話会と致します。それから、この規約のことは如何でございますか。
男爵阪谷芳郎君　全部賛成いたします。
公爵徳川家達君　逐条に御意見を伺いましょうか。或るいは第一条から第七条まで一括して伺いましょうか。如何でございます。
〔一括賛成〕と呼ぶ者あり〕
公爵徳川家達君　然らば一括いたしまして問題と致します。原案で御異存ございませんか。
〔「異議なし」と呼ぶ者あり〕
公爵徳川家達君　然らば原案通り、是で規約も成立を告げました。会名も出来ましたから、本日はこの程度で御散会を願いましょうかと存じますが、何か本会に付いてお心付きのことでもございますならば、どうぞ御腹蔵なくお申し述べを願いたいと思います。
男爵阪谷芳郎君　次回の凡その日取りと話題を一つお決めを願いたいと思います、
伯爵柳沢保恵君　それは追って御通知を願います。
公爵徳川家達君　実は只今の書記官長の申し上げましたのは、まだ私は承って居らぬ事柄も大分ございます。書記官長一己の考えの方が大分多かったようでございます。もう少し慎重に相談も致しとうございますし、次回の開会の日時とそれから問題と致すべきことは暫く考慮の時間をお与えを願いまして、更に御通知を致すことに致します。然らば本日は是でこの会は散じますが、どうぞサンドウィッチでも御茶でも、御随意にお召しを願います。

二、昭和二年十二月七日　旧話会

会長（議長）　公　爵　徳川　家達
出席者　伯　爵　徳川　達孝
（伯爵）大村　純雄
子　爵　青木　信光
子　爵　稲垣　太祥
子　爵　金子堅太郎
子　爵　京極　高徳
子　爵　牧野　忠篤
子　爵　松平　直平
子　爵　松平　乗承
男　爵　西五辻文仲
男　爵　平野　長祥
男　爵　平山　成信
男　爵　古市　公威
男　爵　南　　光利
男　爵　南岩倉具威
勅　選　石井省一郎
勅　選　鎌田　栄吉
多　額　五十嵐敬止

午後三時十五分開会　午後五時五分散会

徳川会長　本日は皆様のお集まりを願いまして昔のお話を、何も角立ってお話を願う訳ではございませんが、初期以来の議会においての、何か真面目なお話でも、また滑稽なお話でも、滑稽と申しては悪いかも知れませぬけれども、何かお話を願ってみたいと存じます。速記者を此処へ呼んで置きました。また速記に留めて面白くないことは、お一言ございますれば速記を止めさせます。どうぞ非公式に、固くならずにお話を一つ願いたいと存じます——。古市男爵、初期以来の何か面白いお話でもございますなら、一つ願いたいものです。

古市男爵　今日は京極さんは何ですが、別段是ということはないが、議長御承知の、記録に存して宜い事と思いますのは、予算の款項の付いて決を採るという規則を励行したことなどは記録に存して然るべき事と思います。

徳川会長　今のお話は、御承知の通り矢代〔操〕という書記官が一々款項を読み上げたものです。一々議長が起立を命じて賛成を表したのであります。

古市男爵　私も予算委員の一人で、十二時過ぎまでかかって款項に付いての決議を起ったり座ったりしたこともあります。

それからもう一つ記録に存して宜い事と思いますのは、第一回であったか第二回であったかちょっと覚えませぬが、何か委員を選ぶのに蒟蒻刷を配ったことがある。それが大変やかましくなって、委員の氏名を蒟蒻刷で配るのは怪しからぬという問題になったことがあります。その問題になった結果はどうなったか知りませんがね。私等は受け取った方で、書記官が不正な事でも行われたように睨まれたことがあります。

杉渓男爵　ちょっと記憶がありませんが、今の款項を読ますという前に、不成立にする為に時間を努めて長くする、誰でも構わぬ、下らない質問でも宜いから少しでも長引くように考えて来て呉れという前からの話で、質問が尽きたら予算を全部読まそうという計画で、長引いて十二時を超せば翌日になるのだからという話であった。

古市男爵　一番最後の日かに地租軽減問題が起こって、それを不成立にする、我々の仲間でそう目論んだ。そんな事をするに及ばぬ、ところがその問題にかかろうという所で閉会になりました。その事は覚えて居ります。予算の方は起ったり座ったり――。

杉渓男爵　款項を読ませるのは予算不成立の謀みであった。ところが時計を止めてあるのを知らない。何時まで経っても十時であったか十一時であったので、十二時過ぎまで動かぬようにしてある。何でも一時か二時までかかった。

石井君　予算問題か何かで――。

杉渓男爵　衆議院から廻付して来た予算を不成立にする――。

石井君　初期ですか。

杉渓男爵　不成立にするより仕様がない。行政裁判所長＊1の槇村〔正直〕なども入って居る。今からみれば官紀振粛問題になる。行政裁判所の予算を減らされたのが癪に触ると、それに反対して、色々な臭味が集まって不成立にしよう。

石井君　そういう事があったですか。

杉渓男爵　そうです。それで仕方がないから質問を長くする、一時間でも長く質問する、時間が過ぎたら款項を読ませる、その間には十二時になってしまう、こういうのです。それが事務局の方でちゃんと時計が動かぬように止めてあった。それに気が付かなかった。そうでなければ定足数を欠こう。ところが戸は皆閉鎖されて出されぬようになって居る。何処の入口も錠がかけてある。

石井君　ひどい策略でございましたな。

西五辻男爵　矢代書記官が予算を読んだ。款項目を一切読み上げるのですね、蜂須賀〔茂韶〕さんが予算委員長であった*2。一々起立をするので時間の経つこと驚くべしであります。矢代書記官が予算を読んで、到頭病気になって死んだでしょう。予算と討死したようなものです。

杉渓男爵　何千何百何十円という読み方であった。そうして予算は成立したです。種が尽きてしまった。引っ張り延ばす種が無くなってしまったのです。行政裁判所長などが入って居るからおかしいですよ。

石井君　ちょっと珍らしい話ですな。

西五辻男爵　杉渓君なども不成立の――。

杉渓男爵　それから選挙干渉の建議案*3、是は少数を以て多数に勝とう、村田〔保〕君の水産問題か何か一つある。その時に集まって議題に上ぼせて咄嵯にやってしまおう。そうすると他の議員は来て居ない。やりかけると演説が二つばかりあってそれが少し長かった。びくびくして居る間に十二時になりかけた。その時に本多正憲君が討論終結、声が小さい。五十嵐〔敬止〕君が賛成と言うた。それを議長が知らぬ顔をして休憩とやってしまった。それから三浦安《ママ》なんというやかましい人が、午後一時に開かなればいけないと言う。そうすると政府の方では電話をかけて呼び出す。その時分は電話が十分でありませぬから馬車を以て迎えに行く。それに来られたら大変だから午後一時に始めて午前の問題を引き続いてやって、加藤〔弘之〕博士が演壇に出て居たです、反対の――。それに拘らず討論終結を本多子爵が言うた、言わぬ、五十嵐君が賛成したというので、到頭それをまた表決に問うて、それが成り立った。入口が閉鎖となって少し遅れた者は入ることが出来ない。それでやっと選挙干渉に関する建議案は通った。貴族院であんな案が通ってはいけないと、当時は暫くやかましかった。

石井君　選挙干渉の――。

杉渓男爵　そうです。衆議院では上奏案であった。貴族院では建議案。

石井君　二十五年ですか。

杉渓男爵　二十五年、品川〔弥二郎・第一次松方内閣内相〕の――。

石井君　その時分は私は地方官でやった方だ。

杉渓男爵　提出者は山川浩、それから佐賀の多額の原〔忠順〕、鍋島直柔。集って居る者には賛成者が多いので、ばたばたと討論終結が出来るのですから、時間の短い方が宜い、皆の集って来ない方が――。それでも午後に延ばして無理に通ったのです。その時に曾我〔祐準〕子爵が何でも補欠で出た。そうして建議案を出した方です。しかも少数でもって多数に勝ったものですから、僕は戦争より面白いものはないと思ったが、議員生活は戦争に次いで面白いものだと言って居った。

西五辻男爵　貴族院の日記というようなものが何か残って居ますか。先刻杉渓さんのお話の第一回の議会の時に焼けて*4、帝国ホテルでやった時に時計が止めてあって、伊藤〔博文・貴族院議長〕さんが議会が終ると演説する積りで暫く寝て居られた。予算が済んだ。東久世〔通禧〕さんが副議長で、是でこの会議が終わったと閉会を宣告したものです。散会というか終いをですな。ところが伊藤さんが演説する積りであった。何でも開いて貰わなければならぬという訳で鈴を鳴らしたけれども、皆散ってしもうた後なんです。傍聴者が無いと秘密会になってしまうというので、俄に何処の人が入ったか知らぬが人をばらばらに入れて、新聞記者を呼び戻して、伊藤さんが演説をして、今日に限って諸君の随意に演説を許すからやって呉れ、誰も演説はしなかったと思いますが、そういうことがあった。

徳川会長　これは速記録にあります。富田鉄之助君が憲法万歳か何か言ったと思います。

西五辻男爵　その時です。

成瀬幹事　速記録にありますが、事務局では回数の中に入れ〔る〕べきものかどうか問題になって居ります。

徳川会長　その時に号鈴の鳴ったことを覚えて居ります。

西五辻男爵　それから宮中で閉院式を行われた時にも帝国万歳か何かあった。東久世さんの発声で万歳を唱えた。二回目からは万歳は唱えなかった。

成瀬幹事　火事の為に宮中でやったのですか。

西五辻男爵　そうです。

杉渓男爵　一度何の案でしたかね。交渉の案件があって、貴族院で決議して衆議院にもう一遍やったら、衆議院が散会してしまった――。

徳川会長　それは大分後です。近衛〔篤麿〕議長の時*5――。それから西五辻男爵のお話のことは、

〔富田鉄之助君「伊藤議長万歳」ト呼ブ〕

〔議員一同「伊藤議長閣下万歳」ト呼ブ〕

是レニテ御散会ニ相成ッテモ宜シウゴザリマス、只今ハ正則ノ議場デハアリマセヌニ依テ諸君ノ中ニ於テ如何様ナ御演説ガアリマスルトモ更ニ妨ハアリマセヌカラ、御随意ニ此席ニ御著席ニナッテ御演説ニ相成ッテモ宜シウゴザリマス、

午後五時五十五分散会

――――☆――――☆――――☆――――

(東久世副議長)　定規ノ刻限ヲ過ギマシタカラ是レデ休会イタシマス、

午後五時五分閉場

〔午後五時三十分更ニ各議員ヲ議場ニ会シテ議長伯爵伊藤博文君ハ左ノ演説ヲナセリ〕

斯様に速記に留めてあります。今の時計を故意に止めたということは何にも載って居らない――。

稲垣子爵は何時から議員に――。

稲垣子爵　二十五年の七月、三回からでございます。この間の規則に一期二期ということがありましたが、一回二回というのですか。

成瀬幹事　そうです。

稲垣子爵　一期ということは御修正にでもありましたか。規則の中には「期」とありましたが――。

成瀬幹事　規則には「期」の字は使ってございませぬ。「十年の議員」でございます。

西五辻男爵　十回じゃありませんか。

稲垣子爵　十回なら宜いです。

西五辻男爵　稲垣さんと堤〔功長〕と阿部〔正敬〕と三人一緒でしたね。今はあなたお一人だね。随分提灯持ちをしましたね。

杉渓男爵　号鈴の鳴ったのは何年頃――。

徳川会長　大分後です。蜂須賀議長の時――。

西五辻男爵　あの時分は面白いことがありましたね。

杉渓男爵　村田〔保〕の法典延期の問題*6――。

西五辻男爵　島内武重などは中々活気がありました。

徳川会長　平山君は何年からですか。

平山男爵　二十七年です。

杉渓男爵　島内武重が親の言う事を肯かないということで――。

西五辻男爵　あれは村上桂策じゃないか。

杉渓男爵　いや、島内だ。親の言う事を肯かぬような者は辞職してしまえ、懲罰委員に付せということになって、午後に取り消したです。

石井君　それは議会においてのお話ですか。

杉渓男爵　演壇から降ろそうとしたら降りなかった。親の言う事も肯かないのだからと云って――。
そこで親の言う事を肯かないような者は懲罰委員に付せという問題になって、午後に取り消したです。

西五辻男爵　村田保だったと思う。九段の途中で馬車を止めて頼まれたとか何とかいうことで、提灯持ちがやかましくなって大騒ぎのことがあった。安藤則命という人が怒って、その時にこういう句があった。

　あんどうが消えて提灯燃えあがり

石井君　あの時分は何でしょう、頼まれるとか頼んだということは大変愧じたものですね。林友幸が、議会のある間は長州人の大臣や何かの所へ一度も行かないと云って威張って居ったですな。

杉渓男爵　西君のナカネー問題、中根〔重一〕書記官長が誰かの投票の代筆をした。

西五辻男爵　多額納税の人ですね。白紙を持って出た。書記官長が名前を書いてやった。それがやかましくなった。代筆をするものでないというのでね。

杉渓男爵　そうすると西君が「代筆でなかねーばかり青くなり」とやった。それを中根の居ない時にその卓の上に置いた。それを見て中根が怒り出して、そこらの人に君だろう君だろうと――。

西五辻男爵　芳川顕正だろうといって中根が怒った。

杉渓男爵　阪《?》本が置いた。中根がプンプン怒って居るのに、知らぬ顔をして居る。

石井君　それは余程後でしょうね。

杉渓男爵　余程後です。

西五辻男爵　小原重哉という人がある。あの人は冗談をやるのが上手であった。

平山男爵　諧謔が上手でしたね。
杉渓男爵　狂句みたいなものが始終出るですね。問題毎に――。
石井君　あの人は中々画も描きますしね。
平山男爵　画も上手です。
杉渓男爵　画は天狗でした。
石井君　画の流儀は何です。
杉渓男爵　南画です。南画で人物を描く者は日本に僕一人よりない、と言って居る。
西五辻男爵　関博直という人が議会で、議長はお聴きでしたろうが歌を謡った。「土佐はよい国南をうけて薩摩颪がそよ〳〵と」。そうして演壇をぐるぐる廻った。議員の方から議長の方を向いてぐるっと廻った。それで我々の仲間では回転議員という名を付けたものです。何の問題でしたか知らぬが――。
古市男爵　前に私の時分には政府委員で同時に予算委員というのがありましたね。私は政府委員で予算委員であった。それは不都合だという話で、その後そういうことはないようになったが、今は予算委員に選ばれて居った人が政府委員になったらどうしますか。
成瀬幹事　どうしますか分かりませんが、恐らく辞されるのでございましょうね。
古市男爵　内規でもあるですか。
成瀬幹事　何もありませぬ。常任委員を二つおやりになるのも近頃はありませぬ。片方はお止しになります。
古市男爵　私等は予算委員会には政府委員の席に居って政府案の弁明をして、決を採る時分には議員の仲間に入って立った。何でもそれが一番終いのようであった。工合が悪いというので、その後は無くなった。

成瀬幹事　先程三宅秀さんが見えまして、今日はお出でにならないのでありますが、矢張り自分が大学の教授で予算委員になった。どうも大学に金を呉れないので、文部省の為にも宜いと思ってごねてみた。そうすると久保田〔譲・文部〕次官から非常に叱られたが、そういう事があったと笑って居られた。ちょっとそんな傾きでございます。

古市男爵　私の時が一番それの終いでしたろうが、貴族院に向って政府が砲台の建築費の復活を求めた。衆議院で否決したのを――。ところがそれを復活する交渉になると会期が切迫して居って、或るいは予算不成立になるかも知れない。政府としては矢張りそれが縦し否決になっても予算は通さなければいけない。そこで私は政府委員の席に居って児玉〔源太郎〕陸軍次官から陸軍の材料を取って、この通り一年延ばしても差し支えない、来年やっても宜しいという論を政府委員の席でやった。それから決を採る時には予算委員の中へ入って、衆議院議決の通りという方へ立った。それで予算成立、実際それで宜いに違いない。一年延ばして翌年からかかっても宜い。紀淡海峡か何かの砲台でしたが、年度割で行くと一年延ばしても差し支えない。その材料を児玉陸軍次官から借りてやった。

成瀬幹事　役人と議員の使い分けでございますな。

西五辻男爵　何の問題でしたか、大きな問題で、決を採る時分に松方〔正義〕総理大臣が――。

徳川会長　台湾鉄道か何かの――。

西五辻男爵　閉鎖してあるのに政府委員席からどんどん下りて来て議員の席に着いて可否の決に入った為に、やかましかった。

成瀬幹事　先程古市男爵からお話のありました予算議定細則*7ですな、あれの中に今度変えなくちゃならぬ点があるので、それは議院法が改正になりまして二十一日間の期限を付せられた。従って議場で審査期限を定めなくても宜いことになった。第三条か何かが変わらなくちゃならぬ。その案が出ることになって居りますが、何か予算議定細則の成立に付いて御記憶がありましたら、どなたからでもお話が願えると大変宜いのであります。あれがどうして出来たかということがよく分からないです。政府の方で拵えたのか、議院の方で拵えたのか、誰が起案したものか、何も記録が無いのであります。金子〔堅太郎〕子爵がお作りになったのではないかと思いますが――。

徳川会長　もっと新しいのではないか。

成瀬幹事　初期からでございます。

古市男爵　今の款項で無暗に立ったり座ったりしたのはあの為ですね。

稲垣子爵　二十一日間というのは大分新しい。私の出た時にはそういうことは慣例にもなかった。

成瀬幹事　それはございますまい。それが二十一日と極まったのは最近でございます。去年の議会で極まりました。その前の二十一日という慣例は何時頃でありますか。衆議院も十五日がその後二十一日間となった。その衆議院と伴っての慣例ではないかと思われます。

今では全く款項の順序は逐うて居ないのです。併しどうも変える訳にもいかぬと思うて居るのでございますが、私の方としましては――。

古市男爵　項に賛成の諸君は起立、款に賛成の諸君は起立、それを連ねて決を採った。議長〔徳川〕と近衛公爵とは議長の所へ押しかけて行った――。互い違いに採られた。

徳川会長　二条〔基弘〕と三人です。

西五辻男爵　蜂須賀さんが予算委員長でしたね。大分えらかったですよ。

徳川会長　谷〔干城〕子爵でしょう。谷が委員長、副委員長が細川潤次郎。

平山男爵　私が議員になる時にこういうことがあった。第一次松方内閣の選挙干渉の後ですね。辞職されて、私は書記官長をして居って、その時に貴族院に入る訳に極まって居った。そうしたら大木〔喬任〕さんが枢密院議長になって。伊藤内閣が出来て、伊東巳代治君が枢密院書記官長から内閣書記官長に行ったですね。それで枢密院書記官長が無くなったので、私が枢密院書記官長になった。その時に伊東君から、君は枢密院書記官長になったから、どうも枢密院書記官長で貴族院議員を兼ねるということは工合が悪いことになって居るから、貴族院議員にすることは見合わせたという話であった。それから暫く待って呉れ給えというようなことで、その後山県〔有朋〕議長の時に平田〔東助〕君と交代した。その時に平田君と交替して枢密院書記官長を罷めて貴族院に入るということであった。平田君に、議員を止しても枢密院書記官長になったから宜いじゃないかと言うた。ところが平田君は、議員を罷めることは不同意だ。そこで前に伊東君から私が受けたのと反対のことになって、平田君は議員の儘で枢密院書記官長になった。爾来構わないことになって、現に二上〔兵治〕君が議員になって居る。そういう事があったです*8。

徳川会長　枢密顧問官になられたら議員は辞される何かある。矢張り書記官長も罷めた方が穏当だろうと思うですね。

平山男爵　私が二十五年のが七年まで延びたのは、そういう事情であった。

徳川会長　それは有松〔英義〕君が枢密院書記官長の時もそう思ったです。それを言うと有松君を邪魔にするようであるから黙って居ったですが、理窟はそうだろうと思う――。西五辻さん、あなたは研究会の起因のことは大分お精しいですな。

西五辻男爵　精しいというて――。

杉渓男爵　創立者の一人です。

平山男爵　研究会は何時出来ましたか。

西五辻男爵　研究会はずっと前丸山作楽*9という人が小さい会を拵えた。赤坂の山王下にありました。その時分には研究会とは云わなかった。何と云うたか知らぬが――。
成瀬幹事　第一回議会ですか。
西五辻男爵　第一回の前だと思う。
稲垣子爵　丸山の議員になったのは新しい。私も御懇意でありましたが、第一回の時には議員になって居りません。それは研究会が借りた。その借りた時には私が紹介者になった。第一回頃は丸山作楽は図書頭でありました。研究会は丸山作楽には関係はない。借りただけのことです。
西五辻男爵　今愛宕山の放送局ありますね。彼処で関博直とかああいう連中が二十銭で寄合をやったのが初めで、それから上野の精養軒。
徳川会長　それは研究会じゃないでしょう。
西五辻男爵　纏まりかけて、一遍壊れた。
杉渓男爵　伊達宗敦や関が抜けたです。
西五辻男爵　三曜会といって割れた。
成瀬幹事　当時は二つですか。
杉渓男爵　あとは一騎討ち。
徳川会長　研究会と三曜会と――。懇話会は別ですか。
杉渓男爵　あれは土曜会になった。
徳川会長　五十嵐君は三曜会ですか。
五十嵐君　そうです。
徳川会長　それから松平乗承君。
西五辻男爵　あの時分、三曜会には男爵が本多副元、鶴殿忠善、子爵で四人組の梅小路定行。

徳川会長　それから本多正憲、佐竹義理。
西五辻男爵　二条〔基弘〕さんもそうです。
徳川会長　二条もそうです。近衛、二条、若王子遠文、勘解由小路資生。
杉渓男爵　勘解由小路は年長者で表向き盟主みたいなもので、あれを下士の会と近衛さんが言って居られた。懇話会は将官ばかり、三曜会は下士の会。
西五辻男爵　あの時分には子爵は研究会、男爵は公正会ということにはなって居りません。気の合うた者が寄るという塩梅になって居りました。――稲垣さんが補欠で出られる時分に寄ったのは、永田町に藤波言忠の屋敷がありまして、其処を借りて集会所に致しました。電話もなし、綱曳車で乗り込んでえらい景気のものでしたよ。
古市男爵　私も初めは研究会へ入った。それから船越〔衛〕が茶話会を拵えて、役人は入れと云うので其方へ入った。
平山男爵　茶話会は何年に出来ましたか。
古市男爵　何年ですか。武井守正などが入ったのは第二期ですね。それからだから二期か三期ですな。
西五辻男爵　幸倶楽部は前でしょう。
古市男爵　あとです。
石井君　茶話会は、私が入った時には出来て居った。
平山男爵　私の入った時も出来て居った。
石井君　西村亮吉とか、南郷茂光、山脇玄、小原もそうだ。
杉渓男爵　委員が初めて出来たのじゃありませんか。
石井君　鹿児島の装束屋敷とかいう所を懇話会が借りて居った。それで私は夏は田舎に居りましたが、丁度その留守に少し喧嘩というのでもないが、議論があっ〔た〕かで脱会しました。西村亮吉やら、山脇玄やら、五人か六人脱会した。

平山男爵　それが土曜会に行った。

石井君　土曜会に行ったです。そういうようなことで――。

古市男爵　曾我子爵は――。

石井君　あれは初めから土曜会ですね。

石井君　谷が頭で小沢〔武雄〕――。

西五辻男爵　小沢は研究会へ入る筈であった。何か演説をしたいことがある。研究会に入るのはその後にして呉れということであった。その演説が軍機漏洩ということで、やかましかった。

杉渓男爵　施政の方針に関する建議案――。

石井君　あれはやかましゅうございましたね。到頭中将を罷められた*10。

西五辻男爵　山路独眼龍〔元治・第一師団長〕が大変怒ったですよ。それから懇話会――土曜会へ入ったです。

杉渓男爵　懇話会は夏頃から企らんで居た。議会の前に夏の末から腰弁当で集まれということで、その結果施政の方針に関する建議案が現われた。

徳川会長　懇話会が土曜会になったのでしょう。

石井君　左様でございます。

徳川会長　三曜会はそれに合併したですか。

杉渓男爵　三曜会は朝日会になったでしょう。

松平子爵　別でございます。自然消滅になった。

杉渓男爵　朝日倶楽部、それが後で土曜会と一緒になった。

西五辻男爵　三曜会は自然消滅になった。子爵が四人、男爵が四、五人出たので消えた。

徳川会長　それで土曜会に入ったですか。

松平子爵　土曜会は大分遅うございます。

西五辻男爵　あなたと、伯爵では島津忠亮――。

杉渓男爵　島津（忠亮）君の当選訴訟というものがあった＊11。選挙は次点に落とされて、一度次点者が当選したです。

西五辻男爵　あの時分には反対と賛成に分かれて、玄関番をするとか帽子の数を読むとかいう騒ぎで、近衛さんがお前帰ってはいかぬと言った。ところがそれが味方でない敵の方だったりした。はっきり顔が分からんですからね。

徳川会長　氏名点呼というのが随分度々あったものです。

杉渓男爵　負けた腹癒せにやるです。

徳川会長　みすみす少数と思っても議長の宣告に異議を唱えてやる。後に末松〔謙澄〕君が発議して無暗に討論終局の動議が言えなくなるように規則を変えたのであります。随分西五辻君でも杉渓君でも、議長に対して――百六十に対する三十、四十という少数でも異議がある――。松平信正、あの人は随分――。

松平子爵　どの会にも入る人でした。

西五辻男爵　松平信正は東京の縁日で知らぬ所はない位、一年に二遍か三遍しか出ない日はないというのです。顔の広い人で、葬式といったら大抵行って居ましたね。

平山男爵　各会の出来たことからやるとか、第一にしっかり――。

成瀬幹事　実はこの会を始めまして、三つの方法を執ってやることに極めました。一つは今日のような事、一つは金子子爵にお願いして開会前後の貴族院に関する御講演を願いたいと思って準備中であります。もう一つは、各会派の事は事務局として調べますことは甚だ困難でございますから、其方の方から話を伺うことにしまして、今その方法を研究中でございます。そういう三つの事を取り敢えず旧話会としてやってみたいと思って居ります。

徳川会長　各派が幾つにも分かれて居りますから――。

古市男爵　伊東〔巳代治〕伯、あの人に議会開会前の事は、御参考になることがあるだろうと思います。現に大学からあの時分出たのは法科で穂積〔陳重〕、文科で外山〔正一〕、理科で菊池〔大麓〕、工科で私の四人であったです。

西五辻男爵　木下広次は遅うございましたか。

古市男爵　後です。その時には四人で、開会前に伊東さんの所へ寄った。あの頃三好退蔵君が欧羅巴から戻って中々モレパス《〔ママ〕》クが問題であった。その準備的に初めて寄った時には、芳川〔顕正〕文部大臣であったか知らぬが、憲法関係の問題を研究したのか教えられたのかどうか知らぬが、要するに伊東伯はあの前に色々心配して居られた。必ず参考になる話があるだろうと思います。

成瀬幹事　憲法にも携わっておいでになったのでございますからね。

徳川会長　金子子爵には講演を願ってあるのです。年内という訳にはいきますまいが――。

西五辻男爵　議会前に三爵議員選挙法協議会＊12というものがあった。あの時分には柳原〔前光〕さんが議長で――。

松平子爵　大給〔恒〕が副議長でした。

徳川会長　徳川伯爵は時代が違いますね。

徳川伯爵　大分違います。第十回でありますから今のお話は前の方のお話で、もう少し新しいです。

徳川会長　今のお話のは華族会館に集ったのでしょう。

松平子爵　そうです。伯子男爵の選挙規程のことで――。

西五辻男爵　当選証書に貴下と書くか、閣下と書くかということでやかましかった。その時分に面白い話がある。九段下から上野まで通う馬車があった。喇叭馬車があった。それが赤塗りの馬車で、我々が新宿あたりから上野へ行くには、九段まで歩いて行って彼処から馬車に乗る。それで貴下と書くか、閣下と書くかと色々議論があった時に、赤馬車閣下という何があった位で、到頭貴下に決まった。

徳川会長　当選証書に書く――。

西五辻男爵　そうです。

松平子爵　貴下で宜い、勅任だから閣下でなければいかぬと、やかましいことでありました。

徳川会長　伯子男爵選挙規程は政府が作ったのですか。

西五辻男爵　政府から草案が出来て、それを議題にした。選挙長になるのはどうしてもその爵の上席の人がなる。それが下に対して閣下というのはいかぬということで貴下になった。

杉渓男爵　出席して名前を書くということも、出席して書けぬ人がある。いや書けぬ人は同族にある筈がないというので議論があって、そうして終いに――。

西五辻男爵　男爵では真木長義が一人、選挙状を書いた人は一人でしょう。外にはない。男爵の三十人――。

杉渓男爵　男爵は一番初めは二十名、二十名から三十五名、三十五名から五十六名。

西五辻男爵　子爵は初め七十――。

松平子爵　最初は書いてみた。中々沢山ありますから、人数を割ってみたら迚もいかぬというので、家で書いてやることにした。

西五辻男爵　子爵の方は調べるに時がかかった。無爵の人が加勢に行って夜明けでなければ調べられなかった。

平山男爵　是は良いお催しですが、今幾人いらっしゃいますか。

徳川会長　今の中に伺って置くと古い事も分かると思います。

徳川伯爵　伯子男の選挙規程には、私共は若かったものですからよく存じませぬが、どういうお方があの時分に御関係になったでしょうか。お調べになったらお分かりになるでしょうか。

徳川会長　参加した方は殆ど居られまいと思います。

松平子爵　柳原――。

西五辻男爵　尾崎三良が関係したかも知れないね。

徳川会長　子爵ではどういう人が――。

松平子爵　大給〔恒〕、勘解由小路〔資生〕。

西五辻男爵　松平信正。

松平子爵　あの人は自分で出てやったかも知れませぬ。

杉渓男爵　渡辺昇。

徳川会長　平松〔時厚〕はやりませぬか。

松平子爵　関係いたしますまい。

杉渓男爵　もう主な人は居られませぬよ。

松平子爵　一番早く団体を造りました。三十人足らずでありましたが、それでも大分掻き廻しました。

徳川会長　青木さん、研究会にはそういう書類は保存してありますか。

青木子爵　保存してないので、何時どういう風になったか調べたいということで――。

徳川会長　よりよりお調べを願うと、それは余程面白かろうと思います。稲垣さんは一番長老でしょうね。

西五辻男爵　万里小路〔通房〕伯が研究会のことは知って居られるでしょう。

青木子爵　伯爵が脱会されたり、男爵がお出になる。色々変化があるだろうと思います。

徳川会長　何か信ずべき材料をお集めを願いたいと思います。伯爵の方には扶桑会とか、男爵も木曜会とか何倶楽部となったり、色々会があったものです。

石井君　寄り集まったことですから日記か何かに――。

西五辻男爵　議院は二度焼けましたが、貴族院の記録類は残って居りますか。

成瀬幹事　皆焼けたです。二回目は殆ど全部といって宜い位です。綺麗さっぱりになりました。地震で倉が壊れて、大蔵省で中々金を呉れない。従って唯上から屋根を載せたきりであったです。そこへ火事があった為に、到頭倉が焼けてしまったです。倉の役をしなかったですから、惜しいことをしました。

西五辻男爵　木曜会の記録を拵えて呉れというので、出したことがありました。

徳川会長　それはございますか。

西五辻男爵　中川興長がやって居りました。今の中川〔良長（男爵中川興長の長男）〕が持って居るかも知れませぬ。

成瀬幹事　研究会その他でお調べになるなら御助力は致しますから、やって戴きます。

西五辻男爵　あの時分に研究会も出したに違いない。

徳川会長　それは何処へ出したのです。

西五辻男爵　事務局から出して呉れということで――。

徳川会長　男爵ではどなたがそういう物を持っておいででしょう。
西五辻男爵　詳しく書いて居る人は、中川が居なくなったら誰かありましょうね。
杉渓男爵　中川の外にはないな。
徳川会長　それでは中川君に聞いてみましょう。
西五辻男爵　家に残って居るかも知れません。毎日手帳に留めて居りました。議場に出て、その時自分の問題を必ず留めて居りました。
徳川会長　中川久任――久成ですか。今の伯爵にでも伺ったら何かあるかも知れません。あの人も綿密に留めた方です。
徳川伯爵　そうです。細かい人です。
西五辻男爵　仙石政固、あの方は振鈴が鳴って入ると出ないという人でありました。小用にも行かない。彼家には日記があるかも知れませんね。
成瀬幹事　伺ってみましょう。お焼けにもならなかったので、有るかも知れません。
西五辻男爵　振鈴が鳴って入ると、議長の氏名点呼の時でなければ立ったり座ったりしない人でした。
成瀬幹事　その当時出席率は好かったものでしょうか。
西五辻男爵　余りなかったです。出る人と出ない人と、大抵極まって居りました。
稲垣子爵　鍋島直彬が黙って居て中々綿密で、日記や何かも綿密に付いて居るだろうと思います。
平山男爵　あの人の跡はどうなって居ります。
松平子爵　議員の直縄。直彬さんの遺稿が出来ました。
平山男爵　近頃ですか。
松平子爵　一昨年頃でございました。画もよく描いたものです。懇意にされたのは私と曾我さんでございます。

徳川会長　子爵の古い議員さんの中に、どなたかそういうものを綿密に書き留められた方がありますか。

杉渓男爵　山口〔弘達〕は日記を必ず書いて居る。

徳川会長　議会に関する事はどうですか。

青木子爵　それはどうかね。

徳川会長　稲垣さんは大分お精しいでしょう。

稲垣子爵　私は磊落の方でございますから、日記などは――。

徳川会長　お頭には大分残って居るでしょう。

稲垣子爵　思い出したら――。

徳川会長　今直ぐでなくても、口頭で宜しゅうございますから、書記官長に――。

稲垣子爵　何か気付きましたら。

徳川会長　大分古い人が居られませぬからね。

青木子爵　稲垣君は古くその方の事を総ておやっておいででしたから――。

徳川会長　〔松平〕康民君はどうです。華族会館の通知状なども綿密に綴込んであったです。

青木子爵　聞いてみようと思います。それを見ますと記憶を喚起して参ります。研究会に関する通知なんかも綴じてあった筈と思って居ります。

徳川会長　徳川伯爵の方にもあるでしょう。

徳川伯爵　少しはあるでしょう。甚だ不整頓ですが、その中から捜し出しましょう。

成瀬幹事　皆さんのお持ちの物を頂戴が出来るならば、書庫も立派に出来ましたから。焼かぬ積りでございますから――。

徳川伯爵　伯爵では大村〔純雄〕さんもお出でですか。万里小路さんもお古い方ですな。

西五辻男爵　万里小路も気を付けて居たと思いますがね。

〔この時金子子爵出席〕

徳川会長　今日から昔の話を願いましたが、あなたにも、年内は余日もありますまいが、明年は憲法制定からのお話を願いたいと思うて居ります。

金子子爵　憲法制定のことは大分諸処で講演しましたし、また印刷物もありますが、唯議会の出来る時ですね、私はその時のことを大分書いて順序を立てて、本箱へ整理して置きましたが、私が欧羅巴から帰って来て、総理大臣山県さんなどと――設立の手続きからあちらで調べて来た物を皆焼いてしまった。併しまだ記憶して居りますから、或るいはその事をお話したら宜かろうと思います。貴族院にも、私の書いたのは蒟蒻版で残って居った。この間河井〔弥八〕君に聞いたら貴族院にはない。私の手許にもありませんから、それがあれば御参考になりましょうし、また貴族院、帝国議会の歴史の材料にもなる事がありますけれども、残念ながら焼いてしまった。それで年号月日や何かは分かりませぬが、大体こういう風で議会を開いたということだけはお話が出来ると思います。唯残念なのは、ハンサード*13の英吉利議会始まって以来の速記ですが、その速記録を持って来て置いたのを焼いてしまった。是は殆ど世界の珍品でした。またお序での時色々お聴きになりたければ、私が出てお話を致しましょう。

成瀬幹事　実はその旧話会会員全部が会合をして、一日では無論駄目ですから何回かに分けて、議会開設前から後に亘ってのあなたの御講話を伺いたいという計画を立てたのでございます。

徳川会長　書記官長の方から願い出る積りであったですが、いつもお忙しく――。

金子子爵　生憎御会同の日は明治天皇御伝記御編纂*14の会議の日でありまして、今日も一時半から四時迄あった。甚だこの前もお断りしましたから、今日はちょっと顔を出してお断りしたいと思って出たのであります。松平さん、あなたは第一回からでございますね。杉渓さん、古市さん、石井さん――。

石井君　私は余程遅うございます。

金子子爵　私はこの間名簿を見てみると、勅選議員では野村素介君、それから古市君、伊東巳代治君、互選の方では西五辻さん、伯爵では万里小路さんが居られますね。それから松平乗承さん、京極子爵、杉渓さん、入江〔為守〕さんもそうですかね。

徳川会長　あとです。

松平子爵　金子子爵は初め書記官長でございましたな。太田〔峯三郎〕も。

金子子爵　太田も死にました。私のあとの中根重一が死ぬし、それから太田、それから宮田〔光雄〕君ですか。

徳川会長　中根君から太田、柳田〔国男〕。今朝日新聞に居ります*15。それから河井、成瀬。宮田はなりませぬ*16。

金子子爵　第一回の時には珍談がある。

徳川会長　そういう事を段々お話を願いたいです。

成瀬幹事　予算議定細則の中で変えなければならぬ条項があります。それは昨年の議会で貴族院も二十一日の審査期間が極まったのであります。それで何かあれの出来ます時の事に付いて、御記憶の方がないかと申して居ったところでございます。どなたも御記憶がない。或るいは金子子爵のところで御起草にでもなって、それが議院に出たものでありましょうか。議員の仲間で作ったものでしょうか。予算議定細則でございますが――。

金子子爵　あれは臨時帝国議会事務局、井上毅が総裁で、それで曾禰荒助、水野遵、林田亀太郎、有賀長文などというのがこの方で調べ、私はあちらへ行って中橋徳五郎、太田峯三郎、水上浩躬と木内重四郎、四人を連れて行きまして、こちらは井上が、まあ出来るだけ準備しよう、お前はあちらへ行って外国の事務局の組織から政府と議会との交渉、それから議案を受け取って配付する手続き、政府部内の事務を調べて貰いたいということで、分かれて行った。それで井上の所で大抵出来て居りました。こちらはこういう風で、先ず議事規則が出来、それから予算議定の細則であるとか——、それから伯子男と多額納税者の互選規則は、私が枢密院で貴族院令を起草すると同時に起草して内閣へ渡して置いた。

枢密院の会議には、牧野伸顕君が総理大臣秘書官で枢密院の会議に説明した。あれは私が欧羅巴へ行く前に出来て居ったが、私が行く前に議決されずして、私は急いで行きました。そういう風に大抵出来て居った。予算の議定細則も、井上毅の所で出来て居った。それから私が帰って来て井上から、お前と俺と協議してまた修正することは修正しよう、お前の意見によって設けるものは設けようと云って、再三評議しましてね。その頃は今の永田町の議院の建つあたりにボアソナード*17の西洋館があって、その家を内閣で借って、そこへ臨時帝国議会事務局を置いた。丁度白耳義大使館の向うの角です。古市君が土木局長で議会建築の主任であって、あなたがボアソナードの西洋館に来て、議会の家をどういう工合にするか、議長の官舎はどうするか、書記官長の官舎はどうするかということをそこでやった。それで予算の審査期限のことは、私は既に議会で決したから今は彼此申しませぬけれども、あの時は甚だ残念に思うた。ああいう案が議会に出て通ったということは、日本憲法の精神が壊れたのである。私甚だ遺憾に思う。というのは、我々が何の為に貴族院に審査期限を設けなかったかということを一番にお疑いであろうと思う。それであの当時、改正案の論者は曰く、この通りだと云う。貴族院が一ヶ月も引っ張って置いて、会期の終り迄来て予算不成立に終らせるじゃないか、そういうことはいけない、因って衆議院同様二十一日にせよという論のように、私は議場の演説は聴かぬけれども、速記録で見た。

ところが我々憲法を起草する時には、決してそんな杜撰なことをしたのじゃない。貴族院の本来の性質を私共は根拠として、あの予算の期限を極めなかった。この間近衛〔文麿〕公爵の貴族院改正論を新聞にお出しになったのを、私は初めからずっと読んだ。何故に期限がないか、抑々先議権を衆議院に与えるということは、是はどこの国でも憲法政治の原則である。依って貴族院は予算案に対しては一切衆議院に先議権を与え、成るべく衆議院の議決は修正せずして通そう、尤も非常な国家の存立に関するとか、皇室の威厳に関するとかいうような事は修正するけれども、その他は衆議院で人民の代表者が議決したら、貴族院で彼此文字の修正、金額の修正などをするということは、両院の制度を立てた精神に背く、因って貴族院は予算に対しては、先議権を衆議院に与えてある精神を以て、衆議院で議決したものは国家の存立と皇室の尊厳に関せざる以上は承認しようという精神で、期限を付けない。

あなた方は御承知でしょう。第一議会で大騒動を始めて殆ど解散になるかも分からぬという時に、板垣〔退助・自由党指導者〕さんと陸奥〔宗光・第一次山県内閣農相〕君が非常に骨を折って自由党を説いて、自由党の激烈な政府攻撃を鎮静させて、予算は六百万円減らされましたが、衆議院をやっとこさ通って、貴族院へ来た時は僅か一週間位ほか期限がなかった。そこで是は松平乗承さんは御承知でしょうが、之を予算委員会にかけなければならぬ。ところが伊藤公が議長で、それを予算委員会にかけたら大変だ、特別委員を設けるとか何とかやった日には。――最初の精神から言って、衆議院から来たその儘で宜いじゃないか、と伊藤さんが言われた。ところが最も反対先鋒隊の三浦安、谷干城、山川浩、俗に硬派と当時言って居ったが、それはいかぬ、我々は憲法上同等の権を有って居るからという論がありましてやかましい。

それから帝国ホテルで予算委員会をして、細川〔潤次郎〕さんが副議長で予算委員長*18で会議をした。今夜中に之を纏めなければならぬというので、殆ど夜の二時頃迄会議をやった。予算委員に期限なんぞというものはない。貴族院は衆議院で通したものは、国家の存立と皇室の威厳に関せざる限りこの儘で通さなければならぬというのが伊藤さんの憲法制定の論で、それに共鳴した人があって、衆議院ですった揉んだして折り合って来て居るのだ、今貴族院で彼此云うのはいかぬから、貴族院は今晩中に決めようと云うて、夜の二時頃迄かかってやった。期限なんということは貴族院には無いのだ。また無いのが予算を貴族院で議する精神であった。衆議院で人民の代表が予算委員会をして政府と交渉をして十分出来た案を貴族院に持って来れば、貴族院はアンブロックで可とか否とか決めようというのが憲法制定当時の考えで、この予算議定規則には期限は無い。憲法にも無ければ議院法にも無い。貴族院令にも無い。従って予算の細則にも無い。それに憲法制定の精神も然らず。唯それが貴族院に無いから期限を付けなければならぬという事は、衆議院は憲法制定の趣意に対しては権力を殺がれたことになる。明文には無いけれども精神はそこに在って、大変衆議院を尊重したのであった。その精神を善意に解せずして、一時の感情から悪意に解して貴族院も三週間と極められた。同等の権利にされたけれども憲法制定の精神に背く。背くのみならず議会において衆議院と貴族院の予算に関する問題に付いては、我々制定の当初から、貴族院というものは期限などで議するものでない、衆議院で決議したものは――。

稲垣子爵　それは極く正論で、我々もそういう方を希望するのであります。然るところが、段々それが議会の経験が積んで来たというか何か知りませぬけれども、それを長く引っ張ることが始まった。長く引っ張って議会の最終まで委員会を引っ張ってしまう。こういう悪いいたずらをする弊が始まりかけて来た。そこでまだ質問が尽きない、まだ質問が尽きないで質問で引っ張って、議会の最終――。そこで政府は予算が即ち議会の目的であるから延長する、また引っ張る。こういう風な弊が起こりかけて来た。

金子子爵　第一議会に鳥尾小弥太の如きは伊藤さんと喧嘩をして、そうして予算の時はこんな風呂敷包みを置いて、夜通し夜の明ける迄もという勢いで一々一ヶ所〳〵に政府と質問応答をする。こんな風呂敷包みを前へ置いてやったという位に質問で引っ張ろうということは、第一議会からあった。それは甚だ議会に対する議員の自分の品位を落とす。そこで近衛さんのこの間の御演説を見てみると、貴族院はそういうことをすべきものではない、本来の性質に悖る。どうもそういうような悪いいたずら、ああいうことをなさったのは、私甚だ遺憾に思う。

稲垣子爵　それが為に期限を付さなければならなくなった。

金子子爵　それから是は幸いに残って居る。私は各国の議会を皆廻った。予算委員会に行きました。委員会には如何に民権を尊重する亜米利加の如きでも新聞記者は入れない*19。私が第一に聞いた。何故新聞記者を入れぬかと書記官長に聞いた。新聞記者を入れれば必ず翌くる日書く。書けば本会議で何も演説をする必要はない。委員会の速記が皆出てしまえば、本会議で両党或るいは三党、政府と民間との争いを国民に訴えて判決を請うということが、もう委員会での政府との話が出てしまえば本会議の必要はない。のみならず委員会では政府も自分の腹を打ち割って懇談する、こういう魂胆があるから議場では言えない、政府の立場も考えて呉れ、お前達もこの間迄内閣に居ったじゃないか、お前達が内閣に居ってもこういうことは困難じゃないか、よく我々の位置を考えて呉れ、我々は強いて自分が政府に居るからこういうことをしようというのではない。こういうことは政治上已むを得ぬじゃないか、依ってこういう金を出す、こういう風にするということを政府の方でも、本当の内心を委員会で腹蔵なく言うて、在野党も政府党の位置を諒としたならば、それはそれで宜しい。其処は秘密会議で一切入れぬ、其処に居る人も議員として外で言うことはならぬ、是だけは議院政治の妙所で、委員会は非政府党と政府党との懇談会だから全部速記はない。

其処へ私は行ってみた。速記はしません。新聞記者も入れぬ。そこでその当時貴族院規則、衆議院議事規制を井上君の所で作って居ったのには、新聞記者は委員会に入れぬということにした。各国の例がこうなって居るから――。

本会議には立派な席を与えて、それを愈々政府の方で認めて、華族会館において、貴族院の古市君もお出でだし、松平乗承さんもお出でだが、議員有志が寄って、三条〔実美〕さんが会長で貴族院議事規則の内示会をやった。その時その問題が出た。中々その頃やかましかった。衆議院の方は曾禰〔荒助・衆議院書記官長〕が政党の領袖を呼んで内示会を開いた。ところがその頃は箕浦勝人、尾崎行雄、皆新聞記者だ。それが皆出て来て居る。大岡育造も居る。皆新聞を代表して居るから、是は新聞記者を委員会に入れなければならぬと極力主張した。貴族院は新聞記者の議員がなかったものだから、私が言うた時に、それは君の言う通りだ、各国の例も調べて来た、委員会で速記をし、また本会議で速記したら速記者は堪りはせぬ、委員会は速記なしということにして、どんなことを言っても宜い、喧嘩しても宜い、腹蔵なく言え、こう云うのです。それは君の言う事が宜いというので、貴族院の方は委員会では新聞記者を入れぬということになった。ところが曾禰の方はどうしても言うことを肯かぬ。曾禰一人で、皆政党の領袖は新聞を持って居る人だから、そんな事に賛成した日には新聞社へ帰って会わす顔がない。それで非常に曾禰が弱って、山県さんに訴えた。それはいかぬと言う。ところが曾禰が、それじゃ私は衆議院の書記官長は出来ませぬ、是だけの議員が出て来て、皆地方から来て居る者は地方の新聞記者をやって居る、貴族院のようにはいかぬから、どうか衆議院だけは委員会へ入ることを許すということにして呉れと、哀訴嘆願を曾禰がして、山県さんも曾禰が可哀そうだから許してやれと言うて許した。

その時に伊藤さんが私を呼んで、君も大抵にしろ、今日新聞記者に君一人憎まれても仕方がない、曾禰と同様にしてはどうか。そこで私は、それはあなたのお言葉とも覚えぬ、憲法を作って欧羅巴へ行って見て来いと云うので見て来た。是は各国の例で、それに私は背くことは出来ぬ。あなたがそういう事を仰しゃるのがいかぬじゃないか、あなたも民衆におかぶれになった、私はどうしても是はいかぬと思う。のみならず華族会館で三条さんが議長で貴族、勅選も多額も皆同意した。私は貴族院の決議通りやりますから――。それならやり給えと言つて伊藤さんも到頭我を折った。

そこで今日も議長などに迫るでしょう。第一回の議会から迫って居る。ところがそれでは予算委員会において大臣が笑ったとか居眠りしたとか、そういうこと迄皆新聞に出るから、予算の本会議では欧羅巴各国の予算会議のように政府党と非政府党と堂々雄弁を揮うということがない。是では議会は要らぬ、委員会で宜いという考えを私は当初から持って居る。あの儘で行ったならば委員会の報告が新聞に出るから、本会議は唯電話で賛成と云う位で宜かろうと思う。

成瀬幹事　貴族院でも迫られるのでございますが、議長が頑として応ぜられない。非常に工合よく行って居ります。唯速記でございます。委員会の速記は、近来の傾向は議員の希望が多くて、殆ど全部の委員会に速記が付きます。

西五辻男爵　以前は地租条例の改正とか、大きな問題だけ速記が付いたのです。

徳川会長　段々速記が付くようになりました。

成瀬幹事　已むを得ぬようになって居ります。

金子子爵　最初私などがやった時には速記者が二十人位であったから、若林玵蔵にしろ皆弱って居ったです。速記を各委員会に上下両院で使ったら大変なものです。

成瀬幹事　非常なものでございます。

金子子爵　各国にないですから。委員会の速記というものは――。

古市男爵　貴族院では委員会に速記が忙しい。手が足らない、速記なしという委員会が出来るでしょう。

成瀬幹事　貴族院の方はその点はまだ宜しゅうございます。速記者が足りなければ、それでは延ばそうと言われる方が大分出て来ました。

金子子爵　そうして私の邪推か知らぬけれども、ああなると、地方に関係のある法律案の委員会は、その地方から出た人は委員会で滔々と雄弁を揮う。それを速記をして居ると、選挙区民にその問題が議場に出る前に、一時間も二時間も雄弁を揮った。その委員会の速記を選挙区へ配付して、議場では何にも言わぬというような習慣があるから、段々委員会に速記々々ということになる。速記も中々詳しくやる。是は私は余程議員の是から考うべき事だろうと思います。

西五辻男爵　今は何ですか。請願にも速記がありますか。

成瀬幹事　請願は政府の言うことを書きます。

西五辻男爵　以前は唯の筆記だけでした。

金子子爵　私は英吉利の予算委員会に度々行きましたが、大きな卓子、日本のような馬蹄形じゃなく大きな卓子がある。それの向うが政府方、此方が反対党で、正面の所に反対党と政府党は向き合って、そうして立ちもせぬ。殆ど此処で皆様とこうしてお話するような工合で、それは秘密な所まで言うのです。あなたはそう言うが、あなたの内閣の時もこういう問題が起こったじゃないか。あなたもあの時は困ったじゃないか、我々の内閣になったといってそんなにいじめんでも宜い、どうせまたあなた方に引き渡す時には同じことじゃないか、そんな弱い者いじめしてはいかぬというようなことで、どんな秘密な話でもする。誰も入れませぬから政府の内輪の話が皆そこへ出る。反対党の人もどんどん言う。そうしてそれでは百万円は多いから俺の顔を立てて八十万円にせぬか、それでは政府が困る、困るから此位で、また来年何とかするからというようなことで折り合って行き居る。それがまた議会政治の最も良い所であります。ところが日本ではそれを皆速記で書く。何とか議員が政府を攻撃したが、政府は一言もなかった。そうするとその人がえらい人のようになる。予算委員会のことが何でも新聞に出るから、政府の人は――私も政府に居ったが、衆議院に行ってみるとうっかり言えぬです。自分の言うたことが直ぐ翌くる日の新聞に出るから、政府の人は言わぬとこうなる。その結果はどうかというと、少数を多数で排除して、何でも多数で行けということになって、議会を開いても言論の戦はなくなる。頭数で圧迫してしまう。その手段は論ぜぬということになる。

まあ是は当初――、今予算の事をお尋ねでしたが、衆議院の方は二十一日として貴族院に無いのは、その訳であります。従ってその予算委員会にも新聞記者を入れないのです。是だけは当初余程苦心したものです。

徳川会長　御記憶で宜しゅうございますから、是から毎月とも極めませぬが、時々御会合を願おうと思います。お閑の時に一回でも二回でもお話をして戴いて皆様にお聴かせ下さいますれば、大変有り難いと思います。一つどうぞ明年からお願い致します。

金子子爵　尚考えて置きましょう。まだ他にも古市さんなり、杉渓さん、それから松平さん、野村さんなどもいらっしゃるから、当初からの記録に残らぬことで御参考になることもございましょう。

成瀬幹事　今日の会はその目的でございまして、今日だけでなく時々是だけの範囲でお集まりを願いまして、そうしてお話を出して戴きたいと思うて居ります。段々金子子爵のお話などがございましたならば、それがもととなって段々当時のお話も出ましょうかと思います。

金子子爵　今から考えてみると隔世の感がありますね。私などは色々な事に当たったです。今も部属が抽籤で何の某と各部分に分かれる。あれなども余程苦心したものです*20。籤を抽いて持って行って書き居ったら、部属の成立が長くかかるのですからね。貴族院でも二百何十人かあった。そこで曾禰と二人でどうしようかと考えた。それで籤を集めて突っ込んで置いて、引き上げては読む、それを読み上げる。門口では書く、それを屋根葺きが瓦を運ぶようにして部屋へ持って行って掲げた。そうして部属がちゃんと極まって、是で部属が成り立ちまして議長が報告する。部室へ行ってみるとちゃんと掛かって居る、何十人というものが――。是は嘘だ、各部から嘘だと言い出した。金子がちゃんと前以て極めて置いて、そうして書記官にその通り読ませるのだ、それでなくてそう早く掛けられるものじゃないと言い出した。そんな君等を欺くようなことは僕はせぬ――。三浦安、あれが一番やかまし屋であったから、そのやり方を見せた。そうすると、そうかなあ、こうまで迅速に行けば宜いと、今度は大変褒められた。今から考えるとおかしいことがある。

徳川会長　今日は是で御随意に御散会を願いましょう。また明年一月末頃にお願いします。その時には　金子子爵もお繰り合せを願いまして昔のお話を願いたいと思います。

備考　爾後議事課に残存せる旧記録（火災の節纔に焼失を免れたもの）中より予算案議定細則制定に関する書類を見出したり。就て参照せらるゝを便とす。

＊1　行政事件は司法裁判とは別に裁判をおこなうため明治二十三年行政裁判所が設置された。槇村正直は初代長官。

＊2　第一回議会の予算委員長は谷干城。

＊3　明治二十五年二月に実施された衆議院議員総選挙では第一次松方内閣の品川弥二郎内相のもと大規模な干渉選挙がおこなわれた。このことを重視した山川浩議員より第三議会の明治二十五年五月十一日「選挙干渉ニ関スル建議案」が提案され、八八対六八で可決された。この時、佐賀県出身多額納税者議員原忠順が行った同県下の選挙状況に関する報告は聞く者を戦慄せしめた。

＊4　明治二十四年一月二十日未明、帝国議会は失火により焼失した。貴族院は華族会館、ついで帝国ホテルを仮

議場として議事を継続し、閉会式は三月八日、宮中豊明殿でおこなわれた。
＊5　第十七議会開会中の明治三十五年十二月、地租増徴継続法案をめぐり第一次桂内閣と衆議院が紛糾した際、貴族院議長近衛篤麿は貴族院六会派の同意を得て調停に乗り出したが、不成功に終わった。
＊6　民法・商法は明治二十三年に公布され、前者は明治二十六年一月、後者は二十四年一月から施行されることとなっていたが、その内容に対して賛否両論が激しく起こった。第一議会では商法の施行時期を明治二十六年一月に延期する法案が提出され、条約改正のため法案施行を急ぎたい政府の意向にもかかわらず、法案は貴衆両院で議決された。穂積陳重はこのとき鋭い延期論を展開させたことで知られる。第三議会の貴族院では村田保の提出により民法・商法の施行を明治二十九年十二月まで延期する法案が提出された。議論の末法案は一部修正のうえ議決され、さらに衆議院でも議決された。政府は法典調査会を設置し法典の改正作業をおこない、三十一年までにすべての関係法が施行された。
＊7　委員会及び本会議における予算の議事手続きに関する規定が議院法や両議院の規則では少なかったことから、貴族院では貴族院規則の附属規則として明治二十四年二月二十七日「予算案議定細則」を定めた。その後、第五十二議会で議院法が改正され、予算委員は予算案を受け取った日から二十一日以内に審査を終わって議院に報告しなければならないとされた（昭和二年五月二日公布）。この改正をうけて、第五十四議会の貴族院では予算案議定細則第二条「議院ハ予算審査報告ノ期限ヲ定メ予算案ヲ予算委員ニ付託スヘシ」を削除した。
＊8　平山成信は、明治二十五年八月、内閣書記官長に転じた伊東巳代治の後をうけて枢密院書記官長に就任した。その後、明治二十七年一月、その座を平田東助に譲り、貴族院議員に勅選された。
＊9　丸山作楽（一八四〇〜一八九九）は当時宮内省図書助。明治二十三年九月、貴族院議員に勅選された。
＊10　第二議会に谷干城が提出した「施政ノ方針ニ関スル建議案」（通称、勤倹尚武建議案）をめぐる論議のさなか、小沢武雄がおこなった賛成演説が軍機漏洩ならびに軍人の本分を誤るものであるとされ、明治二十四年十二月十七日付で陸軍中将を免官となった。
＊11　明治二十四年九月二十五日に行われた伯爵議員の補欠選挙で島津忠亮が三十票、酒井忠道が二十九票を得た。

選挙管理者は当時子爵議員であった島津の議員資格は依然有効であると判断し（島津は同年四月子爵より陞爵）、次点の酒井を当選者とした。明治二十五年五月七日、第三議会開院式当日、子爵大河内正質・同青山幸宜・男爵千家尊福らは、子爵議員として当選しながらその後陞爵した壬生基修・島津忠亮・大村純雄三伯爵はそのまま伯爵議員にはなれないとして貴族院資格審査委員会に提訴した。審査の結果、三名には伯爵議員の資格はないとされた。議員資格を失った島津は、資格審査委員会に前年の補欠選挙での酒井の当選を違法と訴え、認められた。

＊12 貴族院令では伯子男爵議員の互選規程は別に定めるとあり、選挙に関する一切の規程は選挙資格を有する伯子男爵の協議をもって定められた。明治二十三年二月より柳原前光議長、大給恒副議長以下、選挙資格を有する伯子男爵三百四十名により伯子男爵協議会議（三爵協議会）が開かれ、金子堅太郎起草の案文をもとに協議し、全三十八条からなる選挙規程が議決された。大きな特色としては、連記記名を採用し、委託投票を認めたことである。

＊13 英国の議会議事録の通称。英国の印刷業者ハンサード（Thomas Curson Hansard）が一八〇三年以降「議会討議録」を印刷したことに因む。

＊14 臨時帝室編修局による明治天皇御紀（『明治天皇紀』）編纂のこと。金子は当時同局総裁。

＊15 民俗学者として知られる柳田国男は大正三年〜八年貴族院書記官長をつとめた。昭和二年十二月当時は朝日新聞社編集局顧問論説委員。

＊16 宮田光雄は大正三年四月八日より十三日まで貴族院書記官長事務取扱をつとめた。

＊17 Gustave Émile Boissonade de Fontarabie（一八二五〜一九一〇）フランスの法学者。日本政府の招聘により明治六年来日、法典編纂と法学教育などで尽力。明治二十八年離日。

＊18 細川潤次郎は第一議会では予算委員会の副委員長で明治二十四年三月四日の予算委員会では不参の谷委員長の代わりをつとめた。

＊19 貴族院では予算委員会は非公開で、新聞記者の傍聴すらも認めなかった。これが認められたのは終戦後のことである。

＊20　貴族院議員は貴族院成立規則第五条「議長ハ書記官ヲシテ抽籤セシメ総議員ヲ九部ニ配分シ各部ニ号数ヲ附ス」に基づき、抽籤によって九部に分属した。衆議院でも当初は部属制度をとっていたが、不合理なため第十五議会より政党別控室に改められた。

三、昭和三年四月九日　旧話会

子爵金子堅太郎君述

議会開設当時の事情

一、本講演速記は昭和三年四月九日貴族院議長官舎に於て貴族院旧話会開催の際、子爵金子堅太郎君が講演せられたるものにして、議員の議会制度研究上必要なる参考資料と認め、印刷に付し議員に配付するものなり。

只今議長閣下から御紹介下さいまして、私に帝国議会開会の当初のことをお話をするようにという予ねてからの御依頼がありました。実はこの帝国議会開会は明治二十三年で、この開会準備に取りかかりましたのは憲法発布後間もなく、二十二年の初からであります。当時の有様をば自分の手控にも認めて置きたいと予ねて思うて居りましたが、雑務公務の為に追われて、遂にその事に着手いたしませず、自分の記憶の儘に書いて置こうと思って居りまして、実は当時は大分書いて居ったものがございましたが、貴族院に私が職を奉じて居る間の書類は貴族院に残して置いた。是が二十四年の議会の火事で焼滅し、その後また私の所へ原本を持って居ったのが〔大正〕十二年の震災で本邸が焼け、倉も焼けました為に、皆無になった。恐らく一冊も一枚の紙も、当時の事を書いたものは無くなった。それで多少自分の記憶から辿って書きたいと思って居りました際に、議長閣下からの御案内でございましたから、私は喜んでお受けをした。で之をお話すると二十三年からのことで、もう古い話で今あなた方に向かって私が申し上げたところが、先祖の過去帳の繰り返し位のことで何の御参考にもなりますまい。併し当時の政府、また議会に席を持って居られた人が、如何に第一議会を経営して将来における基礎を我々が建てる義務のあるという奉公心に富んで居られたか、私は常に目撃して今だにその元老の功績を記憶して居るので、之をお話するのは過去の夢というお考えもあるか知れませんが、議会は日本帝国のあらん限り続く、而してその議会の基礎に至っては、日本帝国には一種の国体があって、その上に築かれたところの議会であるから、欧米の議会とは余程違って居る。その違って居るところはこういう訳で違って居るということは、当時その衝に当たった者より外知らない。それを御参考迄に申し上げたら、多少将来議会を立派なものに造り立て、欧米諸国に恥じぬ帝国議会になさることは、只今の議員諸君及び将来の議員諸君にあると考えますから、過去のお話をして、御参考に供したいと思う。

先般の御通知には憲法制定の事、及び議会開設の事と書いてありましたが、憲法制定の事は度々私は公開の席で演説もし、それは印刷にも付してあるから、御覧になった御方もございましょう。それは記録に残って居る*1。私が今日お話するのは、少し長くなるかも分かりませんが、唯自分の記憶に辿って、此処に要領だけを書いて置きましたから、それに依って議会開設当時の事情をお話する。或るいは前後するかも分かりませんが、その点は御諒察あらんことを希望する。

明治二十二年の二月十一日に憲法が発布になって、先ず日本の憲政の基礎が出来た。そこで朝野は之に依って初めて憲法政治になったということを祝賀しましたが、我々憲法起草の当局者は、憲法は出来たが、之を如何に運用するかということが第二の問題で、私は当時、自分からそう申し上げては鳴滸がましゅうございますが、伊藤〔博文〕枢密院議長に、憲法制定の当局者であったから建白した。憲法は茲に出来たが、是は国家の政務を運用する骨子である、之を如何に動かして行くかという手筈は是からどうするか、我々憲法制定に従事した間に各国の法律も見たが、憲法運用の実際に付いての書物はありはしない。僅かに英吉利のアースカインメー＊2が、英吉利の下院の書記官長として書いた議事録があるだけで、それより外に何にもない。併し是は英吉利風の議会の組織及び運用法である。各国のも見たいと思って見たけれども何にもない。御雇教師にはロイスレル＊3も居る、ボアソナードも居るが、質問しても知らない。どうしても是は誰か欧羅巴へ行って、外国の議会の運用の方法、内部の組織を見て来る必要があると思うから、私は茲にその事を議長に建議する。而して一方は外国へ行って——まだ二十二年の二月で、二十三年の冬に議会を開くまでに、一年半あるから、その間に外国へ行って外国の事情を見て、内部の組織をすっかり取り調べて来よう、そうしてまた向こうの議長なり、書記官長なりに会って、憲法政治の運用を聴いて参考にする。而して内においては臨時帝国議会事務局というものを設けて、そこに総裁及び書記官その他の官吏を置いて、内は内で出来た憲法に依って一つ組織を作ってみる。また材料は幸に府県会というものが開けて、議事体が地方政治であるが出来て居る。また元老院もあったし、参事院もあった＊4、枢密院もあるから、議事規則も稍々備わって居るから、内は内で、臨時帝国議会事務局で議院の組織なり、議事規則なりを作る。外においては外国の事情を視察して、その視察員が帰って来て、内において作ったものと外国の情況をつき合せて、そうして初めて完全な議事規則及び議会の組織を作るにあらざれば、この憲法は円満に行われぬと私は思うから、速かに帝国議会事務局を作り、そうして欧米の議院制度視察員を派遣なさることの必要を感じたから、之を廟議にお諮りを願いたい、その時は枢密院議長は内閣に列して居って大臣の資格があった。そうすると、ああいう御方ですから、鄭重に私の話を聴いて居られたが、宜しい尤もだ、己が今から直ぐ内閣へ行こう、そうして内閣へ直ぐ行かれた。その時の内閣総理は黒田清隆伯でしたが、閣議の日とみえて閣議にかけた。一時間ばかり経って枢密院へ帰って来られて、今閣議にかけたら全会一致で即決した、直ぐその規則を作るのだが、官制の方は井上毅と相談しよう、それから行く方は君に行って貰いたい。それは私でなくとも、他に幾らもある。いや君が発議したのだから君が行け、内は井上にやらせる。それから井上と相談しろとのことで、井上と相談して、臨時帝国議会事務局の官制を書いた。その時に臨時帝国議会事務局の総裁は誰にしようかという時に、伊藤議長が二三日経って私に手紙を寄越された。その手紙は不幸にして焼いた。臨時帝国議会の事務局官制を見たが、井上毅と協議の結果あれで宜しい、総裁は枢密顧問官の河野敏鎌にしようと思う、君の意見を聴くということであった。それで私は直ぐ手紙を書いて、河野敏鎌も宜しゅうございましょう、けれども憲法制定の当初から、井上が憲法起草の主任者である、また此の議会の事務局を作ったのも井上毅だから、この人が一番議会の開設のことには熟練して居る、河野は唯枢密院の憲法会議に列しただけで、憲法の何物たることを知らない、それは親任官である、井上毅は僅に勅任官であるが、私は井上毅を総裁になさるが宜い、河野敏鎌には反対だという手紙を書いた。そうしたら直ぐ井上毅が総裁になって、曾禰荒助、水野遵、その他林田亀太郎、有賀長文などという書記官が出来た。そうして私に伊藤議長が、君が連れて行く者は四人とし、帰朝の後二人宛貴衆両院の書記官となす積りで早くその人選を決めろ。それで私は当時農商務省の参事官をして居った中橋徳五郎、内閣の法制局の試補をして居った太田峯三郎、それと水上浩躬この三人、それから当時は大学院に居ってまだ角帽を冠って居った木内重四郎、この四人を推薦して私の随行にして連れて行った。是が議会事務局を作った初めで、それから私は洋行した。井上毅は臨時帝国議会事務局の総裁として属僚を指導して、私の留守中に内で諸規則を作った。是が議会の事務局の出来た経路でございます*5。

それから私は外国に行って、先ず第一に英吉利に滞在して、彼処を根拠として、何しろ世界の憲法政治の元祖は英吉利だから、彼処に根拠を置いて調べた。それで仏蘭西の方には、仏学者であったから、太田と水上を仏蘭西にやって、彼処で仏蘭西のことを調べ、傍ら白耳義も仏蘭西語だから通用する、この二ヶ国を調べろと云って、私は英吉利で段々調べました。それで欧羅巴へ私が行って居って、帝国憲法を英文に翻訳したものを欧米の人々に見せて、それに対する批評及び将来日本に憲法政治を運用して行くに付いて注意の点は、各国の学者、政治家、議員から聴いたことは多々ございます。けれども、是は余り横道に渉りますから、この席では省きます。それから英吉利、仏蘭西、独逸、墺地利、伊太利、それから帰りに亜米利加に寄って、この六ヶ国の議員制度、内部の運用を調べて帰りまして、そうして帰朝後、明治天皇に拝謁を仰せ付けられて、殆ど一時間欧米視察の景況を親しく奏聞いたしました。その報告書は、これ位（厚さ約一寸）の美濃紙二冊に書いて、各国の人の意見から総てを詳細に細大漏らさず書いて、明治天皇に捧呈致しました*6。その英仏独の原文と反訳したものは私持って居ったところが不幸にして焼いてしまった。ところが図らざりきその反訳の一部を藤波〔言忠〕子爵が、明治天皇の御伝記編纂に必要であるというて、編修局に写しを取って居られたのが残って居ったから、先般私はそれを拝借して写し取りましたので、その欧米諸国の視察の状況を、明治天皇に捧呈いたしました二冊の報告書は今私の手許にございますから、之を御覧になったら随分御参考になると思いますが、議院組織に関係がそう密接にございませぬから、それを申し上げることは省きます。

それから一年経って帰りましたところが、私が太平洋上に居る間に貴族院書記官長に任ぜられ、それから曾禰荒助が衆議院の書記官長に任ぜられ、その次に水野遵、林田亀太郎などが書記官になりました。それから貴族院には私だけで、帰った後、私の意見に依って決めるということで、それから私の所に太田、有賀、木内その他の書記官を任命して、それから議会開会の準備に着手致しました。帰って来て私が一番感じたことは山県〔有朋〕伯が総理大臣になって居られる。総理大臣であるから私は欧米の視察の結果を報告しましたところが、一番に聞かされたのは非常に困難なことを聞かされた。帰朝の報告をし、欧羅巴の報告をしようと思うと、山県さんが私の顔を見て、金子、俺位苦しい地位に立たされたものはない、君が帰って来たら色々教えを乞おうと思って居た。サーベルでこの二十年間国家に尽した山県が憲法政治の第一の初幕を勤むる総理大臣になったということは、是は君も定めし予想外であったろう、僕も予想外だ。併しこれには色々の事情があって、伊藤に是非やれというがどうしてもやらぬ。已むを得ず我輩に元老連中がやれということで、陛下から御沙汰があって、僕は抜きさしならぬで総理大臣になった、併しこの冬の議会の初めての総理大臣に我輩が適して居るや否や、洵に自分は憂慮に堪えぬ。けれども、陛下の命だから仕方がない。この通り見て呉れ、拝命以来伊藤の書いた憲法義解*7を座右に置いて、暇さえあれば憲法の研究をして居る、先ず憲法から研究しなければならぬ。――というのは少し理由がある。憲法会議の始まる前から、山県さんは欧羅巴に軍事視察に行かれた。憲法会議中も、内務大臣であったけれども一度も枢密院の憲法会議には列席して居られない。憲法会議はどんな風になったのか、山県さんは知らない。帰って来ると黒田内閣が潰れて居ったから、あのごたごたで一時三条〔実美〕内大臣が総理大臣を兼摂するという訳で、誰も引き受けなかった。伊藤さんも引き受けず、黒田さんも松方〔正義〕さんも引き受けぬで、到頭山県さんが引き受けたというので、山県さんは苦心惨憺の場合であった。この冬の議会に上院下院をどうして操縦するか、どうすれば円満に行かれるかということが分からぬで困るから、今憲法の研究から始めて居る、君は幸い欧羅巴の憲法政治運用の実況を見て来たから、暇の時は毎晩食後から来て教えて呉れろ、どういう風に総理大臣が議会を操縦するか、それを聴きたい、また政党に対してはどう、議員に対してはどう、それを聴きたいと思って待って居ったと云うて、伊藤さんの憲法義解を自分の書斎の机の上に置いて居られた。御尤です、併しあなたも陛下の命で総理大臣をおやりになるのでありますから、御困難ではありましょうけれども、国の為に――私も取り調べて来たから、私の及ぶ限り御下問に応じましょう、私の視察して来たことは腹蔵なく申し上げましょうと云うてお別れした。

それから伊藤さんの所へ行った。その頃伊藤さんは大隈〔重信・黒田内閣外相〕の条約改正のごたごたで、枢密院議長を罷めて小田原に引込んで居られた*8、伊藤さんの所へ行って欧米視察の状況と欧米人の憲法の批評を詳しく話をした。その時に伊藤さんが私の話を二三時間聞いた後に、我輩は陛下の命を奉じて憲法を作ったが、世人はこの憲法は伊藤流だと、君も知って居る通り随分之に付いては攻撃を受けた、伊藤が伊藤流の憲法を作ったという攻撃も受けたが、世界の憲法学者、世界の憲法政治の政治家が如何に之を批評するかということに付いて、僕は君の帰るのを待って居った、只今の話を聞いて我輩は陛下に対して責任解除の思いをなす、世界各国の政治家、憲法学者が日本の憲法に対して批評を下したのは、非難攻撃ではなく寧ろ称賛の言葉のみだから、実に我輩は責任解除の思いをなす、こう言われた。

唯その時に伊藤さんが何とも言われなかったのは次の一事である。世界各国の政治家及び憲法学者が日本の憲法の英訳を見て曰く、誠にこの憲法はよく出来て居る、世界各国の数は、百条もあるのに日本の憲法は僅か七十何条に留まって全く立憲政治の骨子だけである、而してその運用は議院法、貴族院令、衆議院議員選挙法の三法令に譲ってある、是は実に世界無比の巧妙なる憲法だ、この方法が一番宜い、実に伊藤という人は偉い政治家であると言うて、憲法に付いては少しも非難はしなかった。併し彼等はまた曰く、流石は日本は一番あとで憲法政治を布いたから仕合せであった。――憲法政治は英吉利から始まって欧羅巴大陸、それから亜米利加――。日本は一番仕舞いに憲法を制定したから、各国のやり損ないを見て作ったから日本の憲法は非難がない。偖憲法は良いが、之を運用するのは政党であるが、日本には政党があるや否やと私に尋ねた。当時は板垣〔退助〕伯の率いる自由党と、大隈伯の率いる改進党と二つあった。それが政党として議会に出て来るだろうと思うと答えたところが、彼等はそれは宜いが、政府は政党を持って居るか否と反問した。いや政府は政党を持たぬ。それは向こうでも皆異様に感じて、政府が政党を持たぬではいかぬ、若し自由改進両党が聯合して、この憲法はいかぬと言ったらどうする、また予算を出しても、法律を出しても、政党が多数を衆議院で占めて政府案を悉く否決したらどうする、憲法政治を布いて政党を持たぬ政府が立てるかということを到る所で聞いた。私はこれをあからさまに伊藤さんに言うた。その点に付いては伊藤さんは何とも言われなかったが、是が後日伊藤さんが政友会を立てられた動機であります*9。そういう工合で憲法制定に付いては伊藤さんは責任解除の思いをしたと云うて大変喜ばれた。また総理大臣の山県さんは前申し上げた通り、サーベルが今度憲法政治の総理大臣になって、どうなるか分からぬと云われた位で、先ず議会の初めは混沌たる有様であった。政府でも確乎たる方針も何もない。それからまた自由改進の両総裁やその他党員に聞いても明確なる考えもない。唯薩長政府を倒せという位であった。まあこういう有様で議会が開かれた。是が当時の情況であります。

そこで元に戻って貴族院の組織でありますが、私が帰って来た時に井上毅が是が事務局の組織、是が議事規則だというて見せて呉れた。私はそれをすっかり見ました。ところが当時は議会開会の前で中々忙しかった。その時井上毅は別荘を葉山に持って居った。別荘といっても八畳二間と玄関と台所、殆んど百姓家同様であった。其処へ泊りがけに来い、彼処で協議しようということであったから、井上毅の別荘へ泊りがけで行って、井上毅が書いた議事規則に付、今度私が欧米で見て来たのと対照して、此処はこうなって居るからこう修正したが宜かろうと相談した。併し中々よく出来て居ったから、私の修正したのはそう余計はなかった。是は欧羅巴、亜米利加で見て来た向こうの議事規則の実際の運用に依って改正した。その点は後程申し上げますが、そうして大体出来て、それを両人の名前で内閣総理大臣に出した。それが閣議で決まった。即ち只今あなた方のお持ちになって居る議事規則は明治二十三年の第一議会前に閣議で決まったのであって、議院において制定したものではありませぬ。

是より先伯子男爵の選挙がありました。それから多額納税議員の選挙がある。是はまだ議会が開ける前で、無論是が如何になるかということも——茲で私は一言申し上げたい。伯子男爵の互選規則、多額納税者の互選規則、是は私は未だ曾て誰にも言わぬ。併しもう今日の場合だから私が当時この二つの互選規則を起草したから有りの儘に事実をお話する。私はどちらが可ともどちらが否とも言わぬ。この互選規則は第二の伯子男の互選までは無事に行った。三回目から色々の議論があって、随分貴族院の中でこの論はやかましかった。私は度々尋ねられたが、口を緘して言わなかった。併し今日は貴族院組織、事務局組織の当初からのことをお尋ねになるから申し上げる。伯子男爵の互選規則は私が起草したのであります。伯子男爵のも多額納税議員のも、是は伊藤公の命を受けて、貴族院令の起草を私に命ぜられ、続いてその互選規則も私に命ぜられて、私が書いた。

書くに付いては私が一番苦心した。また伊藤公も苦心されたのは連記と単記です。是は最初どちらにしようか、単記にするか連記にするかということに付いては、余程欧羅巴の選挙法を調べた。ところが単記にも弊害があれば連記にも弊害がある。是は今尚欧羅巴の憲法学者の間にも決して居らぬ。どちらが正当か、或る学者は連記が宜い、或る学者は単記が宜い、或る議院の政治家は単記が宜い、或るいは連記が宜いという。可否が未だ決まって居らぬ当時です(明治二十年頃)。そこで伊藤公に是は決まって居らぬがどちらにするか、これ以上はあなたの御裁決を願う、私には何方とも断定が出来ぬ、どちらにも弊害がある、あなたの御裁定を仰ぐ。そこで伊藤公も考えられて、君の言う通り尤もだ、僕もどちらが宜かろうということは言えぬ、是なら宜いという考えはない、是は将来に任せようじゃないか、併し日本の伯子男も、連記にしてもまさか自分の親類や友人を集めて悉く出して、適材を適所に置かぬということは我輩はないと思う。日本の貴族は皇室の藩屏であり人民の儀表であるということを常に言うて居るから、この選挙にも決してそんな偏頗なことはしないと思う、連記で宜かろう、決して偏頗の選挙はないと我輩は確信するから連記にし給え、而して後日若しその弊害が生じた時には単記にしても宜かろう、また或るいは単記以外の規則にしても宜かろう、今日は我輩は連記の方が宜いと思う。それで単記をやめて連記にしよう、連記でやらして見ていけなければ単記にしても宜いじゃないかと云われた。

偖是より先き貴族院令を起草する時、本令は貴族院の根底であり、また権限の基礎である、また組織の大体であるから、貴族院令は勅令ではあるけれども、内閣で勝手に貴族院の組織を変えるとか、権限を縮少することは出来ない様にせなければならない。故に是は勅令として自由勝手に表面は出来るようになって居るけれども、内閣独りで改正することは宜しくないから、貴族院令の改正だけは貴族院の議を経るということを一番仕舞いの条文に書いて置いたけれども、伯子男の互選規則及び多額納税議員の互選規則は貴族院の基礎権限には関係なく単に議員の選挙の方法だから、是だけは貴族院令の如く貴族院の議を経るということにはせないが宜かろうと決定して、伯子男の互選規則、多額納税の互選規則は貴族院の議を経るということは彼の規則中に書かずに置いた次第である。是れ将来連記がいかぬならば単記にするか、単記がいかぬならばまた連記にするか、それは時の経過に依てその結果を見て、その時の政府において弊害を見たならば改めても宜しい、併し内閣が自由勝手に改めてはいけないからこの互選規則は普通の勅令と異なり、必らず枢密院の議を経ることに決定した。然れども伯子男の互選規則及び多額納税議員の互選規則は貴族院の議を経るということは書かずに憲法制定の当時から、あの互選規則は枢密院の議だけを経ることになって、普通の勅令のようにはなって居りませぬ。是がその当時の実際の有様であります。

そこで伯子男の互選規則が出来ましたところが、御承知の通り是が二十三年の六月か七月かと思いますが、果して伊藤公の言われる通り、伯子男の有爵者は連記であるに拘らず、自分の見る所でこの人は貴族院に送るべき人、政治の意見の如何に拘らず、また平素の交際の親疎に拘らず、適材を適所に送られた。それは皆様御承知の事であります。現に内閣に居る伯爵や何かも伯爵から出られた。また立派な役に居った子爵も出た。また非役の軍人も出た。公家華族からも出れば大名華族からも出て、公平な選挙であった。伊藤公はそれ見ろ、僕が言った通りに行った、実に我輩は是で安心したと言われた。

それからまた多額納税の方を当時見てみると、是はこの席に五十嵐敬止君が居られる。五十嵐君は千葉県から第一の議会に多額納税者としてお出になったから御承知で、生きた証人である。多額納税者のことは前に申しませんでしたが、是は殆ど地方の豪族を出す、土地を本位にして地方の豪族、所謂大名に次ぐ位の土地持ち、その豪族を出させようというのが貴族院令の精神でございます。果してこの多額納税者も、伊藤公の貴族院令を書かれた通りに地方の豪族が出た。一二を挙げれば岡山の野崎武吉郎というような人、大変な地面持ち、奥州からも出た。諸所から出たのが皆誰が見ても地方の地面持ち、豪族と認められた人であって、決して自由党、改進党の錚々たる者は出ていない。是も伊藤公が大変、自分が憲法を起草した当時の趣意が実現したというて、この二つの選挙に付いて伊藤公も実際喜ばれた。そういうことは事実でございますから、私は事実有りの儘のお話をする。決して私が今の互選規則を改正なさいとか、改正せぬが宜いとかは言わぬ。こういう事実で互選規則は出来た。あれは枢密院の議には必ず掛けなければならぬ。併し貴族院の議には掛ける必要がない。それは我々は十分研究した。是だけは私が当時与ったから申し上げる。

それから第二に起こったのは勅選議員、是がまたやかましかった。是は当時の大臣が皆自分の頼まれた人々で、内閣に何百人という勅選の氏名が来た。それには山県総理も余程弱られた。名は言いませんが、色々な人を私も見た。みんな自分の頼まれたのを持って来るから、途方もない人がある。そこで段々しまいに閣議で選定する。それに付いては陸奥〔宗光〕農商務大臣と私は大議論をした。陸奥が或る人を出したのを私が見て、こんな者を貴方が出すという事はいかぬ、是が国家に功労があるか、是に学識があるか、貴族院令にこの人が当って居るか、あなたはひどいじゃないか、内閣に居ってそういう人を指名するとは――というようなことで大議論をした。イヤ此の人は誰が出した、彼の人は誰が出したではないかというので大議論をした。そうするとその晩十二時半頃、私の門を叩き起す者がある。陸奥は農商務大臣で、私は一番町の向こうに居った。夜半の十二時半頃叩き起すから開けて見ると、陸奥農商務大臣の手紙を持って来たので、今日は閣議において君の説に非常に反対したが、段々考えて見ると君の説が宜い、僕は撤回した、この段お知らせするということであった。あの当時の人は実に人の意見を容れる。国家の為にならぬと思えば内閣に出したやつも撤回する位の度胸があった。そういう意気込みで沢山持ち込んで来たものを洗い上げて見ると、立派な勅選議員が出来た。実業家からは渋沢栄一、岩崎弥之助の二人しか挙らない。学識にしても立派な学識、功労にしても立派な功労で、それは余程山県さんも苦心されて、当時の勅選議員は任命された。

次に起こったのは議長問題、之がまた中々内閣と議長の候補者との間で往復、すったもんだで中々極まらなかった。開会間際まで極まらない。山県総理大臣の云わるるには第一議会の議長になるものは伊藤伯の外はない、また憲法政治最初の総理大臣は伊藤伯より外はない、現に明治十五年に憲法の取り調べをするに誰を欧羅巴にやるかという時にも、憲法取り調べは伊藤伯より外にないということで、伊藤伯が憲法の取り調べに明治十五年欧羅巴に行き、十六年の末に帰って来て、十七年から憲法の起草に取りかかって、十八年には憲法を実施するには太政官ではいかぬからとて内閣制度に変えて、その第一の総理大臣は伊藤伯であった。依って今度の二十三年の憲法実施の第一の総理大臣は伊藤伯より外にないというのであったが、それは色々な事情で伊藤さんが承知されない。山県さんが引き受けられる時に、宜しいそれでは俺が総理大臣になるから、貴族院の議長には君がなってくれ、衆議院は自由、改進の両党が聯合すれば、政府案が悉く否決される、その案が貴族院に来た時、貴族院は国家の為という見地から復活させる、その時には貴族院の議長はどうしても政府と密接の関係ある人がなって居らなくてはいけないから、伊藤伯にやって貰わなければならぬと云うて、二度も小田原迄態々山県さんが行かれて頼まれたが、どうしても肯かれぬ。それから元老達も手を変え品を変えて行ってもいかぬ。それから外の役人やまた貴族院の議員も行って頼んだ。けれどもどうしても伊藤さんが承知されない。ここ迄言ったから申し上げますが、井上毅も再三行った。その時に井上毅が、私に漏らした一言がある。これ以上、如何程総理大臣や各大臣が言うても承諾されない以上は勅命を仰ぐの外ない。陛下の御沙汰で伊藤に議長をやれということをお願いするの外ないと思う、と井上毅が私に言うた。併し政府は勅命を奏請されたかどうかは私は知りませんが、到頭伊藤さんが同意された。御沙汰が下ったかどうかそこは知りませんが、兎も角も井上毅は、これ以上は陛下にお願いするより外はないとまで言うた。

それから伊藤さんが第一の貴族院議長になられたが、是は第一期丈けという約束、一期限りならばやるということで伊藤さんが議長になられた。さてこの次に起るのは副議長、副議長は誰が宜かろうか。それから伊藤さんが私を呼んで私は書記官長をして居ったから私を呼んで、僕は已むを得ず議長になったが、副議長には田中不二麿が宜かろうと思うから、君田中に逢ってその旨を伝えて呉れよ。それから私は田中の所へ行って伊藤さんの旨を伝えたところが、私には貴族院の副議長はどうしても出来ないということであったからその事を報告した。ところが伊藤さんが、然らば枢密院顧問官の東久世〔通禧〕が宜かろう、東久世に一つ交渉して呉れと。それから東久世の所へ行った。ところが東久世は曰く、私は伯爵の互選の時に、私に貴族院議員になって呉れという同爵者の申し込みがあったけれども、枢密顧問官は貴族院の議員になれぬという内規があるから私は断った、それ故にどうしてもいけぬと言うて断わられた。それで私がその趣を返事したところが、伊藤さんが言わるるには、それは訳はない、東久世に枢密顧問官を辞職させる、勅選の人員が大変余って居るから、平の伯爵にして東久世を勅選議員にする、それから副議長にすれば宜いじゃないか。それはいかさま理屈はそうであるが、さて茲に問題が起こりますよ、御承知の通り憲法制定の当時伯子男は英吉利あたりの例に依れば全部議員にせなければならぬけれども余り多いから互選の規定を設けて、伯爵は自分の仲間の代表者を出して居る、然るに今日若し東久世伯を勅選にしたら、是から先互選で漏れた有爵者は勅選にすれば宜いじゃないかということになったら、互選規則の精神に背くじゃありませんか、と云うたれば伊藤さんもそれはいかさまそうだ、その点は尚よく考えてみようとて、それからその点を研究し始めたところが、私の憂えて居った点がやかましかった。伯爵で選ぶべき時に選ばれない者が、自分の勝手に選ばれて議員になろうという時には政府に言うて、政府が勅選にする。有爵者が勅選になれぬということは、是は法律も規則もないけれども、互選の方でちゃんと権利がある、それで互選にならぬ者を勅選にするのはいかぬという論でやかましかった。併し伊藤さんはどうしても東久世を副議長にする、法律に背かなければ宜いじゃないかということになって、東久世が枢密顧問官を辞して、そうして伯爵の東久世が先ず勅選議員になって、それから副議長になった。是がその時の実際です。ところがその後は有爵者が勅選議員になった例は幾つもあるが、最初は有爵者が勅選議員になることは内閣でもやかましかった。今日は何もその事は必要はありませぬけれども、有爵者を勅選議員にするということは、当時やかましい論のあったことをちょっとお話して置きます。

そこで貴族院の方は、貴族院議長は伊藤伯がなられた。衆議院の方は御承知の通り衆議院の議員が決まって開会になって、そうして衆議院の議長を選ぶのですから、議長は無い。書記官長曾禰荒助が総て衆議院のことは議長に代ってやって居った。是は井上毅と共に議事規則を作り組織を作って居ったから総てやって居った。伊藤議長は何にも議事規則のことは知らぬ。そこで伊藤伯が議長になるると、毎日貴族院事務局に来られる。そうして議長の官房とその次が書記官長の官房、その次が書記官の部屋で、議長の所から私の部屋を通り抜けて書記官の所に行って、書記官が八名ばかり居ったがそれを集めて、貴族院議事規則の第一からの研究を始められた。朗読さしては是はどうだ、疑点は皆書記官に反対論をさしてみたり何かして段々講究されて、何でも四五日は毎日来て議事規則を、如何に憲法を作った伊藤伯でも議事規則は知らぬものですから、すっかり勉強され研究された。中々議事規則の研究は熱心なものでございました。それから後貴族院の議長は、政府で作った議事規則で差し支ないということになった。

是より先き三条公はその頃内大臣であったけれども、また第一公として議会に席を持って居られたから、三条公から政府に上申された。それは三条公の発意であったか、また華族会館に集会せられた華族諸君の希望であったか、兎も角も三条公から内閣総理大臣に内談し、どうか政府には議事規則というものが出来てある由、是はまだ議会が開けぬ以上は議員に頒つ訳には行きますまいけれども、貴族院議員は準備せなければならぬ、出来たらどうか内々議事規則を見せて貰いたい、決して世の中に漏れるようなことはせぬ、我々華族だけで華族会館に寄って研究会をするから内々見せて貰いたいという要求がありました。そこで華族会館に寄った。私は人員は覚えませぬが、その日の会同の御方が、審査委員というようなものを、特別委員を設けてお調べになったと私は記憶して居る。是は当時議会に出て居らしった御方、今ではもう議員ではありませぬが伯爵万里小路通房君、子爵山口弘達君が当時出て居られた。そうして色そういう方からお聞きになれば分かりますが、特別委員を置いて華族会館で余程練られた。そうして色々考究の結果、政府に向かって議事規則は是で宜かろうという回答のあったその時、政府の作った案に少しの修正もなかったと私は記憶して居る。偖議事規則は是で宜いから議会が始まったら開院式のその日本会議を開いて、議員と協議し茲に政府で起草せられたる議事規則があるが之に依って先ず議事をやって行く、尤一会期実施して尚不都合の点、また改正すべき点があったら、その時議事規則の改正をしよう、是から先の実況に照して改正案を出すけれども、今日は先ず第一の議会の事なれば政府起草の議事規則を我々は採用しようと議場に諮って、議員がそれを認諾すればこの議事規則は貴族院において制定したものとせんと一同協議の上決定せられた。

　是において我々議事規則を作った者は、華族会館でそう決議になったのを喜んだ。と申しまするのは、一番政府の弱って居ったのは議事規則です。御承知の通り世界各国の憲法政治の情況に依れば、議事規則というものは議院において作るべきもので、政府において作るべきものじゃない。議院において議事規則起草委員を選んで、それが議事規則を作って本会議に出し、満場の可決でそれが行われる、是が各国の議事規則の制定の実況であります。併し日本は欽定憲法で議会が開かれ、憲法も欧米のように憲法起草委員が作った憲法ではない。明治天皇の思召に依って下し賜った憲法である。それ故に之を運用する議事規則も政府で作った。然れども一旦議会が開けて見れば上下両院各々その院において議事規則起草委員を選んで、その委員が起草してそれを本会議にかけて可決するのが順序であるが、若しそうすれば、第一に開会式があって、その後起草委員を十人なり十五人なり選び、それが議事規則を作るとなると、中々議事規則というものは、政治家であろうが政党員であろうが、議事の方法などは迚も知りはしない。それでは議事規則なんかは一週間、一ヶ月では出来ない。出来たところがそれを各派の者が寄って協議をすると三ヶ月の会期の半分以上議事規則で手間が取れる。そうしたら予算なり重要な法律はどうなるか、夫れ故に甚だ早手廻しであるけれども、同じくならば政府で議事規則を作って、こういうものでやってはどうかというものを作って置こう、そうしてそれを上下両院の人に見せて、若しそれが宜かったら自分で起草したものとして議場に報告なさる方が宜い、決して政府が之を採用せよとは言わぬ、是は早手廻しに政府で作って置いたものを参考迄に供しよう、衆議院の方は議長が出来ると、書記官長が、政府でこういうものを作って居るが是で皆同意するか、決して之を是非行えとは言わぬ、之を全部廃して新規に作ろうと修正しようと勝手だという方針を政府では執った。幸いに貴族院の方は華族会館で政府が起草したものを我々が起草したものと同様に認めて議場に諮るからということで、政府の方では非常に貴族院の態度を喜んだ。また我々起草した者も、我々が起草したのが貴族院の特別委員で我が起草したものと同様と認めて、議場に報告すると迄信用を得たのを私共は大いに喜んだ。ところがその結果として衆議院には議長副議長が出来て、中島信行が議長となり津田真道が副議長になり、書記官長曾禰荒助から内々で政府で作った議事規則を見せた。ところが衆議院も段々各派の政党が寄って協議したが、さて自分共で議事規則を作るということで中々間に合わない。貴族院は現に政府で作ったのを我が作ったと同様に議場に報告して認めたから、我々も衆議院は矢張り貴族院同様に、政府で作った議事規則をその儘自分達の起草したものと同様に見て議場に報告しようと、同一の態度を執ったのが今日の議事規則で、第一回の議会即ち明治二十三年の冬に決まった訳なんであります。そこで先ず大体は華族会館において政府の作った議事規則で宜しい、宜しいのみならず自分共が作ったのと同等に取り扱うということに決まった。

ところが茲に一つの困難な問題が起った。それは公爵近衛篤麿君から、席次を爵位次第に依るのはいかぬ、是は抽籤にしなければいかぬ。是には近衛公の率いて居らるる一部の議員が同意して、中々の反対で、どうしても議事規則の中の議場の席次は爵位次第に依るということでなく抽籤に依るということにしよう、近衛さんが先鋒になって非常に反対せられた。それが為に華族会館で再三会議があった。それは当時のことを御承知になって居る京極高徳君とか万里小路通房君とか、山口弘達君とかは御承知でありましょう。中々やかましかった。私は起草者の一人であり貴族院の書記官長である為に、非常に自分の立場が苦しかった、そこで政府でも是は政府の彼此れ言うべきことでないけれども、若し抽籤にして衆議院同様にしたら大変だと。伊藤公も大変心配された。そこで近衛公の意見には反対が大多数である。併し近衛公はああいう人ですから、少数に拘らず議場に出すと言って騒がれる。議場に出すと議場の紛擾を来す、どうかそれだけは止めて貰いたいと段々言っても中々肯かない。それから色々やって、私に意見書を書けということで之を書いて伊藤議長にも出し、また貴族院の議員の華族会館に集まった人々にも私の意見を送った。

その原案は私は持って居ったが大正十二年の震災で焼きました。今茲に私の意見を有りの儘に申し上げる。私は今席次問題がやかましく起こって居るから言うのではないが、第一議会にその為に非常に苦心した。また伊藤議長も非常に困られた。何を言っても主張者の近衛篤麿君は欧羅巴から帰って来てまだ新進の思想を持って居られた。才幹と云い位置と云い、その人の主張だから如何に伊藤さんでも無下にいけないとは言えない。また外の華族も多数で圧迫する訳にもいかない。どうかしようと色々理窟を付けて、伊藤公と私の憲法起草からの意見を書いた。それは憲法起草の時に、帝国議会は元老院及衆議院を以て組織すという案が最初の原案であった。併し元老院というのが当時あった。また欧羅巴にもセネット、元老院という字がある。ところが段々研究の結果、伊藤公の意見は既に日本は皇室本位である、皇室が政治、社会、総ての中心である、国家の中心である。それに続く皇族、それに続く公侯伯子男、是は皇室に密接して皇室の藩屏ともいって居る、それを骨子にして上院を作らなければならぬ。元老院といえば、是は各州または人民直接に選挙した、民衆の選挙に出た上院が元老院というものである。人民が選ぶ方の衆議院に一国の選良が出て居るじゃないか、同じ人民が選んだのが上院に入ったら二院制度の基礎が立たぬ、依て衆議院は民衆を代表する議院、上院は華族を代表する議院であるから、是は華族院――華族院はどうもおかしい、華族は日本にあるだけであるから、貴族院としようということで、元老院という字を削り、上院という字を削って貴族院、即ち貴族院は皇族及公侯伯子男を根抵にするという案で、貴族院というものが出来た。で貴族院という字は当時はちょっと珍らしがって、新聞などでも貴族院のことを彼此れ批評した。皆華族と言い慣れて居ったから貴族というのは言いにくかった。貴い族というと、他の士族平民は卑しい族ということになる。併し今では貴族院といっても少しも衆議院に対しておかしくない。そういう訳で皇族及公侯伯子男を以て骨子とする、その外に国家に功労または学識ある者、それから地方の豪族、即ち多額納税者を代表する者、併し是等は骨子たる貴族の数に超過することは出来ぬ。即ち功労学識ある者と多額納税の三つを合わせても公侯伯子男の数に超えることは出来ぬというちゃんと制限があるから、何処迄も貴族院は公侯伯子男という貴族が本位である。貴族が本位で出来て居る以上、貴族を中心に置いて席次を定めなければならぬ。依て第一皇族、第二公爵、第三侯爵云々と定めた。当時は爵位次第というものが宮内省にあって、爵と位とを比較して宮中席次が極まって居った。是は諸君御承知の通り、公侯伯子男というものは明治十七年の七月に出来た。爵位令、位というものはもうぐっと昔から、王朝の昔からある。況や王政維新になっては中々位を賜わるということはやかましかった。ところが是は一代限り、その人が死ねば滅びる。爵は永久、世襲のものである。そこで爵と位というものの位置をどうするかということを、十七年に公侯伯子男の出来た時に、宮内省において、内閣において、士族平民にして従一位になる者があったら公爵の次、士族平民にして正二位になる者があったら侯爵の次、士族平民にして従二位になる者があったら伯爵の次、士族平民にして正従三位になる者があったら子爵の次、士族平民にして正従四位になる者があったら男爵の次ということが、ちゃんと位階と爵と折衷して宮内省で出来たのが爵位次第である。それがあるから之に拠ろうというので、第一が公爵、その次に従一位、浅野長勲君が従一位で公爵の次に居られると思う。今あの人の外に従一位の人はあるまいと思う。浅野君は侯爵であるが従一位だから侯爵の上に居られる。それから侯爵、それから正二位というように段々公侯伯子男を本にして位をその間に挟んだのが爵位次第である。是でやろう。ところが近衛公爵はそれはいかぬ、潰してしまって皆抽籤にしようと言う。そこで私は近衛さんに会った。あなたはそう仰しゃるが、そうすると抽籤も宜かろうが皇族も抽籤になさるか。それはせぬと言われる。それはおかしいじゃないか、皇族も貴族院議員じゃありませぬか、あなたは貴族院議員を抽籤にしようと仰しゃるならば、公侯爵も勅選も多額も皇族も、同じく貴族院議員なれば共に抽籤にしなければ旨趣が徹底せぬではないかというと、いや日本の皇族は違うと近衛君は答えた。併し皇族でも貴族院議員として議席にお着きになる時は他の議員と同じく抽籤にしなければ議論は立たぬ、貴族院議員は多額納税者だろうが、士族だろうが、華族だろうが同じだと仰しゃるならば、貴族院議員たる皇族も同様に扱わなければ理窟が立たぬ、皇族は別だと御弁明なさるならば公侯伯子男は華族だから、士族平民とは身分が違うから貴族院の席次では別にすべきものと私は言った。

それから大分私も議論して、終に貴族院という名が出来て居るのはこういう訳で伊藤さんが元老院というのを貴族院に修正した。そうして華族を骨子として貴族院を組織した沿革を説明した。それだから私はどうしてもあなたの論は徹底せぬと思うと懇々説得した。それで到頭近衛さんも賛成者の少なき事を見られたから、議場に提出することは止められました。依て爵位次第に基き席次を定めて今日迄来て居る。然るに昨今貴族院において抽籤論があるとか、或るいは年齢順に依るとか、或るいは矢張り今の儘で宜いとかということが新聞に出て居るが、私は実際のことは議員からも聞きませぬが、どういう訳で改正になるか。当初明治二十三年にこの論は起こった。つまりあれは爵を本としてそれに位を入れる。それで当時は官等というものは見てない。官は今日あって明日ない。大臣をして居っても罷めるかも知れない。次官をして居っても罷めるかも知れない。書記官をして居っても罷めるかも分からない。位は一生涯付いて居る。爵は代々、それで勅選になって位があれば、一生涯その位を持って居るから、男爵の次に行く人もあるし、侯爵の次に行く人もある。位は准爵みたいなものである。そこで爵位次第に拠るということは是から出た。是は当時のことで、私は今やかましい問題のどれが宜いということは申しませぬが、唯当時爵位次第に拠ったのはそういう訳である。つまり貴族院という以上は貴族を本位にして、士族平民で位を持つ者は爵に対照して議席を占む有位者が、参内する時にはその位に依り宮中席次が極まるから、宮中席次で議場の席次を決めても宜かろうという一つの理由もございましたから、之をちょっと申し上げて置きます。

さて貴族院、衆議院、帝国議会の建物は誰が管理するか、是は各国で私が調べた所では、議会で単独に管理して居る国もあれば、内務省で管理して居る国もあり、大蔵省で管理して居る国もある。また宮内省で管理して居る国もある。宮内省で管理して居る国は英吉利である。それで私が異様に感じたのは、英吉利へ行って段々調べてみると、英吉利の政府と議会との関係に付いては、先ず第一に議長、書記官長に会って、この建物はどこの管轄かと尋ねた。是は宮内省の管轄である、英吉利のあの通り民衆の盛んな国の議会を宮内省で持って居る。それはどういう訳か。是はウエストミンスター・パレス。ウエストミンスター宮殿というのが本名で、それをパリアメンタル・ビルディングとかパリアメンタル・パレスとか云うたのが俗語だ。本名はウエストミンスター・パレスだ。それはどういう訳かというに、実は宮中に上下両院の議員を皇帝が召されて、開院式をされるのが本当だけれども、宮中が狭いから皇帝が議会に親臨して開院式の勅語を賜わる。そこで皇帝が来らるるとなれば何処に来らるるかといえば、即ち貴族が王室に最も近い、或るいは親類であるから、ハウス・オブ・ロード、即ち貴族院に皇帝が来られて、そうして侍従を以て衆議院に集って居る議員に御沙汰があって、上院に列しろといって、皆上院に来て、そこで開院式が行われる。愈々開院式の前には、宮内官が議会の鍵を持って来て、上院の議長に渡して、今日からこの建物をあなたにお預けしますと言うて帰る。開院式の日から開会中上院議長が離宮の一部分、ウエストミンスター離宮を預って居る。閉会すればまたその鍵を宮内省に戻す。それで英吉利の上院も下院も宮殿において開会式を行わるる訳である。依て議会開会中も宮殿の中で議事を開く。但し議会開会中は上院の議長にこの建物の監督権を御委任になって居る姿である。こういうことを聞いた。それで私が帰って来て、管轄問題の起った時に、英吉利ではこうだ、併しまた各国では内務省もあれば、大蔵省もある、また単独にやって居る所もある、是は政府でお定めなさったら宜かろう。内務省で総ての官有物の建物は管理するという日本の制度であるから、それで帝国議会も宮内省にあらずして内務省で管理することに決定した。併し開院式は宮内省でやる開院式の総ての事は宮内官が来て指揮する。上下両院の議長及び書記官、議員は、宮内官の指揮命令に従って、各々その立場、控所も極まるというので、開院式の当日は宮内省で万事処理する。恰も英吉利の上下両院の開院式と同様になって居る。是だけは英吉利流になって居る。そこで上下両院はそういう有様であるから、上院において開院式を陛下親臨の上挙行遊ばされるのは、恰も宮中において議会をお開きになるのと同じである。そこで貴族院にのみ玉座を設けたる次第である。それ故に、貴族院議員の席次も宮中席次に依るのが一番適当であるという論を我々はしたのである。若し議会が単独に所持して居る建物ならいざ知らず、陛下が親臨になって宮中にて開院式を行わせらるる御旨趣でもあり、またその日は凡て宮内省の管理であるから其処に席を持つのは宮中席次に依るのが至当であるというのが一つであります。こういう訳で爵位次第に依った訳であります。

それから開院式のことに付いては、欧洲各国では余程弱った事がある。それは開院式は何処で開くかという問題である。英吉利は今言うようにして開く。独逸も稍々英吉利流で、独逸の議会は皇帝が上下両院の議員を宮中に召されて開院式を挙行せらる。私も明治二十二年の冬之に参列しましたが、上下両院の議員を宮中に召されて勅語を賜わる、そうして議員は各々所属の議院に帰って会議を開く。また墺地利は、余程上院下院の間に権限争いがあったものとみえて、あの維也納にある議事堂の建物を建てる時に、中央に大きなホール、即ち寄合い場所がある。開院式の時にはこの中央のホールに皇帝が親臨になると、上下両院の議長が議員を率いて茲に出て来る。此処は両院の共有地で、其処へ両方から寄合って開院式を開くというようなことに墺地利ではなって居る。今は帝政が滅びたからどうなったか分かりませぬが、そういう工合に開院式は各国区々になって居る。日本では矢張り宮中の一部として上院においてお開きになるということになりました。是は英吉利流になったのであります。

続いて起こった問題は開院式の日に陛下が親臨になる、その右の方には皇族がお立ちになる、その左には内閣大臣、枢密顧問官、そうして議場は中央より分かれて、陛下に向かって右が上院議員で、左が下院議員である。この時に起こった一つの問題は、皇族が右にお立ちになることに異存はない、陛下の左に内閣大臣のみを侍立せしむ、是は内閣大臣は議会に出席して国政を貴衆両院議員と相談するのであるから内閣大臣のみで宜かろうということであった。然るに一方の論者は、国政の上において、陛下は内閣を組織せしめて、之に行政の実際を御委任になる、然れども国務の重要なるものは内閣より上奏の後枢密院に御諮詢になる、即ち実行団体と諮問団体の二つに日本の政体が分かれて、それが左右の翼として陛下を輔翼し奉るから、この公の式へ枢密院も出なければならぬという論がやかましかった。それで内閣大臣と共に枢密顧問官が儀式に列することになった。是も実際のことでありますから、一寸御参考迄に申し上げて置きます。

それから開院式の前に、私が非常に困った事が起こった。是は、当時議員をして居られた御方があるかも知れませぬが、議院の玉座の上の飾りが、私が欧羅巴から帰って見ると、立派なものが出来て居る。

私は左まで気も付かなかった。そうすると是は勅選議員の方から起こった。誰が言い出したかあの玉座の装飾は仏蘭西の路易帝の時代の上院の装飾にそっくりだ、是は建築技師が仏蘭西の帝政時代の玉座の装飾を真似たのである、路易皇帝は暴政を施して、到頭終いに絞首台の上で虐殺された、そんな不吉な皇帝時代の装飾を日本の陛下の前に置くのは怪しからぬ、一体建築家がいかぬというので、中々やかましい問題になって、議長と私に迫った。あれは撤回しろ、開院式の日に路易の玉座の上の装飾と同じ所に我が天皇陛下を置き奉っては不敬だから是非除けろ。私もそう言われればどうも仕方がない。それから内閣に相談したら、それは困ったがどうも仕方がないといって、到頭協議をして、玉座の上に円い玉冠みた様な物があったものを壊して平たくして、両方のカーテンを取り除けて、今のような装飾に変えた。是はつまらぬことですが、その位に是もやかましかった。

それから是は私が実に恐れ入ったことで、かくまで明治天皇が御注意周到であらせらるるかと、当時実に感激に堪えなかった。今も開院式の前にあなた方にお廻しする絵図があるでしょう。あの絵図を作って式部職から陛下にも奉って、この通りの建物でこういう風の次第書でございますと申し上げた。ところが陛下がそれを御覧になって、是はよく分かったが今度は第一の議会である、各国の使臣も必ず参観するだろう、また人民の参観もあるだろう、そこへ自分が出て開院式を行うということに付いては、少しでも誤りがあってはいかぬ、之を見れば休憩する所は分かって居る、また玉座も分かって居るが、何処からどう行って、梯子段が有るか無いか一向是では分からぬ、休憩室から玉座まで行くには段が何段あるか、どっちから登って行くか、それ等のことも多勢の見る所で若し不都合なことがあっては甚だ宜しくない、書記官長も呼んでその道順をすっかり示して貰えということで、侍従長から私に御沙汰が来た。それから私は急遽宮内省に行って、その事を承わって帰って来て、是は私の管轄じゃない、実は宮内省の管轄で、宮内省がそれだけのことは為さらなければならぬが、宜しゅうございます、私が早速致しましょう。それから貴族院の門から鳳輦がお入りになって、左側を右廻りにして玄関の入口にお上りになる、それは皆朱線を引きまして、段をお上りになって休憩室に入らせられ、其処で大臣、議長の拝謁があって政府委員室の前の梯子段、是が何段ある、それから横へお出でになって議場へお入りになって玉座へお上りになる、玉座へは右からお上りになる、是が何段、前の円卓子があって、後ろに御椅子があって、其処へ御着席になる、その時総理大臣が勅語を捧呈する、その時にはお立ちになって之をお受け取りになる、之を御朗読が済んだら議長が左の方から登って勅語書を受け取って元の席に復す、そうして陛下はまた元の通りに還御になるということを、すっかり往復とも朱で書きまして、宮内省に持って行ってこの通りだと云うて、それを捧呈した。その位に、外国の公使が来る、外国の新聞記者も来てるから、自分の態度に少しでも過ちがあってはいかぬというまでに御注意遊ばす。実は私共は当局でありながらそこまでは気が付かなかった。宮内官がやるべきことと思って居ったが、宮内官もそこまでは気が付かなかった。御承知の通り宮中の拝謁や何かは順序が付いて居って、それに依ってやるから、今度のような陛下が初めて親臨して開院式の行われる時には、宮内官がして居るだろうと思ったら、それがしてなかったから御下問になった。第一の開院式における陛下の御態度というものは、実に立派なこと、また玉音朗々として勅語をお読みになったことは、今だに私の耳目に存して居る。

それからその次に起こった問題は勅語は貴族院議長が受け取る、そうするとその頃は中々衆議院でやかましくて、一体我々衆議院にもあの勅語を賜わったのだから、同じ勅語を衆議院にも下さるように願いたい、上下両院一堂の中において賜わったのだ、上院議長が拝受したところが、上院議長の専有物じゃない、我々の方からも議長が出て居る、此方へも貰わんならぬと中々やかましかった。ところがそれは宮内省の方で、勅語というものは二枚出るべきものじゃない、一枚である、またそういう例はない、のみならず上下両院、貴族院衆議院を組織して、その上位にある貴族院に賜わって、その写しが刷物で行くなら宜いけれども、同じ勅語を二つやる訳にはいかぬ。それで上院の議長が勅語を拝受して上院に保管して置く。その写しは衆議院に行くけれども、本当の勅語というものは貴族院に永久保存して置くべきもので決して上下両院各々一部ずつやる理由はないということになった。是も一時は中々政党の連中からやかましく言いましたけれども、是は宮内省と内閣とで拒絶しました。

まだ外にも申し上げたいことがございますけれども、今日は余り長く御清聴を汚しましたから、是で止めまして、また後日機会があったら私が記憶して居ることは喜んで皆様にお話を致します。私は自分の批評は加えぬ。唯当初議会の開ける時からの有りの儘の事実をお話したので、席次問題、互選問題に付いて色々議論があるから、それを私が見越してこういうことを言うたのじゃない。唯昔の事実はこうであるということを申し上げた。それから先は皆様の御判断にお任せするの外はない。そこはどうか御諒承あらんことを希望致します。

＊1 金子は憲法制定に関して数多くの講演をおこなっており、その一部は高瀬暢彦編『金子堅太郎著作集』（日本大学精神文化研究所刊）に収載されている。
＊2 Sir Thomas Erskine May, Baron Farnborough（一八一五〜一八八六）。アースキン・メイは一八七一年より八六年まで英国の下院書記をつとめる。その著作は『英国議院典例』『英国憲法史』などの題で邦訳された。
＊3 Karl Friedrich Hermann Roesler（一八三四〜一八九四）。ドイツの公法・経済学者。ローシュトック大学教授。明治十一年、外務省顧問として来日、商法典の起草にあずかるとともに、憲法制定にも尽力した。
＊4 府県会は明治十一年に制定された府県会規則に基づき各府県に開設された議会である。元老院は明治八年、明治政府の立法諮問機関として設置された。参事院は明治十四年、太政官中法制以下六部に代わって設置された。元老院は明治二十三年十月、参事院は明治十八年十二月にそれぞれ廃止された。枢密院は天皇の最高諮問機関として明治二十一年四月に設置され、帝国憲法の審議をおこなった。

＊5　憲法発布後、政府は欧米各国の議会制度を調査するため金子堅太郎・中橋徳五郎・太田峰三郎・水上浩躬・木内重四郎を派遣した。それとともに明治二十二年十月十四日、臨時帝国議会事務局（総裁井上毅）を設け、貴衆両院の規則など議院の運営に関するさまざまな規則の調査、立案などをおこなった。

＊6　明治二十二年六月十九日、金子は明治天皇に拝謁し欧米における調査の復命をおこなった。この時の報告書は「欧米議院制度取調巡回記」全二巻である。宮内庁書陵部には臨時帝室編修局が「明治天皇紀」編纂のために作成した同書の写本が残されている。

＊7　大日本帝国憲法の逐条説明書。明治二十二年に伊藤博文の私書の形で国家学会より出版された。

＊8　明治二十二年十月三十日付で伊藤博文は枢密院議長を免ぜられ、宮中顧問官に任ぜられた。小田原ではじめは旅館に滞在し、十月からは新築の別邸滄浪閣に移った。

＊9　立憲政友会の創立は明治三十三年九月十五日のこと。

四、昭和四年七月九日　旧話会

出席者

子爵　山口弘達
書記官長　成瀬達
書記官　長世吉
書記官　山本秋広
書記官　石橋徳作

貴族院属　興津健夫
貴族院属　花房崎太郎
貴族院属　矢野勝太郎
貴族院属　屬規作
貴族院属　梅田伊三郎
技手　小宮八十二
元技手　川村種次

午後一時二十分開会　午後四時二十分閉会

山口子爵　それではお話を致します。私は明治二十三年の七月十日に華族会館において子爵議員の選挙がありまして、その時に初めて当選いたしました。その時は票数なども中々今のように多数の票数は得られない。私はその時百三十七票の票数を得まして、丁度終いから二番目で当選しました。ところがその時に当選された方の内に多く宮内官がありまして、その時には宮内官は別に議員になってはいけぬという規則も何にもなくして皆当選されましたが、その後に至って宮内官は議員にはなれぬということになったものですから、宮内官の人達は皆辞してしまった*1。それが為に次点であった人が皆挙って、そうして七十人出来たというような訳であります。

それから二十三年の十一月二十五日が帝国議会の召集日で、その時に初めて一番最初の議院に出ました。それで議長さんの、席次のことは即ち席次表の如しということは今の通りでありまして、そうして抽籤を行って各部の部属が定まったのであります。私はその時に第四部に属しまして、玄関の直ぐ側にある室が四部室でありました。それから部室へ退いて部長、理事を選挙して初めて貴族院が成立した。是が第一回の時の召集でありました。

それから十一月の二十九日が開院式で、初めて明治天皇陛下が御臨幸になって開院式をを行わせられた。それは今の通りであります。唯その開院式の時に違いましたのは、午前九時議員一同賢所に参拝いたしまして、そうして御誓文という誓いの文を供えて参拝した。こういうことに覚えて居ります。

それから十二月一日に初めて議事があって、貴族院へ出席し午前十時開議です。それからその時分は今のように議長が議場へ出て議長の草された勅語の奉答文を読まれるということでなくして、その時には部長が一々部員に下相談をして、それで愈々議長さんに御一任するという協議が纏まって、そうして議事を開いて議長さんに一任するということになって、それから第一の日程を議しました。それは貴族院規則のことであります。

それから全院委員長の選挙、常任委員の選挙の議事日程になって居る。それで貴族院規則は、各部協議委員というものが出来て、その時の発議者は細川潤次郎君でありまして、つまり貴族院規則は議事をする規則だから、その儘にして置いて宜いということになりました。その後に至ってやかましくなってこの間中と同じような、えらいやかましかったのですが、その時はそれで済んだ。それから全院委員長と常任委員の選挙を行った。初めての全院委員長は細川潤次郎君でありました。それから何が細川潤次郎君の出した貴族院の規則はその儘でそれを成り立たして、それを行っていくということになった。それを議長が起立に問うて、討論を用いずして可決してしまった。それで初めての議事というものは済んだ。

その次は十二月四日に開かれました。その一番初めの議題は何であったかというと、弁護士法であった。それでその特別委員を選んだ。その特別委員を選ぶのも、中々今からみたら恐ろしい鄭重というのでありましょう。中々長くかかりました。本当に投票を行うので、矢張り氏名点呼をして無記名投票をしました。

それ故一つの議題に付いての特別委員の選挙ばかりで大抵一日の議事が終ってしまいました。その次に第一読会を開くというような訳で、中々時間がかかる。それでその最初の委員の投票数だけをお話しますと、

百二十一票		村田　保　君
百二十一票		穂積陳重　君
百十三票		尾崎三良　君
九十五票	子爵	加納久宜　君
七十七票		加藤弘之　君

六十七票　　　　岡内重俊　君
六十三票　　　　細川潤次郎君
六十一票　子爵　清岡公張　君
五十七票　　　　今村和郎　君

是で丁度一日の議事が済んだ。

それで今の弁護士法は何時議したかというと十二月二十三日に弁護士法の議事が開かれた。その後続いて段々議事がありましたが何れも同じ方法で、一日は政府の説明が済むと特別委員の選挙に移る。それは銘々が選挙をするということになった。ところがどうもそれは手間が取れて肝腎の法案の討議が出来ぬという観念があったので、議長の指名にするという議が行われるようになりました。併し今のように議長さんが直ぐと指名するということはなく、議員の方から議長の御指名を請うということを言いまして、議長はそれならば指名をする、それが為に一旦退いて能く考える、それ故に再び議場へお出で下さいと言って議長が退いてしまって、それからまた暫く経って再び皆議場へ入りまして、議長が報告をして初めて議長指名の委員が定まる。こういうことになって、それが丁度五日――明治二十三年十二月五日にその事が始まって、それ以来そういうことが行われて来ました。

それからその時分の議事というものには討論終結という規則は中々行われなかった。初めはそんなことを発議する人もなかった。議員が意見を述べるのは大抵一人が一時間半とか二時間とかいうようなことになって、中々長い。議事の進行が甚だ遅々として居って中々急に行きません。それであったものですから、それから後に幾人まで演説をしたら討論終結の方法を執るということになって来ました。そうしてやって居ります中に商法施行延期ということに付いて、それが貴族院が始まって以来のえらい議事で、双方が中々えらい見幕で以て議事をしました。

その時の議事は議長が伊藤〔博文〕公爵であって、もうどうにもこうにも仕方がない。幾ら鈴を振ってもいかぬ。それで是は政府の方では商法が出来たものだから断行したいと云う。片方の方は商法はまだ不備の所があるからよく練ってその上に施行して遅くない、こういう二つに分かれた。けれどもこの時分の議員というものは、多くは元老院の議官で居られた方が来られて居るのと、それから将軍連の方とかいうような歴々の方が多かった。つまりそういう履歴ある方が多く物事をやられたのでありますから、その時分には若い人が色んな議論をしたり何かして騒いだ訳ではなくして、皆古い方が中々激論をやり、中には余り熱し過ぎて、議長の伊藤公も手古摺ってしまったということもありました。最もその時に激しく議論をされたのは、鳥尾〔小弥太〕子爵が最も激しくやられ、その議論の趣旨は私は能く覚えて居りませぬが、確か一遍商法というものは御裁可を経て何になって居るものである、之を施行するのを延期するということは間違って居るということと思って居ります。違って居りますか知れませ〔ん〕が、そんなようなことでありました。尤も演壇へは登らないで、自席の卓を叩き激烈なる勢いでやられたのであります。

他の者も鉄拳などは振り廻さぬけれども、衆議院のえらい時の騒ぎ位騒ぎでありました。貴族院ではあんなことは滅多にありません。是が議会一番初めの激しい議事であったと思います。それから後はそんなに激烈の議事は余りありません。

その中に二十三年の十二月が済み、二十四年になりました。今では二十日まで休みになって居りますけれども、その時は二十三年の十二月二十五日から二十四年の一月七日まで休会ということになって、二十四年の一月八日から開会になって議事が開かれました。それから一月二十日の夜火災に罹り、一番最初の議事堂が焼失しました。それから四、五日経って議場は帝国ホテル（仮に設けられました。帝国ホテルの舞踏室でありました）、彼処へ急にテーブルや何かを列べて議場に充てました。彼処で議事を開いて第一回は無事に終了しました。

その間に、この事は此方に残って居るかどうか知りませぬが、是は殊に私が第一議会の時分には喪に居りましたものですから、その時の書記官長金子堅太郎子爵から御通知がありました。それはこういうのです。

在官ニアラザル本院議員ニシテ議員忌服ノ儀ニ付客年十月宮内省へ照会致候処左記ノ通回答有之候間御参考迄此段申進候也

明治二十四年二月四日

貴族院書記官長金子堅太郎

在官者ニアラザル本院議員ニシテ父母妻子其他ノ喪ニ丁リタルトキハ可憚ハ勿論ニ有之候得共議員召集期日及開院式等ノ節自カラ喪服ヲ脱シ参列候テモ不苦候哉此段及御問候也

明治二十三年十月廿八日

貴族院書記官長金子堅太郎

式部職

主事御中

在官者ニアラザル御院議員ニシテ父母妻子其他ノ喪ニ丁リタルトキハ可憚ハ勿論ニ有之候得共議員召集期日及開院式ノ節喪服ヲ脱シ参列候テモ不苦候哉御問合之趣承知致候右ハ御意見ノ通リニテ差支無之儀ト存候此段御答申進候也

明治廿三年十月三十日

式部主事

金子貴族院書記官長殿

こういうのが一つこの時にありました。
長書記官　記録だけはございます。実際問題としてどなたの問題でそういうことになったか知らなかったのであります。
山口子爵　私がその時に喪に居って賢所に参拝したのです。その時にはまだこの書記官長よりの通知はなかったけれども、お許しを得ました。議院の方で金子書記官長の方から宜しいということになった。その時は公文でなく式部職に御問合せになったらしい。それから後十月ですか余程後になって今のような公文書の往復ということになったのであります。
第二議会は、川村さん御承知でしょう。第二議会は解散になった。
川村君　はい、表がございます。
山口子爵　あれは十二月だったと思います。確か十二月の押し詰まってからだと思います。
花房君　十二月二十五日でございます。
山口子爵　その時は丁度二十五日から一月七日迄休会を議場で議長が宣告になった。その時は松方〔正義〕総理大臣で、午前に貴族院の議場で演説をされまして、午後に衆議院の方へ行かれて忽ち解散になったのであります*2。
成瀬書記官長　何でした、その時の問題は――。
花房君　樺山〔資紀〕海軍大臣の海軍問題――。
花房君　第一議会の終いに衆議院から予算を延ばすだけ延ばして、そうして貴族院に送って参りました。貴族院は議事の余裕が無い為に、貴族院でも大分お困りなさったように伺って居りますが、その時に、是は太田〔峯三郎〕書記官長からの話でありますが、衆議院は予算の先議権を真っ向にかざして貴族院を眼中に置かずして進み来、それを貴族院は法律の制定権で抑えるというので、――多少あなた方も、その様な御研究があって居られなかったかと思いますが――。

山口子爵　その時は貴族院の方も甚だ不満であった。何しろ時日がなかったのですから――。

花房君　その時に予算を議する余裕が無い。抑えられたということに付いて大議論が起こるようなことはございませなんだか。

山口子爵　不当であるという議論が起こったのです。予算は何月頃でしょうか。何でも各会で集会をしたと思います。予算はなんですね、二十四年の――。

花房君　二月の末でございました。

山口子爵　二月末ですな。閉院式が三月八日、この時は豊明殿で帝国議会の閉院式があった。山県〔有朋〕総理大臣が勅語を捧読し、貴族院副議長の東久世通禧伯爵が天皇陛下万歳を唱え、議員一同も万歳を唱えたのです。是はその時切りで、その後はないのです。

花房君　そうすると二月末頃予算審議の時日が無くなったです。貴族院の腰の強いというような所が現われたかどうか。

山口子爵　予算が第一議会には大変遅れた――。

花房君　それが議会の、予算の議定権の詔勅を仰ぐ所に引っかかって来るのですが。

山口子爵　二月幾日頃ですか。

花房君　三月の五日頃です。予算が表向き来ましたのは――。それで予算の来るのが遅くなるといって貴族院の方では皆さんの御心配と御議論が起こりはしませんでしたろうか、私想像するのであります。

山口子爵　その時はまだ研究会は出来て居りませぬが、我々の方の議員同志会というものがあった。その同志会という方で集会して、予算の事に付いて協議をして居りまして、予算が来たらどうしようということを協議した。それから後になって各方面でも矢張りそれに付いて協議をして居る。つまり今の事柄はです、あなたの仰っしゃるような訳になって居るのです。即ち衆議院が自分の方に先議権がある、彼此言うのは貴族院の方が穏当を欠いて居るという。貴族院の方ではもう時日がない、議さぬでも宜いという位までの議論がありました。各派共甚だ不都合だということを感じて寄り寄り協議をした。けれども別に延期にはなりませんでした。どうかこうか折り合いが付いて予算を議しました。こういうことになるのであります。

花房君　今のお言葉の同志会とか仰せられる、研究会の創立ですね。同志会は何方が――。

山口子爵　つまり研究会は二十四年十一月二十一日に創立した。

花房君　二十四年十一月二十一日ですか。

山口子爵　そうでしょう。研究会というものが出来たのは非常に意味深長であって、何といいますか、つまりその時一の議題から研究会と懇話会と二つに分かれた。その前は同志会というものがある。それから三曜会、それから中山〔孝麿〕侯爵の一派――。

花房君　久我〔通久〕侯爵の一派というのは――。

山口子爵　久我侯のは一派別にあったのだと思います。それから加納久宜子の一派というのが即ち同志会で、それからその外に千家〔尊福〕さんの一派がある。

花房君　千家男爵はこの時は――。

山口子爵　明治二十四年の三月の予算の時分にはまだ皆小さなもので、小さなかたまりが此方にも彼方にもあった時分です。

成瀬書記官長　第一議会の初めからそれがあったのですね。

山口子爵　同志会と三曜会の外に名もないものが幾つもあった。それは第一議会召集の前から後にかけて――。

成瀬書記官長　何か選挙に関係したのでしょうか。

山口子爵　いや、そうではありません。結合力というようなものはなく、つまり同志会でも初めは四人か五人、六人位のものが集って二十人か三十人位しかなかったような訳で、それから段々色々の会が出来まして、遂に研究会というもの、懇話会というものが出来るようになった。まだ第一議会にはまだ同志会というものがあったばかりで、その後にその同志会というものが木曜会と名前が付いたり何かして、その後に今の研究会というものが出来た。

花房君　そうすると同志会の初めが木曜会――、千家さんの木曜会の前身が同志会ですか。

山口子爵　前の木曜会から同志会になったと思って居ります。その時分は小さなものが方々でやって居るのですから、一つの議題に付いて纏めようというのは大変なものであった。此方が同意して呉れというと、向うから此方へ同意して呉れなんというような訳で、なかなか纏まらない。研究会というものがかたまってから後は総てうまく滞りなく行くようになった。それ迄はなかなか能く行かなかったのです。

花房君　私にはっきりしませんですが、木曜会の中でお話の通りなかなか議論が多くして、すったもんだの末、多少意見の異なる人は三曜会になり、それから同志会の人方と木曜会の一部の御方が一緒になって研究会を組織なさったと、こういうように私は――。

山口子爵　それは木曜会の時分だったか、同志会の時分だったか、一体同志会、木曜会というものは純粋の官僚派です。官僚派であって、そうして今も研究会でやかましく言って居る、結束する為に自由意志を束縛する。その会の決議に従わなければならぬという意味です。その時分には同志会に除外例はない。加納子が牛耳を執って会長みたようなものであったが、そんな圧制な所には居ないというて、青山〔幸宜〕、京極〔高典〕などは逃げて行って仕舞った。

その時分に独立したというのが同志会であります。予算のこともその連中で協議をしたのだろうと思います。今の予算の時日をちょっと——。

成瀬書記官長　三曜会とか同志会とかは皆事務所を置いてやったのですか。

山口子爵　木曜会の時分は芝の愛宕館でもやりました。華族会館でもやりました。方々でやりました。華族会館は鹿鳴館の後で——。方々でやって、場所は極って居ない——。

興津君　総予算は衆議院より二十四年三月二日送って参りました。三月三日に審査期限を定めました。三日の本会議で五日の午前十二時迄と定めて、そうして五日の日に予算案の議事を開き、細川潤次郎君が報告をされて、五日に終らずに翌六日に継続して居ります。それで六日の日に決定になりました。

山口子爵　つまり三日でやってしまった。不平はあったけれども、第一議会、最初の議会であるから先ず辛抱しようというようなことで、こういうことになったのです。

花房君　研究会の創立は明治二十四年の十一月二十一日に——。

山口子爵　それでは研究会の方を申し上げましょう。本当はです、是は十月の十六日に同志会が集りまして、中山侯爵以下の会に、同志会はその儘にして置いて合併するということがこの時に決議になった。同志会が決議したのです。それから超えて十一月の四日です。四日に、午後に研究会へ初めて出席をして、その時に互いに申し合せをした。今の同志会などが皆寄ったのです。

そこでその時に寄りましたのはどういう連中が寄ったかというと、それは一方は千家男爵の一派、一方は加納子爵の同志会の一派、それから一つは中山侯爵それ以下の一派、それからまた岡部〔長職〕子、正親町〔実正〕伯抔の一派、それから官吏の方であって永山盛輝、岩村通俊などというような人達、そういうような人が顔を合わせまして研究会というものを一つやろうという相談が纏まりて、この研究会が出来ました。その時は精養軒で集会しました。

それでこの合同に依り、何の為に研究会が出来たかというと、この議会にです、谷〔干城〕子爵だとか、曾我〔祐準〕子爵その他総てああいう将軍連中だとか、小沢〔武雄〕男も居るし、それからその時分に貴族院の硬派と言われた人、三浦安、村田保、ああいう人達が勤倹尚武という建議案を出しました*3。勤倹尚武というのは即ち倹約をし、そうして武を尚ぶということであった。ところが一体文武両輪の如しというのが当たり前である、武ばかり尚ぶということは甚だ穏当でない。それから此方は勤倹尚文というものを立てる、即ち研究会の方の派がそうであった。それで千家だとか加納というような研究会を立った人は勤倹尚文という方であった。それであるから、それに対抗するというので谷子爵、小沢男爵、三浦安、村田保、ああいうやかましい連中が入って、そこで初めて貴族院に純粋の、何と言いますか非官吏派のものが出来た。それでありますから研究会の方は総て官僚派にて政府を援くる方針を取りたのであります。政府に対しては、今は是々非々などと言って居りますけれども、その時分は大抵のことは官から、政府から出たものは賛成をしようということで、即ち政府を援助するというのが大方針なんです。

そうしてそれには結束しなければいかぬ、結束を堅くしなければならぬから、必ず決議したものには服従する。けれどもそれでは中には自分の地位だとか境遇だとか何だとかいうことで、どうしても賛成が出来ぬ人が出来る、或るいは多額納税者であれば土地の状況等に依って、そんな事をしたら大変に自分の顔に関わるというようなことがある。それで除外例を開いて置いて、その時の役員に、常置委員とかいった、常務員ではない、それに申し出て、それからして議決をして許される、こういうことになった。でこの研究会の方は結束して居る。懇話会の方はつまりそれに対して出来たのです。硬派ですから、何でもかんでも政府には片端から良くても悪くても反対するという風であったのです。

花房君　そうすると研究会の出来る当時の懇話会の起源がはっきり致しますが、曾我さんに伺ったら分かりましょうかと思いますが、今のお話に依ると勤倹尚武と勤倹尚文との分かれ目で懇話会、研究会の二つが生まれたということが分かるのであります。研究会の主義は勤倹尚文ではありますが、是れは勤倹尚武に対したる唱道なのでありますが、文武両輪の如しというが本旨なのです。

山口子爵　そうです。もう一つ三曜会というものが、是は近衛〔篤麿〕公爵が首領で、その会も中々勢いが好かったのです。是も硬派です。それと懇話会が硬派で、研究会が軟派、そういうことで成り立って行った。

川村君　懇話会と三曜会が研究会に反対ということで対抗した硬派で、その創立がはっきりして居りませぬ。創立は何時であるかということがはっきりして居りませぬが――。

山口子爵　三曜会は同志会の前の木曜会という時分に出来て居った。懇話会は研究会が出来ると同時に出来た。それで三曜会と合同をしたいといって、私が使いに行った。ところがひどく排斥されてしまいました。私も使命を果たすことが出来ないで帰って、皆を怒らしてしまった。中々三曜会はえらい勢いであった。

花房君　子爵はその局にお当りになって居ります。私共は聞き込んで居りましても、矢張り伺いませぬと真相が分かりません。三曜会は研究会が出来る当時に出来たかのように私共の頭に入って居った。今三曜会に合併の交渉を子爵が遊ばしたということで、確実に三曜会が研究会以前、議会開会以前に近衛公爵の方であったということが分かりました。懇話会は先のお話で、尚武尚文というその時に出来た。

山口子爵　研究会の出来たのは明治二十四年十一月頃より前に、そういうことをやろうという催しがあったのです。それで今の研究会が設立した。その研究会と同時位に懇話会は出来たです。

川村君　懇話会の会長は確か島津家だと思って居ります。忠済公、島津一派に将軍連中が入られた。小沢男なども――。

山口子爵　小沢さんは首領です。谷さん、小沢さん——本当のことを言うと、谷子爵と千家男爵との争いです。千家という人が、同志の一派を引っ張って来た。木曜会の方は官吏派ですから、勅選議員を引き連れて出て来た。懇話会の方は今の島津さんの所へ寄って一つの会をやった。研究会の方は誰が会長ということはない。今も会長はありますまい。その時分にも会長はない。加納、千家、岡部、正親町、大原〔重朝〕、万里小路〔通房〕、中山なん《ママ》という方々の合議政体です。

成瀬書記官長　何人位ありました。

山口子爵　その時分は六十人位。そんなものです。

成瀬書記官長　懇話会は——。

山口子爵　懇話会の人数も矢張りそんなものでありましたろう。三十人か四十人位——。

興津君　二十五年位に調べた物が此方にあるのですが、違って居るかも知れませぬけれども——。

花房君　二十五年に——書いてあるのを、或るいは他に転写するや何やらしましてある。茲に私の疑いを有って居りますのは研究会——。

山口子爵　懇話会時分の研究会は七十人、初めは六十人位——。

川村君　記録みたようなものが一寸見付かって以後の数ではその辺のことがはっきりしませぬ。議長附書記官が知って居るだけで、我々の知るところでなかった。鉄筆版で刷って何処かへやるのが一部手に入ったという位のものであった。

花房さんの拵えられたのは幸倶楽部に居って貴族院に籍を移されない前に先生が自分で会派別を拵えた。それがどうかして一部手に入った。懇話会も三曜会もちっとも分からない。

山口子爵　三曜会はです、近衛、二条〔基弘〕両公爵が頭で、その後に付いて居ったのが、伊達〔宗徳〕*4、唐橋〔在正〕、新庄〔直陳〕、勘解由小路資生、島津忠亮、杉渓〔言長〕等の諸君、皆ああいう人が——。

川村君　松平乗承子は——。

山口子爵　松平乗承さんは三十一年の総選挙までは三曜会であった。それが懇話会に行った、三曜会が潰れて——。

花房君　ちょっと伺いますが、第一議会から三十年迄の多額納税議員の所属ですが、古い人名を見ますると、渡辺治右衛門、川崎〔正蔵〕、下郷〔伝平〕、若尾〔逸平〕、それから渡辺甚吉、滝口吉良というように、研究会員に多額納税議員が大分入って居りましたか。

山口子爵　皆入りました。

花房君　それが第十議会頃はですなあ、もう華族、有爵者並びに勅選議員だけの研究会になってしまった——。

山口子爵　初めは多額納税者が入って居った。会の中でも多額納税者に対しては優遇したものです。

花房君　三曜会にも大分入って居りました。懇話会にも入って居りました。

山口子爵　それから後のところは、また先へ行ってからお話を致します。それから前に戻りますが、同志会というものは始終会を開いて、三曜会と同志会と相互に、此方が同志会、此方が三曜会と同じ所で、唯ドアー一つ廊下を隔てて、両方会合して居るというような工合で、初めの中は同志会対三曜会であった。それが変じて懇話会、研究会となったのです。それから三十年に至って三曜会の人は、その時分に我々の方の選挙団体の尚友会というものが出来たので、尚友会の方が勢力がありますから、三十年の時には大概同会に入会して、而して研究会に入会しましたので、その時に男爵の杉渓言長氏が残って居る。また本多正憲子、松平乗承子、それだけが残ったのみ。二条公の方はその時に三曜会がなくなったから懇話会に入られました。

花房君　三十年後になりますか——。

山口子爵　それ迄にしてその後のことはあとでお話します。

花房君　同志会対三曜会、研究会対懇話会——。

興津君　朝日倶楽部というのは何時頃ですか。

山口子爵　三十年後です。

興津君　五十嵐敬止、田中源太郎というような人が丁酉会を組織された。朝日倶楽部というのはどういうのですか。

花房君　多額納税議員が近衛公、二条公を引き出してやった——。

川村君　その時がはっきりしないのです。

山口子爵　その時分には議院内の会には色々のものがあった。研究会というのはもう一つある。同盟研究会という会であった。明治二十四年、同志会の時分にあったのですが、それは政治の方に関係しないで、唯軍艦を見に行くとか、それから何処の何を研究するというように、方々を歩く会であります。その間には何をして居ったかというと、会計検査院部長浜弘一氏を聘して予算の研究をした。そういう会の時には予算の説明を聞いて、その他は方々を見て歩いたのです。是は政治の方と別に関係はない。議員の一つの研究の会であり、それは人が皆違う。研究会の人も居る、懇話会の人も居る、方々の人が入って居ってやったのです。

花房君　選挙の時のことでこういうことを伺いたい。選挙の前にですね——、二十三年前には今の四条侯爵は伯爵でいらっしゃった〔四条隆謌〕。そうして御眼が悪くて手紙を自分に〔て〕書けませぬので代筆させて私が東久世伯の所へ、二十三年七月十日に伯爵の御方の選挙なさる、どういう人を凡そ推薦の御予定があるかということを承りに行ったことがございます。それで多少その頃のことが記憶に残って居りまするが、枢密院の御方は議員に当選しても受けないという御決議があった。そこでもう一つは当路の大臣も受けないというような噂が当時あった。そこであなた方の三爵の間に大分衝動を起こして、或るいは無名か、有名か存じませぬけれども、意見を新聞に発表なさった。こういうことであります。それで是は独断的になって甚だ困りますけれども、当時枢密顧問官でいらした鳥尾小弥太子爵が枢密顧問官をおやめになって、子爵の選挙に当選して貴族院に出ていらした。そうしてお話の通り伊藤さんに喰ってかかってやかましかった。是は枢密顧問をやめてまで貴族院議員におなりになったからであろうと私は想像いたしますが、東久世伯、万里小路伯、曾我子爵、その他色々御当選なさって——。

山口子爵　ところが万里小路伯は侍従、曾我子は東宮大夫、それから東久世伯は伯爵の管理者ではなかったかと思う。

花房君　管理者が当選をして居るからといって御辞退なさったと想像して居ります。そうして副議長になる為に勅選議員になった。

山口子爵　全くそうです。東久世さんは伯爵でありながら今の理由でしょう、勅選になった。見上げたもので、辞さなくても宜い位置でありながら辞して居る。それで副議長は議員でなければならぬから勅選になった。

花房君　私の頭の中に納めて居ったけれども、子爵にお問い申し上げて——。

山口子爵　全くそうでしょう。

花房君　当時の選挙を遊ばした皆さんは余程熱心だったとみえますね。

山口子爵　何しろ今の鳥尾さんの商法施行延期で大議論をした。それからそう長くは居らなかった。えらい勢いで活躍されました。あの時は大分興奮されて居ったものですから、怪しからぬとか何とか云って憤慨され、それから部室へ入って来たが、それなり何処かへ行ってしまった。それから三浦梧楼子爵を探しに出した。方々居所を探したら熱海に行って居られた。それから慰撫して連れて帰って来られた。

花房君　それは私はこう見て居りますが、実はロイスレル＊5とかいう独逸の商法学者の直訳した日本の商法を施行なされようとした。ところがあの方々は条約対等論者で、中々西洋に頭を下げないという御議論もあって、それで延期論の主張者ではなかったかと思います。

山口子爵　そうかも知れませぬ。

花房君　それが延いて明治三十一年、十二議会の民法第四編の親族、あれを議せなければ条約改正の実行が出来ぬというので、伊藤博文公爵は委員会に出て大分お骨折りになりました。けれども谷子爵、曾我子爵が委員会で否決して、必ずしも西洋人の御機嫌を取って無理な立法をするには及ばぬと云って、確か議了すること能わずでございますか、継続委員に付すべきものなりというのでございますか、何方ですか、そういうような報告をなすったと記憶して居ります。それは商法の改正何と同時に出て、十二議会に商法は可決しました。

山口子爵　あの時に民法は残って居ったでしょう。

花房君　民法は全部延期になったのです。商法だけ通りました。

山口子爵　そうです。あの時に民法が延期になって、その後に可決しました。親族編が残って居って――。

花房君　それで貴族院が強かった訳でありますね。鳥尾さんが枢密顧問官を辞して迄も貴族院議員になって議論をなさるのですから――。

山口子爵　あの時分は今とは違います。貴族院議員は大抵元老院から来られた。歴々の方が枢密院を辞して来るというようなことであった。海江田〔信義〕さんも来て居った。年の若い者は小僧扱いで迚も駄目でありました。それは議会のみならず研究会でも矢張り我々は小供扱いにされた。つまり軍隊の故参のようなもので、年を取った人に権力があって若い者にはどうしても権力がない、議員もです。

第七議会位から段々若い者の時代になって来た。それですから私は二十三年に議員になって、委員になったのは二十九年であったと思います。初めて請願委員になった。我々は常任委員の傍らにも寄れないのであり、まるで親と子供というような関係、特に私などは若かったから甚だどうも――。

花房君　第二議会の勤倹尚武の施政の方針に関する建議案のこと、それから第三議会の選挙干渉に関する決議案のことをお話を願いたいと思います。

山口子爵　是は今のお話の勤倹尚武の施政方針に関する建議案で、明治二十四年十二月十四日午前十時開議で議することになりました。この時に鳥尾子爵が動議を出されて、その子爵の動議というものは施政方針に関する建議案が出たのであるから、あとの案、地方裁判所並びに区裁判所の法律案、もう一つもう一箇条は十二号法律案という二つ、是は議長に一任してしまって、それが済むと施政方針に関する建議を議すということとの動議を提出したのであります。

是の発議者は谷子爵、村上桂策という多額納税者、小沢男爵、山口尚芳君でありました。それから反対の方は小畑美稲君、福羽美静君、千家尊福男、こう二つに分かれて建議案が出て居る。

それでありましたが以上諸君の演説が済みましたけれども、尚中々尽きないので明日に継続して十五日に開きました。その施政の方針というものは、即ち発議者の方では、つまり勤倹して節約を努める、そうして武を以て、何でも政治をなし、武ということは決して忘れてはならぬ、こういうことである。武を主眼として発議されて居る。反対の方は、武ばかり尚んでも文というものもある、即ち文武両輪の如しである、武ばかりに限るということは宜くない。即ち此方は文を尚ばなければならぬ。それと同時に武もまた尚ばなければならぬ。両輪の如しということにして行かなければいかぬ。固よりこの施政の方針なんということに付いて、偏頗な議論をやっては甚だ理論上面白くない、理に合わぬからというような議論で、十四日は済みましたが中々是は七人もやると遅くなっていけないので、その翌日に延ばしました。

翌日も矢張り午前十時の開議でありました。その時にも矢張り同じ賛成反対で、この時昨日の反対の千家男の、即ち研究会派の方の質問に対して谷子爵がこの十五日には第一に答弁して居ります。

それから第一に加藤弘之君が反対演説をし、それから三浦安君が賛成演説をし、それから研究会の加納久宜子が反対の演説をし、鍋島直彬子爵が賛成、それから浜尾新君、是は恰も大学の総長をして居られるので尚武勤倹*6じゃ困る——。研究会に入って居られたか居られなかったか知れませぬが無論反対、それから曾我祐準子爵が賛成、是で以て伊達宗敦（伊達宗敦男は研究会の創立者の一人、本案には反対者なり）という男爵が討論終結の動議を出して、そうして討論終結を出した動議を可とした者が百人、否とする者が七十五人。その時分には議員が沢山出て居っても百七十人か二百人位のものでありました。それで討論終結に決したのものですから、議長は記名投票を宣告しました。それで記名投票をやりました。その時に一人戸の外に閉め出された者が中へ入って、青票が、否決とするものが九十七、白票が、可とする者が七十八、十幾つという差で建議案は否決になりました。それで勤倹尚武の施政方針というものは潰れてしまった。これ以後研究会と懇話会の谷子爵一派と相対立してなすところの事が益々濃厚になってきました。茲に初めて軟派と硬派との別が明になりました。それで三曜会は懇話会の勤倹尚武の方に賛成をした。研究会の方は無所属の者が入って来るということはあったけれども、他の会と聯合してやるということはなかった。この時は丁度議長は蜂須賀茂韶侯爵でありました。蜂須賀侯は千家男の方の同志の人でありましたが、議長なるが故に研究会には入られませんでしたけれども、研究会と同主義であったのです。是が即ち勤倹尚武の時の有様であります。

成瀬書記官長　当時の研究会と懇話会との勢力は、百対七十という割合であったのですな。

山口子爵　そんな割合でありました。それからお話して置きますが、研究会はその時分には、私はまだ研究会の役員をして居りませんからよく知りませぬが、何しろこの時分は研究会と交渉し、または一緒になって働く人が秘書官とか書記官とかであります。それで議員控室廊下に誰々と記したる札があります――、帽子の有無を取り調べ、その無いのを印をして置いて使いを出すというような会の方であることを政府の方でもやる、懇話会の方はそういうことは中々手が廻らない。

研究会の方は皆結束してやるのですから宜しゅうございますけれども、或る時は懇話会は一致いたしますけれども、或る時は一人一党というか何というかごちゃごちゃになってしまう。豪傑揃いで俺の方がえらい、俺の方がえらい、えらい同士になってしまうから始末にいかない。研究会の方は結束をして一致しますから、数が多くなるから何時でも勝つのであります。

花房君　お話の通り九十八対七十九です。勤倹尚武が敗れましたが、この二議会の終いは樺山〔資紀〕海軍大臣の演説で衆議院と大衝突を来して解散になりました。それで解散になって、一方には施政の方針で貴族院で政府は突貫して七十八人に対する九十七人ですから僅かな差であった。そこで俄に勅選議員の椅子の空いて居るのを幸いに、十二月になって何十名かの勅選議員をお拵えなすった。勤倹尚武の議決が明治廿四年の十二月十五日で、廿日前後に沢山勅選議員を拵えなさったのが茶話会の初めになって居りますです。この勤倹尚武であぶなかったから、廿日頃、廿二日ですか、勅選議員が沢山出来た*7。松岡〔康毅〕さん、何礼之さん、安田〔定則〕さん、中村博愛さん、中島永元さん、湯地定基さん、南郷茂光さん、小原重哉さん――。

山口子爵　あれは皆政府の方ですよ。

花房君　それで茶話会が出来た。政府を助けて安全ならしむる為に――。施政の方針は十人前後で勝ちましたけれども、衆議院と大衝突して居りますから、是だけの政府党を拵えたのが茶話会の出来た初めであります。それがこの次の選挙干渉の決議案の時に大いに働いて居る。

山口子爵　何という会になって居りますか知りませぬが、茶話会――。

花房君　子爵のお話で私の頭がずっと聯絡が付いて繋がって来た訳でございます。

山口子爵　その時に政府の方で謂わば政府側を殖やした訳でございます。

花房君　それで茶話会が出来た。今の懇話会と三曜会と、内閣に対して硬派の方を両方を集めると三曜会は三、四十人ありましたろうから、皆出席すると懇話会と三曜会が研究会を圧倒する――。

山口子爵　その位の人数です。それで三曜会と懇話会とくっ付かないような政略を用いないとあぶない事がある、それで政府の方でも、もう一つあれば研究会とそれと合体してやるというので、その時分以後は茶話会と研究会というものが始終提携して行ったものです。ところがその前はそうでないようです。

成瀬書記官長　それが茶話会のもとですね。

花房君　そうです。そうするとその次に第二議会は解散になってしまった。第三議会が廿五年の五月――。

山口子爵　もう一つ、研究会の創立の時分に、その時に発起人になって非常に尽力された人を抜かしました。それは広橋賢光伯であります。この人は官僚に対しては忠実の人であります。それから大原重朝伯、是等は皆研究会の方で働いた。それから最も其分に辣腕を揮ったのは創立者の一人堀田正養子であります。

花房君　その頃は堀田子爵は九州の直方と若松の間の鉱業鉄道の社長でいらっしゃったが。

山口子爵　それで議員に当選して研究会で居られました。広橋伯、正親町伯、大原伯、万里小路伯、清棲〔家教〕伯、京極高典子、加納久宜子、堀田正養子、岡部長職子、山内豊誠、大河内正質子、千家尊福男等が研究会の創立者にして、会の牛耳を執って居られたのです。前に申し落としました〔か〕ら申し述べ置きます。

花房君 色々新聞や雑誌などに大河内正質子爵、その他の山内豊誠子爵、堀田子爵、京極高典子爵も載って居りますけれども、広橋伯爵は確か書記官をしていらしって憲法調査の為に洋行をせられたのでございますが、貴族院では余程力を尽くし為さったろうと想像して居ります。

山口子爵 大変力を尽くしました。

花房君 大原重朝さんは――。

山口子爵 大原重朝伯も研究会に付いては働いた人です。研究会が出来てから研究会の為に働いた人です。大原伯はその時分、今の常務員というような世話役という方で。

成瀬書記官長 広橋さんは伯爵でしょう。

山口子爵 伯爵の広橋君です。先刻落としましたから此処で補って置きます。広橋という人は、研究会の事に付いては加納子や何かよりもっと力を入れて居られた。というのは研究会のことは皆広橋さんがやって居って、場所も兄さんの藤波〔言忠〕子爵の別邸が永田町にありまして、其処を始終貸して呉れるとか、殆ど自分の会のように研究会のことをやって呉れた。けれども広橋さんは後に至って遂に分離されたり何かしたものですから、ちょっと脱けてしまって居った。あの方は中々研究会と政府、議会のことに付いては非常に熱心であった。その後何かになられたので、それで研究会の方は脱けてしまった。けれどもあの人は功労のある人です。

花房君 第三議会の選挙干渉。

山口子爵 それは何月ですか。

花房君　二十五年の五月です。五月の六日に開院式を行わせられた。選挙が二月の十五日。

山口子爵　是はね、議会の開かれる前の召集が明治二十五年の五月二日であった。それから三日に千家尊福、京極高典両君から、選挙干渉の問題に付いて相談があるから四日に貴族院の第七部に集会しろということを申して来た。それで四日の午後一時に貴族院の七部室へ出席しまして、そうして選挙干渉の件に付いての相談を色々の方々から受けて之に同意を表した。こういうことになって居りまして、つまり選挙干渉のことを重大視して評議をしたということになって居る。それですからこの選挙干渉は——是は確か選挙干渉のことに付いては別に議場には持ち出さなかったかと思う。

花房君　議場で多数で決しました。

山口子爵　是は何です。ずっと後に——。

花房君　五月の十日に提出になって可決になって居ります。

山口子爵　議したのはその後でしょう。

花房君　七部室でお打合せの結果、事実を認めるとか認めぬとか、賛成か反対かということが——。

山口子爵　十一日に建議案を緊急動議として提出するということの評議があった。その事実を認めるとか何とかいうことで、議事日程に載せて議すという評議があった。——相談があった。是は研究会ですね。それから十二日の会議に選挙干渉に関する処分の建議案というものが出て、つまりこの日に処分建議案というものは可決して居る。

花房君　賛成八十八人、反対六十八人、二十の多数で可決したのです。

山口子爵　確か即日だと思いましたが、そうではありませぬか——。

花房君　或るいは不意打ちであったかも知れませぬ。

山口子爵　ちょっと之に見えて居りませぬから、先へ行って下さい。貴君の方ではどうなって居りますか。

花房君　私は之に関しては深い関係を持って居りまして、是が私が貴族院に御厄介になって居る縁故になって居りますが、私の記憶に残って居るのは、この時の選挙干渉というものは非常なものであって、現に九州、殊に佐賀県、福岡県あたりでは抜刀隊が切り込むというようなことがあり、熊本あたりでも大干渉をし、土佐の方では鉄砲を持ち出したというようなことで大干渉をした訳ですな。

山口子爵　今のような訳であった。是が此処で何時決したかその日が――。

花房君　今書類を取り寄せまして――。

山口子爵　この時の選挙干渉は松方内閣でえらいことをやられたのです。それですから余程議論はあったのです。議場でも中々議論がありました。

花房君　提出が五月十日で、議事が十一日の議事日程に上ぼせて、そうしてその日に可決したのですな。

山口子爵　十一日の選挙干渉に関する建議案は緊急動議として提出になって、即日可決になったと思います。

花房君　貴族院では咄嗟の間でございます。政府も手の廻し様がなくして――。

山口子爵　政府の方で何かする暇のないように緊急動議で提出したのですが、誰が提出しましたか。

花房君　山川浩――それからずっと進みまして六月の十二日になって、是は衆議院で予算を削除して来たのを貴族院で復活して居る。之に付いて貴族院の方では皆実地に取り扱って居られ、書類も残って居りますが*8――。

山口子爵　是は予算ですね。我々研究会の方では八時半に出席しまして、衆議院から予算を返して来た。その予算の相談を定め、そうして午前の例刻から議事日程を変更して、そうして衆議院に送付すべきの議事を開いた。衆議院から来た案をこちらで衆議院に送付すべき決議案の議事を開いて多数を以て衆議院に返戻しになった案、向うは返付するという議決になって居る。返付して来たものを返して――。

花房君　それに付きまして公文の往復、その他の取り扱いは今日迄貴族院に総て完備した書類が残って居りますが、研究会の御内の之に対する申し合せとか協議とか、その他の何はありませぬでしょうか。

山口子爵　その時は研究会の方では衆議院に対する件を協議をして、そうして上奏の手続きを執るということを相談があって、十一日の議事において、衆議院より予算追加案の再返付相成候に付上奏することに決し、右起草特別委員を議長に選定すること〔を〕託し、右委員長は黒田長成、副委員長は谷干城、由利公正、松平乗承、千家尊福、細川潤次郎、三浦安、清浦奎吾、木下広次、この九人の諸君が委員になって、そうして午後二時までに報告をするということで一時休憩になった。それから午後一時頃に起草委員の報告があって、書記官長が朗読されて、最大多数を以て直ちに上奏のことに決し、議長は副議長と交替して参内する、こういう訳になった。それで研究会はその前の十日の日に上奏の手続きをすることに付いては賛成ということとの決議をして臨んだ。

それ故に是は研究会も懇話会も何もない、貴族院議員全体即ち各派聯合であります。その時ばかりは呉越同舟になってしまったものか、すっかり合体して衆議院に当ることになって上奏案を決議したのです。その決議になった上奏案を蜂須賀議長が即刻持って参内されました。副議長の細川潤次郎君が代って、そうして議事を散会された。是は衆議院の方にまたそれを回さなくちゃならぬ。それで結末になった。

花房君　有難うございました。是はもう当然の解釈でございますから――。

山口子爵　是は上奏したのですが、その時に確か私が覚えて居るのには御沙汰があったと思います。選挙干渉に付いては、選挙のことに付いてよりはもっとひどかった。衆議院の選挙法のことはです、是は貴族院議員の総体、満場大いに怒ってしまって、皆憤懣に堪えない。というのは、協議会があるからして此方から彼方へ協議委員を送るというので、その協議委員を拵えるので遅くなったところが、向こうへは貴族院の方からは確かに送るからと云って居るに拘らず衆議院は散会してしまった。どうすることも出来ない。星亨氏の議長の時で、選挙干渉の第二の大いなる問題であります。

成瀬書記官長　話は違いますが、宮様が議席にお着きになりましたことがありますか。

山口子爵　山階晃親王殿下が一度お着きになりました。菊麿王殿下の父宮でいらせられます。

成瀬書記官長　何回頃でしたか。

山口子爵　それは何でも三回か四回頃でしょう。議席にお着きになりました。

成瀬書記官長　この間副議長から戴いた出院表というものがある。あれには見えなかった。

川村君　小松宮〔彰仁親王〕様と記憶して居りますが――。

山口子爵　小松宮様は私は存じ上げて居る。私は存じ上げないので、どなたかと聞いたところが、山階宮様だと教えられました。議席にお着きになったといっても、唯ちょっとお座りになった位です。

成瀬書記官長　一番初めの議会は大礼服でしょうな、全部――。

山口子爵　無論大礼服でありました。

成瀬書記官長　皆用意して居られた訳ですか。

山口子爵　開院式の時は何しろ先刻申した通り賢所へ参拝して居りますから――。

成瀬書記官長　全部賢所へ行かれた訳ですか。

山口子爵　全部参拝しました。

成瀬書記官長　服装の用意があった訳ですな。

山口子爵　二回からは参拝しません。第一議会だからということで、第一議会の召集に応じた人は―。

川村君　爵位の制度を設けられて大礼服が変ったので、有爵者は競ってお拵えになったそうです。

成瀬書記官長　晃親王は第一回には二度出席されて居ります。一回は議席にはお着きにならなかったかも知れませせぬ。開院式の時かも知れませせぬ。

山口子爵　一度は私は覚えて居ります。書記官の方がお付き申してお出でになって、ちょっとお座りになって、直ぐお立ちになりました。

成瀬書記官長　それが第一回ですな。

川村君　あとは貴賓室までお出でになったことがあるかも知れませせぬ。出席されれば登院になるのですから――。

興津君　第一回には晃親王、彰仁親王、貞愛親王〔伏見宮〕、能久親王〔北白川宮〕、載仁親王〔閑院宮〕、邦憲王〔賀陽宮〕の各殿下が御出席になって居ります。是は開院式か何かの時の出席を取ったものではないかと思って居ります。

成瀬書記官長　そうして晃親王だけは二回出席して居られます。その中一回は議席に着かれた。

長書記官　正面の玉座に対して居る傍聴席にお着きになったことがありましょうか。

山口子爵　皇族の御席、彼処へは宮様が今迄二、三回お出でになりました。

長書記官　正面でございますね。あすこへ皇后陛下はお出でになりましたことがありますか。

山口子爵　皇后陛下はお出でにならぬようです。

花房君　私の記憶では十二議会に伊藤さんの選挙法改正案の演説なさる時に、皇太子殿下がお出でになりました。

山口子爵　皇太子殿下、後の大正天皇はお出でになりました*9。お出でになって御席が議員の後になって居る。それでその時はです、御席の方へ向くと玉座へ後ろを向けるようになるから、斜めになって後ろへ向いて敬礼をしろという御注意がありました。

成瀬書記官長　その時は何処へお入りになりましたか。正面の真ん中ですか、皇太子殿下のお出でになった時は——。

花房君　私は真ん中へお入りになったように朧げに記憶して居りますが、あすこにお入りになって敬礼をお受けになって、お出ましになったように記憶して居ります。

山口子爵　皇太子殿下は皇族席にお出でになったかも知れませぬ。

川村君　そうではなかったように思いますが。

山口子爵　私の方は下で、能く分かりませぬが——。

川村君　或るいは椅子にお掛けにならないで、お立ちの儘で敬礼を受けて、ドアーをお出になった。或るいはそんなことかも知れませぬ。

花房君　宮内官もお付きになって居りますから、宮内省の記録に残って居りましょう。大分あの時は伊藤さんの挙動に非難が多かった。興津さんは議場に入っていらしって——。

興津君　その時私は入って居らなかったのです。

川村君　私は入って居ったが、椅子にお掛けになったということは記憶がない。皇族席へいらしってお立ちになったかお着きになったか、記憶がない。恐らく咄嗟の間であったろうと思います。晃親王の御席へお着きになったことは知って居ります。どなたか分からぬが、まだ小松宮様とばかり頭に残って居ります。

成瀬書記官長　初めには丁髷の議員がありましたか。

川村君　二、三人ありました。竹内惟忠子、島津公爵は二人、忠義さんと忠済さん。

（**質問者名空白**）　島津珍彦さんはどうです。

山口子爵　島津珍彦さんは髪を切って居りました。忠済さんも後に切ったが、初めは丁髷で大礼服を着て日本刀を差して来られた。あの時分には日本刀を差した大礼服の議員は沢山ありました。三浦安さんは昔の金造りの太刀を提げた。日本刀をサーベルと同じような形にやられた方は幾人もありました。丁髷は私が覚えて居るのでは島津公だけでしょう。御兄弟で忠義公と忠済公、何処かで議員を皆お招きになったことがある。その時分もまだ丁髷でありました。

川村君　島津公のは鬢を引き締めた結び方をされて眼が釣り上って居る。そうして先がピンと立って居る。竹内さんは島津さんに縁故がある。

山口子爵　忠済公の御夫人が竹内さんの妹です。

川村君　竹内さんが最後まで残って、結局皆取ってしまった。二、三回は覚えて居りますが、その間両島津公は議院の方には出席されませぬでしたが――。

山口子爵　島津忠済公の馬車が正門の処で津軽承叙子という老人の人力車を引っ繰り返して、腰が抜けてしまって、議院で手当をして帰ったことがある。その時には忠済さんはもう髪を切って居られました。

川村君　馭者、付いて居る家令、御供は皆丁髷です。他所へ行かれる時も見掛けましたが、洋服を着て居る人はない、皆和服を着て居った。廃刀令が明治五年に出ましたが、それ以後もあすこの家職は人力車に乗りまして刀を担いで居りました。佩刀というから差さないで居れば宜いといって、人力車の上で其処の所へこうやって居るのです。家令とか家扶とかいう人がですな――。

山口子爵　和服を着る時分には和服を着る――。後には和服を着ても宜いということになったのですが、議院へ来られる時にはフロックコートを着て出られた。

成瀬書記官長　初めは和服の人は無かったのですか。

山口子爵　初めはフロックコートでございましたが、忽ち和服ということになったと思って居ります。初めは和服を着るのは変則だとかなんとか言って居り、多く所労の人が着用しました。三回位からは所労の如何に拘らず和服を着る人が多くなってきました。

川村君　大抵はフロックコートで――。

山口子爵　初めは和服を許されて居ったが、召集や何かの時は和服で出る者は無かった。島津さんもそういう時には洋服を着て居られたでしょう。けれども竹内子は終始フロックコートでした。同子は純粋のえらい漢学者でした。

川村君　竹内さんは丁髷で髭が生えて居った。確か久邇宮様のお子様が奥様になられました。

山口子爵　竹内さんの御夫人〔絢子女王〕は久邇宮様からです。

川村君　仙石さんの御夫人〔素子女王〕と御姉妹です。

成瀬書記官長　第一回の時に徽章を着けて居られましたか。

山口子爵　徽章はありました。略綬のようで、勲章に紛らうというので第二議会から今の徽章になったのです。円くて中が勲章みたように括ってあって、その真ん中に金の輪のようなものが入って居る。矢張り勲章に使うような布で紫地に白くなって居る。それでは勲章のようになっていけぬというので廃止になって、今のようになったのです。

川村君　御保存になって居りますか。

山口子爵　持って居ります。第一議会のですから、ちゃんと持って居ります。

成瀬書記官長　それは第一議会きりですか。

山口子爵　それきりです。第二回の時には今のになって居ります。あれは――此方には形がありませぬか。

長書記官　あるかも知れませぬ。調べてみます。

山口子爵　第一議会でも第二議会でも、現今の議長さんになられる迄は、開会の時間の遅いこと、大抵十一時です。早くて十一時で、議席に着くと直ぐガラガラと鈴が鳴って昼飯になる。

成瀬書記官長　その当時も食堂がありましたか。

山口子爵　あそこに食堂がありました。

成瀬書記官長　日本弁当か何かで――。

山口子爵　西洋食もありましたし、日本弁当もありました。何でも弁当はその時分五十銭であった。洋食が、議長さんの召上がるのが特別で七十五銭、普通は五十銭、日本食は五十銭しかない。そんなものであった。

成瀬書記官長　薬研堀の大又という料理屋が衆議院の弁当を請け負って、損をして閉口しました。直ぐ手を引きましたというような話をして居りましたがね。

山口子爵　洋食は此所へは泰明軒というのが入って居りました。

成瀬書記官長　日本料理が大又――。

山口子爵　損をしたというのは、第一議会は損をしませぬでしょうが、第二議会は解散になったでしょう。解散の時には皆弁当代でも何でも踏み倒されてしまった。解散の度に、貴族院の方はそんなことはないが、衆議院の方は――。

川村君　第一回の時は御宅からお取り寄せになった方も大分ありました。

山口子爵　私共も弁当を持って来ました。

成瀬書記官長　その当時から酒を飲ましたのでしょうな。

山口子爵　酒は余程後になってからでしょう――。初めからありましたかね。私共は無論酒場へ行ったことはありませぬ。その時分は若い方で、行くことも出来ませぬ。老台達が皆占領して居るので、給仕と間違えられては堪りませんから、若い人は行きはしません。それでございますし、第一議会にはそんなことはないのですが、随分後にはアルコールで以て演説をやる人が幾らもありました。

成瀬書記官長　その当時は傍聴人は盛んに来て居りましたか。

山口子爵　傍聴人は盛んでした。

成瀬書記官長　女は来なかったでしょう。

山口子爵　女はございませぬ。

川村君　衆議院に行ってみますと、警官が袂を探ったり色々なことをして手に持って居るものを残らず取り上げる。あんなことはありませぬ。

山口子爵　先刻お話しましたが、研究会の事は明治二十四年の十月十六日に午後三時から華族会館に同志会の集会がありまして、その時に同志会というものはその儘にして置いて、そうして中山侯爵以下の会に合併するということに相談が纏まりまして、是はその時に大原重朝伯、山内豊誠子と二人の発議がありまして、それから尚廿二日にその事に付いて打合せをしまして、それからずっと経って十一月の四日に初めて研究会というものへ出席しました。その時に中山さんも来まして、千家男爵などが彼方のその時の研究会の発起人として、創立者として出て来た。私の方も同志会が創立者になって居るのですが、私の方にはどういう人が居ったかというと、先ず加納久宜子、米津政敏子、京極高典子、堀田正養子、大原重朝伯、万里小路伯、酒井忠彰子、松平康民子、鳥居忠文子、大河内正質子、大久保忠順子、関博直子、そんなものであります。それ等が合同して発起人になった訳です。そこで打合せが済みまして、――それはどういうことかというと、つまり勤倹尚武というものが出る。就いてはそれは穏当でない、文武は両輪の如くでなければならぬのであるから、我々はそれに対して、即ち研究会を設けてその勤倹尚武という施政の方針に関する建議案を否決してしまうということが根本になって、こういう会を組織したのです。それを長く継続してやろうと同盟しましたのです。それで十二月に初めて研究会が議題を協議する。今の研究会のように座長を設けてやる。こういうことで十二月の十六日に開会しました。十六日に議事があるので、その事を協議をした。その十六日は、午後は精養軒における研究会に出席した。

この時に研究会の会則が出来、双方が相談をし決議をした。是で初めて研究会が完全に成り立った。その前の創立会で、その時に会則が出来た。是で以て六、七十名の会員が集って十九日に初めての研究会の総会を開いたのです。その時に貴族院の全院委員長は中山侯爵です。予選をしてやる。こういうようなことで始めて、是から段々と研究会が御一同、一々親密を重ねて来る。こういう訳になったのでありますであ りますからつまり研究会の方では常任委員は大抵自分の方の者を選んで選挙を――、交渉を一同一々にする。今のように会が幾つもあるのではないから、個々別々に双方から無所属の人に交渉するというような具合で、始終やって居った。

併し研究会が出来て、その結果は議会が開けてから初めて現われた。それは明治廿四年十二月の十四日に研究会の趣意を発表するようになった。研究会はその前日に協議をして置いてはこの時――、明日は午前九時から出て勢揃いをするということで議場に出ました。午前十時の開議で、鳥尾子爵の動議に依って施政方針に関する建議案を即日議するということの動議でございます。それで二つの議案を決してしまって、それから施政の方針の建議案にかかった。施政の方針に関する建議案に付いては発議者は谷子爵に村上桂策、是は恐ろしい硬派です、それから小沢男爵。反対は小畑美稲、福羽子爵、千家男爵。それから議が継続しまして、その翌日は加藤弘之反対、三浦安賛成、加納久宜反対、中島永元が賛成で浜尾新が反対。その時に至って伊達男爵が討論終結の動議を出しまして、その動議が百に対する七十五で可決になりまして、それから議長から記名投票の宣告があって、その結果百七十五の中、その問題を否とする者が九十七名、可とする者が七十八名、それで建議案は第二日目に否決になりました。

是で以て初めて研究会が結束するということは、是ならば大丈夫ということになって、ここで初めて研究会が鞏固なものになった。それから続いて研究会は総て政府のことを助ける、政府と聯合してやる、こういうことです。それでありますから、それから以後は始終政府の方と気脈を通じて居りました。それでそれに対しての懇話会と三曜会が反対した。その後長くその主義を取って研究会はやって来たのであります。

ところがその後、その後今の是々非々の主義を唱うるに至ったのです。大臣方は研究会へは来られないが、次官と政府委員は来ました。それで始終疑問のことの説明もすれば、或るいは作戦計画をやった。そういうような訳で、今は大分その時分から見ると違って居ります。

それでその時分は研究会は今のような制度でありませぬ。今は常務員というものと幹事というものが出来ましたが、その時分は常置員、幹事というものがあった。幹事というものは内で働くのであって、つまり今日の収支計算だとか、或るいは家の建築だとか何だ彼だというようなこと、そういうことを掌る。で常務員は政治に関したことに付いて仕事をする。こういう権限が定まって居った。ところがその時分の幹事とか常務員というものは、今は常務員や幹事は大分位置が違ったり階級も違うというようなことになって居りますが、それに年も大抵同じことですが、その時分に幹事は年輩と若い者で、年を取った人が常務員でありました。常務員になった人は親方でありますから権威が強く、後輩を支配するというような時代であった。その後に至り常務員の中で幹事を担当するものが出来たら宜かろうというので、後に至っては常務員というものばかりになった。それで人数を殖やした。それがまた変化して今は常務員と幹事が出来た。そういう制度で経過し来たのであります。

花房君　有り難うございました。今のお言葉の中に、無所属の人と共に政府委員に対する態度を極める為に交渉するというお話でありましたが、色々新聞や雑誌には書いて居りますが、交渉委員の交渉会を開くということは、十五議会の増税案後なりという、是は増税案後屢々開いたということは明らかな記録がある。

それから十二議会後、大隈〔重信〕さん、板垣〔退助〕さんの憲政党内閣の時に、この時に交渉委員を設けて、林〔友幸〕伯爵の烏森の別邸に鹿ヶ谷と名をお付けになって、各派交渉委員が集まって憲政党内閣倒壊に大奔走を為さった*10。その時の交渉委員の名前を私は持って居ります。また通知の案文も持って居りますが、それで交渉委員というものはその時が始まりと思って居りましたが――。

山口子爵　交渉委員というはその時分が初めでしょう。研究会には交渉員というものはない。そういう名義のものはない。常務員というものが自ら交渉の任にも当った。

花房君　それは貴族院で公文書で各派名簿をお作り為さる時に、その前から貴族院の方には常務員として御通知があるでしょうが、私は交渉委員と名を付けて、初めは交渉委員として印刷した。後には研究会からお送りなさる書面その儘に常務員として各派名簿に載せてあります。交渉を為さったのは初めは幹事が交渉為さったので――。

山口子爵　幹事ばかりでない。幹事もやれば常務員もやる。議会に出ると常務員は勧誘や何かをして、そうして外の人を引き入れたり何かに努める。幹事はその時に至って出席した人が逃げちまったりするといけないから、帽子が幾つ、誰々という名がありますから、名のある所へ行って、始終三十分毎に調べるとか、或るいは室から出て居る人があると控所でも方々を捜して、それは今の政府の方の秘書官や何かも居りますから、そういう者と一緒に捜す。或るいは玄関に行って、帰るものがあるといけないから番人をするというようなことを幹事はした。

交渉をするのは常務員がやる。それは何でも三十四、五年迄続いて来た。それからまた常務員が、もう一つは、初めには今のように機関が備わって居りませぬから、総て今日のようなものじゃない、今日のようになったのは余程後です。研究会の後のことは申しませぬ。

初めの中、第十二、第十三議会までは、後には常務員が出来たが、初めは常務員も幹事もない。それこそ誰も彼も皆結束する会になって居りますけれども、皆同じ背くらべですから、俺がえらい俺がえらいと互いにえらい同志がやって居るのですから、その時分には皆平等です。我々の方は知らない。

何でも研究会が二、三年経ってから段々常務や何かが出来た。それで若い者は見習をしてからでなければいけぬという風で、極く軍隊の古参の者と新兵というような差があった。それでありますから、私がやったのではない。その後に聞いたのであります。

総て今は器械がありますけれども、その時分には通知文でも何でも新聞に出てはならぬ、他に漏れるといけぬからというので、紫のアメ版で通知でも何でも、幹事が三人居りまして皆でやる。それが出来るとそれを折って封筒に入れて唾液で封ずる。幹事自らそれをやる。万里小路伯爵が幹事長ですが幹事長自らやる。それでもう唾液も無くなってしまうというようなことがあった。それで毎日幹事というものは、議会があってもなくても、殊に議会中は夜の十二時を聞かなければ家に帰ることが出来ない。大概何だかだというて十二時、それで始終遅く家に帰るというような訳でありました。

それで幹事の方は総て内の方の会計もやる。総ての物を調達するとか何とかいうこともやる。それで幹事と常務員を置いても自然そういう風になるから、俺達は唯便宜上こうやって居るのだと云うて、幹事と常務員と喧嘩ばかりして居る。仕様がないからそれから後に常務員ばかりになったが、それがまた今元へ戻った。

成瀬書記官長　（徽章供覧）是は一回だけ使った訳ですね。

山口子爵　そうです。一回だけ使ったのです。それから旧話会の方で金子子爵が演説された貴族院規則のことに付いては大分やかましいことがあった。それは万里小路、京極――、私共が能く知って居ると言われた。それは私は能く知って居ります。もう一つこういうことを知って居る筈だということがありましたが、それは知らぬ事なんであります。

成瀬書記官長　この次にはどんな事という腹案を願って、御都合の好い時を予め仰しゃって戴いて――。

山口子爵　先ず概略議会にどういうことがあったか、こういうことと議会の変遷をお話して、それから別のことを特別にお話する、こういうことに致します。その中に今の選挙母体、その時分には選挙母体はないけれども後に出来た。色々のことがありますから、それから色々騒がしいこともありましたし、或るいはまた官僚派でありながら、政府の方に反対して案を潰してしまったこともありました。色々なことがありますから、そんなようなこともお話いたします。また是は三十年までですから選挙や何かに付いて色々変りがあります。何時でもまた出まして――。

成瀬書記官長　余り長くなってお疲れでしょうから、この次にまた――。

山口子爵　御都合が好ければ極めて置いても――。

成瀬書記官長　暑くもあり、朝からでも願いますれば――。

花房君　私がお伺い申し上げたいのは今のお話の選挙母体、子爵団の離合集散、伯爵団の離合集散、男爵の方は私が材料を持って居りますから――。

山口子爵　ところが私は伯爵の方は、後になって大木〔遠吉〕さんや何かが出た。あの時分からは分かりませぬ。その前のことはこの次にお話いたします。この次は私は十六日から以後ならば何時でも宜しうございます。

成瀬書記官長　それでは十六日ということにお極めを願って置いたらどうです。

山口子爵　結構です。それでは十時に出ます。

＊1　明治二十三年七月八日付の宮内省達第十二号により宮内官の貴族院議員兼職は事実上禁止された。このため二日後におこなわれた第一回子爵議員互選選挙で当選した七十名のうち十五名が辞退した。

＊2　第二議会で衆議院予算委員会は政府提出の明治二十五年度予算案に対し、軍艦製造費、製鋼所設立費の全額削除を含む歳出七百九十四万余円の削減をおこなった。これに対して第一次松方内閣は十二月二十五日衆議院を解散した。十二月二十二日、海軍予算の削減に反対のため樺山資紀海相が衆議院でおこなった演説は「蛮勇演説」と呼ばれ有名。

＊3　谷干城は第一議会で政府がおこなった施政方針演説への不満から第二議会劈頭、「施政ノ方針ニ関スル建議案」（いわゆる勤倹尚武建議案）を提出した。内容は国防の完備と民力の充実のために勤倹を訴えたものであるが、政府批判が色濃く込められており、賛否をめぐる対立は、貴族院が研究会系と三曜・懇話両会系とに二分化する契機となった。

＊4　酒田正敏編『貴族院会派一覧』（日本近代史料研究会、一九七四年）では伊達姓の会員は確認できない。同時期、侯爵伊達宗徳が懇話会に所属。

＊5　Karl Friedrich Hermann Roesler（一八三四〜一八九四）ドイツの公法・経済学者。ローシュトック大学教授。明治十一年、外務省顧問として来日、商法典の起草にあずかるとともに、憲法制定にも尽力した。

＊6　浜尾新は当時、文部省専門学務局長、帝国大学総長は加藤弘之。

＊7　明治二十四年十二月二十二日、第一次松方内閣のもと松岡康毅・何礼之・安田定則・中村博愛・中島永元・湯地定基・南郷茂光・小原重哉・武井守正・馬屋原彰・菊池武夫・山脇玄・大沢謙二・田尻稲次郎・沢簡徳・木下広次・富井政章・小室信夫の計十八名が一挙に勅選された。小原・中島・湯地らは勅選議員会派、茶話会を結

成した。

＊8 第三議会の貴族院では、衆議院より回付された予算案に対し、衆議院で削除された軍艦製造費等を復活して議決した。これに対し衆議院は、予算先議権を盾に衆議院が削除した予算案は復活できないと主張した。このため明治二十五年六月十一日、貴族院は天皇に上奏をおこない、予算審議に関する判断を仰いだ。天皇はこれを枢密院に諮詢した。同院は貴族院が衆議院に拘束されることなく独自に議決をおこなう権限があることを認めた。

＊9 明治三十一年六月七日、第十二議会の貴族院に皇太子嘉仁親王（大正天皇）の行啓があった。このときには衆議院選挙法改正法律案の第一読会がおこなわれていた。

＊10 貴族院各会派による正式な各派交渉会は明治三十三年十月に、第四次伊藤内閣が成立した直後のことである。第十三議会の開会の前に反第一次大隈内閣（隈板内閣・憲政党内閣）で共同戦線を組むため活発に協議を重ねるなど各派による会合はそれ以前にも存在した。明治四十四年より各派交渉会には会員数二十五名以上を加入の条件とするという規約ができた。

五、昭和四年七月十六日　旧話会

出席者

子　爵　山口　弘達
書記官長　成瀬　達
書記官　長　世吉
書記官　瀬古　保次
書記官　山本　秋広
書記官　石橋　徳作

貴族院属　興津　健夫
貴族院属　花房崎太郎
貴族院属　矢野勝太郎
貴族院属　屬　規作
貴族院属　梅田伊三郎
技　手　小宮八十二
元技手　川村　種次

午前十時四十五分開会　午後二時閉会

山口子爵　この間お話しました時分に貴族院規則*1のことに付いて申し上げましたけれども、あれは初めには細川潤次郎さんの動議の提出で成立した、その貴族院規則をその儘用うる、少しばかり手を入れて討論を用いずして議決したということを申し上げました。

その後には二十四年の十二月幾日でしたか、十二月十五日に委員を選んで、そうして翌年の二月二十二日に議決しました。この時の傾向は矢張り、この間中貴族院規則改正の議論が激烈なりしと同じ様でありましたけれども、その間に別に今の研究会があるじゃなし、同成会があるじゃなし、茶話会があるのでもない。小さいかたまり同士の者があるので、その当時は多く勅選議員というものは元老院の議官であられた方が来られた。老功の方々が来て居られた。また互選になった人は殆ど無経験の方が多かった。その他は多額納税者というような方で、中々古い元老院の議官などせられた方に勢力があったものですから、どうも議員になった以上はこの席次を宮中席次でやるというようなことはないのであるから、矢張り抽籤でやるとか、或るいは年齢に依ってやるとか、中々議論が激しかったのでありましたが、公侯爵、それから伯子男爵その方は、席次は宮中席次が至当だという議論でありました。そうでありますので、その結果遂に宮中席次にする方が多数でありました。それで宮中席次と決したのであります。

それから後、先頃の規則改正の時も非常に議論がやかましかった。それでありますから、矢張り初めのも、それからついこの間ありましたのも、よく争点は同じだと思います。ちょっと是だけ申し上げて置きます。花房さん、貴族院の方ではありませぬが、研究会の方の尚友会、それが丁度二十五年になります。それを申し上げましょうか。

花房君　どうぞ――。

山口子爵　その前に何かありますか。

花房君　私は今の爵位次第にお決め遊ばしたということは少し研究してみると、金子〔堅太郎〕子爵も先達てお話になって居るようですが、それがその時抽籤論を立てたり、平等論を立てたりなさった人が硬派というようなーー。

山口子爵 それは元老院の方々で、三浦安とか、渡正元というような人です。尤も渡という人が言い出したのですが、村田保というような、ああいう元老院の方々です。今の纏まりは個々別々に、つまりその時分は私の方の会は同志会ですが、個々各別に皆さんを説いて歩くというようなことで、その時に臨んで臨時のかたまりが出来る。三曜会にしてもーー三曜会は確か抽籤の方じゃなかったかと思います。何しろ初めは我々の方の同志会と三曜会とは始終相対して居った。そういうような訳で確かそうじゃなかったかと思いますが、それははっきりとは言われませぬけれども、勅選議員の方々は皆抽籤にするとか何とか言われたようであります。

一体研究会というものが出来まして、それで以て議員を出すということの協議をして居った。けれども是が選挙の母体でないものですから、中々うまく行きませぬ。その時分の有様はどうであるかというと、今のように尚友会というものの幹事があって、評議員があって、それが運動するというのでなくして、初め研究会の時分というものは中々大変なものであります。自分が候補者に立とうという人が八方から起って、方々を悉く、どうか自分を入れて呉れと云って歩くのです。方々を銘々で歩くのですから、幾人も幾人も訪れて来る。

その中で研究会なら研究会の方で、我々の方で候補としようという人、それに付いてはその人も矢張り戸別訪問をして居る。我々も方々を運動して頼んで歩く。そういう訳であって、それでまあ頼んで行くというと、今こういう人を入れて呉れと云う、承知しましたと云って居ると、もう玄関に外の人が来て待って居る。是にも会わなくちゃならぬというような訳で、どうにもこうにもうまく行きませぬ。票数だって中々取れない。

それですから一つ選挙をする会を設けたら宜かろうということで、その時分何の為にそういうことを感じたかというと、この時に補欠選挙*2がありまして、三名の補欠選挙がありまして、その補欠選挙に堤功長子という人と阿部正敬子、それから稲垣太祥子、この三人が候補者となって出た。この時の候補者にはまだ戸田忠行子、高野宗順子、大田原一清子、この三子爵がありました。

それで此処で色が分かれまして、堤功長子、阿部正敬子、稲垣太祥子は、是は研究会の方から推薦しました。それから戸田忠行子、高野宗順子、大田原一清子は三曜会の会員で、是は三曜会の候補者になった。中々どうも三曜会も勢いが良かったです。それで、是は会を設けなければ、是から先選挙の時にむずかしいというので、二十五年の七月二十五日に発送の集会の通知がありまして、是が一番初めなのであって、大原重朝伯と堀田正養子、両氏から、その時分は謄写版がないので、所謂飴版といった紫の版で、あれで刷った書面を寄越された*3。此処に書いてありますが、「別紙紫書ノ通リ及通達候間当日御繰合セ御来集被下候様此段申進候也」というのであります。それで、別紙紫書というのはこういう訳です。

拝啓　同志会合親睦ヲ厚ウセンカ為メ別紙ノ通会則ヲ起草致及御送付候間御繰合来二十七日午後五時華族会館へ御来集被成下十分御討議被下度別紙御送付旁々此段奉願候也

此処に会則はありませぬが、親睦を結んで候補者を立てるということに付いてお互いに申し合わせて、そうしてその人の選挙に当選するような計画をする、こう〔いう〕意味であります。

規則は――この時の発起者は誰かというと、大原重朝伯、万里小路通房伯、堀田正養子、大久保忠順子、本多実方子、堀親篤子、それから井伊直安子、小松行正男、もう皆居りませぬ。井伊直安子だけが居られる。その時の賛成者は岡部長職子、平松時厚子、大河内正質子、鳥居忠文子、松平忠恕子、山口弘達、槇村正直男、千家尊福男、もう一人菊池武臣という男爵、是だけで以てこの通知がありまして、廿七日の午後六時より華族会館で集会しまして、そうして創立委員会を開いて、明治廿五年七月廿七日に尚友会というものが創立になった。それでありまして、その後この会が活動しまして、そうして七月卅日の補欠選挙に活動しまして、その結果堤功長子が百六十五票、阿部正敬子が百五十四票、稲垣太祥子が百四十五票、是で以て当選をしました。即ち研究会の方が勝ったので、三曜会の方は戸田子が九十八票、高野宗順子が九十五票、八十五票が大田原一清子、こういう訳で、尚友会が出来て初めての選挙で勝利を得た。

この結果に依りまして尚友会は段々人が入って来まして、それから段々発展をして参った。けれども初めは尚友会というものは微々たるもので、幹事が自らその一つの支那鞄に書類を入れて、方々を廻って集会をしたものです。或る時は永田町の藤波〔言忠〕子爵の別邸に会をする、或る時は飯田町に京極高徳子の別荘がありまして、其処でやる。或るいは市内の貸席でやるということもあって、段々進んで今の研究会の事務所を使用する様になりました。それで三十年の総選挙の時分には、もう尚友会は固くなりまして、遂に一夜にして反対者の方を落とすというようなことをやったりなんかして、益々発展をしまして、それから続いて今日の尚友会になったのでありますが、初めは尚友会は純粋の選挙母体ではなくして、懇親の会、同志相寄って懇親をする、旁々選挙の事をなすということであったのであります。今では選挙母体になって居るのであります。それが尚友会の成り立った経緯である。

成瀬書記官長　二十五年に出来た尚友会というものは、伯爵、子爵、男爵皆入って居ったのですか。

山口子爵　えー、皆入って居りまして、後に至りまして、ずっと後ですが、男爵が一つになって木曜会というものを作りまして、その時に尚友会の中から千家男爵などが――。

成瀬書記官長　三十年の総選挙の時には、伯爵、子爵、男爵、総て候補者を立てたのですか。

山口子爵　初めは伯爵も皆入って居ります。それで、初めは伯爵でも男爵でも、或るいは子爵でも、何でも助け合ったものですけれども、終いには銘々伯爵は伯爵でやり、子爵は子爵でやる、男爵は男爵でやる。こういうような訳でありますが、初めは伯爵も子爵も男爵も色々な人が尚友会の幹事をして居りました。一時伯爵は殆ど万里小路伯、大原伯、清棲〔家教〕伯、正親町〔実正〕伯の諸君等で、後の伯爵連は参加して居りませぬ。それから伯爵団が研究会に入るようになりまして、初めて伯爵の方も尚友会に入られた。一時はたった四人か五人しかなかった。伯爵は研究会の発起人であったところの正親町、清棲、大原、万里小路、勧修寺〔顕允〕、そういう人達で、伯爵は至って研究会に少なかった。つまり尚友会は本当をいうと子爵団体の結合なんで、今でも多くそういう傾向になって居ります。

花房君　それで尚友会の起源は二十五年ということは承って居りましたが、はっきり致しました。それからその後は補欠選挙もございましたでしょうが、三十年に総選挙がございましてですなあ。

山口子爵　ええ、是は非常な激戦でした。子爵議員の選挙の中でこれ位激烈なことはなかった。衆議院の選挙を凌ぐ位に激甚でありました。それは三十年の七月十日＊4です。子爵議員の選挙に壮士を使ったり、護衛が付いたりしたというのは、この時ばかりです。空前絶後です。この時程の選挙はありますまい。

花房君　四十四年には談話会が出来て大分――。

山口子爵　その時には何も壮士が暴れるとか、道に擁してやるとか、或るいは委託された選挙投票を奪われるとかいう、そんな懸念はなかったのです。

花房君　四十四年にも委託証書を二重に談話会の方と尚友会の方に、二重におやんなすった方がありますように承る。

山口子爵　それはありました。

花房君　ところがその時は、三十年に激戦をなさったから、四十四年には巧みになって投票のいたずらをなさった訳ですか。

山口子爵　それはからかいです。四十四年のは――。三十年のは、からかいどころでなかった。

花房君　初めて承ります。その時ちょっと私も――。

山口子爵　三十年の所をちょっと開けてみまして――。何ですね、三十年の時はそれはどうも、午前何時からですか選挙しまして、夜通しです。今の尚友会の派と、他のそうでない派とから立会人を出して、中々色々の議論があって、それも書いてありますのを一々読まなくちゃならぬ。今のように一つに纏めてやるのではない。ですから翌朝の八時頃に漸く済みました。今ちょっと見ますがね。

花房君　三十年の場合は実見いたしませせぬ。多少聞いては居りましたが、初めてなんでございます。

山口子爵　この次にまた申し上げましょうが、此処にはないようですが、今覚えて居るだけは申し上げます。この時のことは記録になくても、私の頭に十分入って居ります。非常な目に遭ったのですからね。

花房君　私共聞いて居りますのは、谷〔干城〕子爵、曾我〔祐準〕子爵、鍋島直彬子爵、仙石〔政固〕子爵、松平乗承子爵、由利公正子爵、長岡護美子爵、立花種恭子爵の八人――、相良頼紹子爵もいらっしゃり、内藤政共子爵もいらっしゃいます。それから井上勝子爵、伊東祐麿子爵、大分反対派をお挙げなさっていらっしゃるように思いまするが、或る書類には、有名な人である。この人を排斥すると社会の非難を蒙るから、この御方は適材の人物なりというので、敵党の――反対党なるにも拘らず投票をお入れなさったというのが大分ある、こういう風に聞いて居りましたが、それがずっとその後、男爵の方にもその型が残って居ります。

山口子爵　そういう方は旧の通り――。

花房君　新に飛び入りの御方はお認めにならない。

山口子爵　あとの方は落としました。約束を違えたり何かした方は落として、そういう人は生涯議員になれずにしまったのです。つまり反対派の方を落とす位にその時分は勢力があったのです。

花房君　それからもう一つ、曾我子爵方よりその後貴族院議員の連記投票は不合理である、或る一派の専横を認める訳である。それで単記若しくは制限連記が適当な方法であるというような御意見が出ましたが、その頃はそのような御意見はありましたか。

山口子爵　ありました。三十年には――初め尚友会の方で頻りに尽力し、研究会の発起人たりし加納久宜子、あの人の一派が反対になってしまって、それでその時は、あれから後確か加納久宜子は暫く議員でなかったというような訳であります。

花房君　その時裏切りなさった御方が、甚だどうも用語不謹慎ですが、梅小路〔定行〕子爵――今度出ていらっしゃる梅小路子爵、高野宗順子爵、皆研究会反対の人ですな。板倉勝達子爵、竹内惟忠子爵、皆研究会反対の御方――。

山口子爵　反対の人です。

花房君　多少研究会の申し合せに裏切ってお出でなさったというと語弊がございまするが、面白くないと見てですな、三曜会か何かへお入りなさったので――。

山口子爵　その時は三曜会の方は、是では迚も研究会――尚友会の勢力には敵わないと見たから、尚友会に入会しなければいかぬというので、三十年の選挙に至って唐橋在正子、新庄直陳子、舟橋遂賢子、皆あれ等の連中、梅小路、高野宗順子等、皆研究会に入ってしまった。それで唐橋在正子、舟橋遂賢子、皆選挙に出られた。ですから三十年迄は何処迄も研究会の方に反対して居ったのが、今度逆さまになって、尚友会に入って来たと同時に研究会に入った。それで三曜会は潰れてしまった。そういう結果になるのです。それでその時に二条〔基弘〕公、近衛〔篤麿〕公は懇話会の方に入った。三曜会は無くなってしまった。

花房君　三曜会は三十七年の日露戦争の時に、研究会に統一なさるようなことではなかったですか。三十年の時はまだ研究会もそのように、腰が強くなっていらっしゃらないのではないかと思います。

山口子爵　どうも私が覚えて居るのは三十年に――。

花房君　三十年に初めて研究会が、三十年の選挙後に研究会というものは、六十名乃至七十名というはっきりした人数が出ることが出来た。それ迄は研究会としてははっきり議員の人数は研究会の同情者であろうという位のことであって、はっきりしなかったのではないのですか。

山口子爵　或るいは色彩を明らかにしたのは三十七年かも知れませぬ。それは今記録を持って居りませぬから能く調べます。それは保留を願います。その時の選挙は、私は麻布に居りまして、委託証書、委託選挙を今のように会で集めて持って居るのではなく、銘々幹部のような者が、世話役が持って居った。それで京極高典子と私とは麻布に住んで居りましたが、その時は角袖巡査が両人ともに付いて護衛して居りました。大概尚友会の重なる人には巡査が付いて居りました。それで壮士を使って殴るという訳ですから、殴られるよりも選挙の投票を奪われては堪らぬから、その為に巡査が付いて居った。それは非常に激烈であったのです。

花房君　その結果ですか。今日でも尚友会会員はお一人二十票とか三十票とか、方面を定めて委託証書を三十位にくぎって、皆持ち寄っていらっしゃる。それから来て居るのでございましょうか。

山口子爵　その時分はそういう規則はなかった。自ずとそれが伝わって今のようになって来たのでしょう。今のは丁度明治四十四年の総選挙あたりから今のようにはっきりとなった。それ迄は銘々に委託証書を持って居った。それでは間違いがあるというので、尚友会の幹事の手に出しまして、幹事の方でそれを担当する人を拵えて、その人が投票するということになったのです。でありまして前には今の通り投票が済む迄は警察官が誰にも付いて護衛して居った。けれども投票をしてしまえば取られる気遣いはない。殴られる気遣いはない。投票を取ろうと思ってステッキや何かを持って来て殴るかも知れないというので、警察の方で狼狽をしたらしい。我々の方では要らないと云ったが、皆付けて居った。その時のが一番激烈であったです。我々の方の選挙は――。

花房君　男爵の方は――。

山口子爵　男爵はその後です。

花房君　喧嘩を五回かやられたようですけれども――、連記単記の議論は男爵の方にも子爵の方にも行われたようですが、選挙が近まると単記論と連記論が起る訳ですな。今のお話の通りでありますると、少数派は始終圧倒を受けなければならぬということになるのですね。

山口子爵　それはその通りです。

花房君　唯茲にあなた方の選挙を遊ばすのでございますから、人格の高い、殊に貴族、人格の高い御方でありまするが、その中に一際目立って人格の高い適当な御方ということで、谷子爵、曾我子爵、一番怖い反対派の御方を十人ばかり始終選挙していらっしゃった。それがなかったら連記論は多少同爵者の中に、壊れるような危機に瀕するようなことがありはしなかったろうかと思います。

山口子爵　それは全くそうです。

花房君　あそこにお入れなさるから単記論だけで済んだのじゃないかと思います。

山口子爵　それからもう一つお話して置きますが、是は衆議院議員と違いまして、今の尚友会の立った当時、明治二十五年の七月前後は、もっと前から申しますと、一体貴族院議員というものは、初めの明治二十三年の七月十日の選挙の時にはちょっとでも自分が意思を発表して運動がましいことをした者は皆省いてしまった形跡がある。その後第一議会から第十議会位までは、自分で運動をしたり何かするということは皆やらせぬ、省くということであった。ところがどうも先刻申し上げた通り戸別訪問の運動者が出る。どうにも仕様がなくなってきましたから、それを防ぐ為に尚友会が出来た。それで尚友会で纏めるから尚友会では自分で運動した者は選挙しないということになった。それで初めに運動した人で、幾らやっても出られぬ。出られぬから益々その人は運動する、益々出られぬということになって、憤死した人もある。その位であった。

ところが尚友会が出来ましてから、そういうことはなくなりました。尚友会の評議員の推薦した人がなる。それでありますからして、運動をする人があれば皆止める。こういうことになって居った。併しそれは表面だけであって、また中には少し位ありますけれども、あったが別に会の方では取り合いませぬから、先ず運動せずに待って居れば、今度の梅小路子爵という人のように良い塩梅に出られる。あの人は尚友会に四十四年の時でしたかに止められてしまった。それで今迄に幾度評議員会があっても、運動した者はいけないというので、自分も往生して何も言わなくなってしまった。そういうことでしたが、今度は、大分年も取ったからということでありましょう。この十三日に当選したような訳で、運動ということは尚友会の方ではまるで利かない。

川村君　梅小路さんの御子息じゃないかと思って居りましたが、随分古い方ですな――。

花房君　梅小路子爵も余程円熟なさったでしょう。誠に今昔に堪えぬでしょう。

山口子爵　どうかして早く出してやりたいと思って私共は、今私は無論やって居りませぬが、評議員をして居る時分に――昨年の七月迄私はやって居りましたが、どうしてもあの人は問題に出なかった。今度はどうして出ましたか。誠に気の毒であったです。

花房君　今は研究会には何ですか、矢張り元の通り連記に対する改正等に考慮を費やすという念慮は何にもお持ちになりませぬか。

山口子爵　何も手を着けて居りませぬ。従来の儘やって居るのでしょう。それに今は実に敏腕というか何というか知りませぬけれども、選挙に対しては、以前は選挙通と言われる松平康民子が居って、選挙のことに付いては始終牛耳を取って居りました。それから最近に至っては水野直、あの人が選挙に付いて実にえらい辣腕家でありました。今度は誰がやりますか。今度は皆合体になりましょう。それからまた尚友会の方は今分子が色々になって居りますから――。

花房君　談話会は秋元〔興朝〕子爵が根本ですか。矢張り谷子爵か曾我子爵が――。

山口子爵　談話会というのは奇妙なもので、初めに学習院を卒業した者、武者小路〔公共〕、今公使をして居ります、あの人や何かが、一つ学生や何かが、お互いに議員にでも出るというような時の談話会をやろうじゃないかという、同窓会のようなものから出来た。それでありますから、武者小路子という人などのやった談話会は、読んで字の如く談話会なんです。

それを飛んでもない選挙の方に持って行かれた。それで武者小路子は関係無くなってしまった。談話会を何して居ったのは、研究会に居りましたがこの間亡くなった勘解由小路〔資承〕子、櫛笥隆督子、秋元子なんという人達が斡旋役をやって居られた。そうして丁度談話会の立つ時分には、私と井伊直安子、亡くなりました酒井忠亮子、この三人が幹事であった。どうにもこうにも仕様がない。七月が改選期で迚も私のような腕のない者では出来ませぬから、それから水野直子に、君がやって呉れなければ迚も――。私も学習院出の者であるが、昔の学習院の者は知って居るが、その時分の武者小路子あたりになると自分の倅の同級の人である。そんな人が寄って居る、迚も私にはうまく行かない、あなたはそういう方には極く適当だから代って呉れろと申しましたら、宜うございます、私が代りましょうと云って、水野子に代って貰った。それであの通りの辣腕家で非常なことをやりまして、遂に談話会を崩してしまった。そういう訳であの時の選挙はすっかり水野子がやりました。その次大正七年の選挙には談話会の連中が此方へ入ってしまった。

花房君　その後旧談話会の柳沢光邦子爵あたりの投票は集まりましたか。あの一派は四十四年迄は矢張り研究会には反対でいらしった。七十七、八人いらっしゃる中、水野子爵の力で合体為さった訳ですが、その合体なさって今以て投票は集まって居りまするか。多少は抛棄してしまって選挙も何もせずして我れ不関というような態度を執っていらっした方がありますか。

山口子爵　それは今はないのです。皆集まります。第一に柳沢光邦子の息子の光治子あたりも尚友会員ですけれども、それが皆出します。今は決してありませぬ。前には居りました。柳沢徳忠子さんという人がありましたが、それは皆解決しました。今では皆出します。それから今度は議会の方ですけれども、この間廿五年までお話したですが、尚まだ談話会や研究会の方の御質問があれば――。廿七年から色々大分あります。

花房君　廿七年は戦争で、貴族院も一致でしたろうと思いますが、廿八年の冬の議会が遼東半島還付の為に大分やかましくなって収まりの着きかねたように聞いて居りますが、第九議会です。

山口子爵　第八回議会は何もござりませぬ。広島は七議会ですね*5。それで廿五年の五月に帝国議会を開いて、この時は議会が停会になって居ります。

花房君　その時は外務大臣〔陸奥宗光〕が日本帝国の在来の、明治維新以来の外交の大方針を演説して演説をしてしまってあと解散――。

山口子爵　その時の総理大臣は誰でしたか。

花房君　総理大臣は伊藤〔博文〕さんです。

山口子爵　確か伊藤公は議会に総理大臣で二度臨まれましたね。

花房君　左様です。その時から日清戦争が終る迄、それから十一議会と十二議会の間、僅かの間、条約改正の為の民法の修正案等で貴族院で一度散会を宣告して、二度議事をお開き為さったことがある。十二議会の時に――。

山口子爵　製艦費とか何とか、山本権兵衛伯が海軍大臣で、伊藤公が総理大臣、あれがこの時でしたか。

花房君　あれは十五議会です。

山口子爵　演説において大変に懇談〔願〕的演説をされたに拘らず。

花房君　それが十五議会です*6。

山口子爵　演壇で頻りに増税案に付いて議会に諒解を求められた。議員は恬として承知しなかった。あの時に山本海軍大臣が非常に流暢な言辞を以て説明された。製艦費ですね。製艦も通らなかった。あの時は停会にはなりませぬでしたか。

花房君　山本伯爵の海軍に関する演説の時はです、あれは三十一議会です。

山口子爵　それはシーメンスの事件*7――。

花房君　そうです。

山口子爵　そうでない時に海軍大臣をされて居って、演壇で以て頻りに演説せられた。それと同時に伊藤公が諒解を求める為に頭を下げてやられた。それにも拘らずどういう工合だったのですか。軟派も硬派もない、悉く議員がそれに反抗してしまった。どうにもこうにも仕方がなかった。

花房君　増税案、あれは三十三年の支那の団匪事件で兵を出して居る。兵を出してしまって予算を議せないというのは実に不親切だというので、それから衆議院を多数を以て可決して来た増税案、衆議院が予算先議権で議決して居るのに貴族院でこんなに為さるというのはどうも了解に苦しむというのが伊藤さんの難詰なり弁明であった。で、到頭何とお話しになってもこの案は杜撰である、衆議院は唯勢いを以て政友会の力で通って来て居るのであって、この様なことを為さっては日本の後来の財政が是ではいけない、こういうので到底いかぬ。そこでどう為さってもお聞入れにならぬから、山県〔有朋〕公、松方〔正義〕公、西郷〔従道〕侯、井上〔馨〕侯、四元老が出て来て華族会館で交渉なさった。この時谷子、曾我子のような疎外されて居る方が、自分の意見が初めて通ると云うて涙を流して喜んで、研究会の方に大いに感謝なさった。あの時です。

山口子爵　その結果は詔勅か何か降りはしませんでしたか。詔勅では仕方がない、恐れ入ると、詔勅が出たので通過した。あの時は非常な騒ぎでした。

花房君　その結果はこうなって居ります。詔勅が降りて貴族院は通る、衆議院も大多数で通って来た予算案なり増税案なりが貴族院を通って、そうしてその次の予算を組むことになって、どうも是はいかぬといって渡辺〔司法大臣渡辺千冬〕、今の内蔵頭千秋子爵の御養父の国武さんが、是では日本は破産する、到底財政の組み立てが出来ない、こういうことを言い出しておしまいになった。伊藤公も案外で、無理なことをして貴族院を通して通った。後の財政の不始末に対しては申し訳がない、その儘抛ってしまって、そうして辞職なさった。そうしたところが後の内閣の引き受け手がない。元老中をあっちに持ち廻り、此方に持ち廻りして、最後に桂〔太郎〕さんを引っ張り出して来なさった。そうしましたところが桂さんがその後をお受けなさって、財政の組み立てをして貴族院に予算内示会を初めてお始めになった。そういうことで治まったのです。

山口子爵　あの時は十五議会でしたか。

花房君　その時のお話を承りたいのは、よく覚えませぬが、遼東半島を還して――是は谷さんあたりも大分京都の方で、三国干渉の時には出て行って御議論なさった後ですから、伊藤さんが議会が通らないというので大分骨を折って、そうして是迄政党を蛇蝎のように嫌って居らっしゃるのに、板垣〔退助」さんを引っ張り込んで内務大臣になさったから*8、衆議院は自由党が多数で黙って居った。貴族院は至って政党嫌いで、板垣さんが這入っていらっしゃって、無事に治まりましたかどうかということを、ちょっとお尋ね申し上げたいと思ったのであります。御記憶はありませぬか。

山口子爵　それは板垣さんが這入ってもですな、別に何はなかったのです。政党でも此方の方では別に――。

花房君　露国に対して臥薪嘗胆して復讐するという意嚮が現われて来て、黙っていらしたのでございましょうか。

山口子爵　それは日露戦争の――。

花房君　日清戦争後です。馬関条約で遼東半島を取りましたろう。

山口子爵　あれは何年でしたか。

花房君　二十八年の冬です。十一月に第九議会が開けて居った。その九月頃の打合せがどうなって居りますか。板垣さんが内務大臣になって居る訳ですな。議場では格別表立った事はありませぬが、内々がどう治まって居るか――。その後明治三十一年の大隈さん、板垣さんの憲政党内閣の時も多少あったろうと思います。誰からも聞きませぬけれども――。

山口子爵　臨時議会でしょう。

花房君　い－え、通常議会です。開会はその時から初めて十二月になったと思います。その前は大概十一月に開いて、そうして年末年始の休会前に予算を衆議院を通して、貴族院で予算を受け取って休会になる。確か九議会でしたが、十二月の二十五日に召集されて、開院式が二十八日。

山口子爵　八年の暮れですか。

花房君　八年の暮れの第九議会、八年の暮れの十二月二十八日が開院式ですな。その前は皆年内に予算が衆議院を通って居る。貴族院は予算を受け取って休会して正月をし居った訳ですが、この時から初めて年内にごたごたがあるものですからやらずに持ち越してしまって、一月の開会後に予算を出すということになったのです。開院式だけで、予算も法律案も出さずしてその儘休会、それが今日行わるるところの慣例になった根源ですな。私は多少やかましかったという話を聞いて居りましたけれども——。

山口子爵　二十八日に帝国議会の開院式があって、それから——。

花房君　その前にあなた方の御集会になったようなことはなかったのでしょうか。

山口子爵　その召集の前には別に何もございませぬ。二十九日に開院式、その時には何もなかった。予算も出て居らぬ。

花房君　そうするとその次には十二議会の解散と十三議会の開会の間に貴族院として大分の大芝居がありました。

山口子爵　それは何年ですか。

花房君　三十一年です。

山口子爵　三十一年のは今日は持って居りませぬ。この次の時に持って参りましょう。三十一年と幾年ですか。

花房君　三十一年の二月に解散がありまして、解散後の議会、即ち第十二議会を召集なさって、また解散、その解散後の議会と次の通常議会と合体して第十三議会が召集になって、そうして議事迄に話が片付きませぬ為に、大演習に議員を悉く招待なさって、その間に話を片付けて十二月の三日に開院式をなさった。その第十二議会の解散から十三議会の間に——。

山口子爵　それが三十年ですか。

花房君　三十一年です。

山口子爵　それは私が研究会の役員をして居る時分ですから、記録は十分あると思います。今日は三十一年は持って居りませぬから、その前をどうぞ——。けれども頭にあるものならばお話を致します。
花房君　三十一年に男爵議員が研究会から分れて木曜会を組織なさったのですね。
山口子爵　三十一年の時に、研究会の創立者である千家男が自分の部下を連れて研究会を脱するのは甚だ怪しからぬというので大分やかましかった。それで研究会は勢力を殺がれてしまった。
花房君　それから男爵と子爵がその後睨み合ったことが、今日に至るまで矢張り残って居るのですね。
山口子爵　そうです。
花房君　ところが伯爵はですね、三十年に徳川達孝伯爵、坊城俊章伯爵、それから松浦詮伯爵、島津忠亮伯爵、大村純雄伯爵、この方々は研究会反対ですね。
山口子爵　そうです。
花房君　この御方が出ていらっしゃる時に、既に伯爵の中に同志会というものがある筈ですが、その同志会は何時頃から起こりましたか。何か御書付等はございませぬか。
山口子爵　それは三十一年でしょう。
花房君　三十一年の選挙後研究会にお入りなさらない。それが今日まで伯爵が出たり入ったりなさる根本ですね。その後矢張り徳川達孝伯爵あたりの力で辛亥倶楽部が出来て、甲寅倶楽部が出来——。
山口子爵　その時のことは、三十年から以後の記録に依らなければなりませぬが、それはこの次に持って参ります。確かにそれだけの連中は研究会に入らない。それから分離して、万里小路、大原、清棲、正親町、勧修寺の五伯だけ——。
花房君　それは松平頼寿伯爵が出ていらっしゃって、研究会反対の所謂勇将というようなえらい御方が出ていらっしゃって、研究会は収拾の出来ぬことになって皆さんがあっちへ出ておしまいになった。

歴代の万里小路伯、大原伯、清棲伯、三人ばかりは已むを得ず、創立者であるし、彼れ此れどうしても体面上研究会を出る訳にいかぬ。後は悉く出ておしまいなさったと思います。

山口子爵　そうです。皆出てしまいまして、残ったのは万里小路、清棲、正親町、大原四伯爵、四人になってしまった。

花房君　伯爵の中、坊城伯、徳川達孝伯、大村純雄伯、島津忠亮伯、松浦詮伯、この五人は初めから研究会に入会せず、研究会には行かず、独立して凌がれた。広沢金次郎伯は後で研究会にお入りになりました。それだけの御方が研究会の今の伯子男通じての選挙母体のあるにも拘らず、その御方々の出ていらっしゃるのは、矢張り一つの団体があったと認めて居ります。その団体は伯爵同志会——。

山口子爵　伯爵同志会というものがあって、今の四人は義理合い上です。

花房君　何かあなたの方にはございませぬか。私が一番最初に見ました時には、徳川伯を始め伯爵同志会は三十人の名前が書いてあるのを坊城伯爵の御家で見ましたが、三十人の伯爵が何時頃から志を同じうして選挙に当たろうという申し合せをなさったか。それを私は研究いたして置きたいと思うのでありますが——。

山口子爵　今のは三十一年ですか。

花房君　三十一年に今の反対の御方が出ていらっした。三十年の選挙の時にそれだけ出て居る。研究会の力があるのにも拘らず、出ていらしったのは、伯爵の研究会反対者に同情があったに違いないと思います。

山口子爵　それは研究会反対ではなくして、選挙は伯爵団が勝手にしろということになってしまった。

花房君　それはその後になったのじゃありませぬか。伯爵の方で勝手にせよというのは、研究会で拋棄なさってそういうことになったのではありませぬか。

山口子爵　初めからです。伯爵でも男爵でも援助する。それを極めることに付いては参加しないという約束です。尚友会が出来た時からです。伯爵の方は伯爵団の方でやれというので、子爵の方では関係しませぬ。伯爵団体の出来たのは研究会に反抗のためでも何でもない。正親町、清棲、万里小路、大原の四伯は矢張り尚友会員です。

花房君　大木〔遠吉〕伯、松平頼寿伯などの勢力が強くなる。それにも拘らず四人は止まられた。

山口子爵　四人の人は尚友会が出来た当時から尚友会に居ったが、後は皆出てしまった。尚友会にはあとに伯爵は居ない。伯爵団が出来た為にそういうことになったので、義理合いがあるから四人が残った。本当は創立者でなければ皆あっちへ行ってしまった訳なんです。大原君も正親町君も皆創立者ですから、それはどうもそれを打遣って向うへ行くということは義理合い上できませぬから、それで残ったという訳なんです、本当は――。

花房君　その後始終揉めて居りましたとみえまして、四十四年の選挙の時は到頭元老の伯爵方が顔を出すようになって、旧大名から六人、旧公家の方から六人、新華族の方から六人、十八人という割合で妥協が出来て、そうしてずっと人を割り込んでなさったのが四十四年ですが、その後に当選した御方が辛亥倶楽部を四十四年十二月に作られた。

山口子爵　その時分大木さんが出て居りました。あの前には伯爵が大分研究会に居られましたが、その時に宗〔重望〕伯爵が研究会を脱して一つ会をやろうということになってああいう訳になったのです。それですからつまり研究会から見れば宗伯は研究会の謀叛人です。それが為にああいう伯爵の方にもめが出来た。そういう訳なのです。

〔休憩〕

山口子爵　初めて委員長になりました時には政府委員が大変親切にして呉れられた。その委員は当時大蔵書記官の若槻礼次郎君であります。その後にまたやりましたところがそれも大変よくて、政府委員が斯様に親切にして呉れれば委員長も勤まると思った。ところがその後決算の主査になった。その時には某氏がすっかり説明して上げますから御心配に及びませぬということで、安心して委員会に出た。其処で主査として報告しなければならぬが、政府委員が来て助けて呉れると思って居ったところが容易に来なかった。それですっかりまごついてしまった。他の人はくすくす笑って居る。この時ぐらい弱ったことはない。汗をかいてしまった。どうかこうか済んだ所へひょっこり顔を出した。今出したって仕様がない――。

花房君　お話で思い出しましたが、若槻さんは中々上手な人で敬服しましたが、増税案の委員長を選ぶ時に、何でも分からない人を委員長にするように尽力して呉れということで、それには有地品之允さんが御座る、有地さんに限るということで、投票を用いず有地さんになさるように話し合いをした。有地さんが委員長でごちゃごちゃで委員会は可決してしまって、有地さんが、僕は税法などは知りはせぬ、祭り上げられて閉口すると言われるのを若槻さんが、悉く政府委員になすくっておしまいなされ、私があとは引き受けます、それでは僕は聴いて居るだけ、そう言って居られましたが、果たして議場で谷さん、曾我さんが委員長にぶつかって来た。それを若槻さんが一切引き受けてやっておしまいなさった。

山口子爵　私も若槻さんには、所得税か何かで政府委員に聴いて呉れということで、大変助かった。その次にも政府委員にやって貰おうと思ったところが、今度は来なかった。

川村君　御報告になって、むずかしい所は政府委員にお聴きください、政府委員に質問して収まってしまう。

瀬古書記官　演壇へ出まして演説する時、投票を致します時に、議員の方が演壇の所へ行かれて玉座に向ってお辞儀をなさいますね。初期議会にはああいうことはなさらなかった――。

山口子爵　そんなことはありませぬ。ずっと後からです。議長が先にお辞儀をされるので、議員はどんな時でも別に何は致しませぬ。あれは十年この方ぐらいのものでしょう。唯自分の席に着きます時に立ってお辞儀をする、それは初めからいたしました。

瀬古書記官　初めてお入りになった時だけでございましょう。

山口子爵　着く時に立ってお辞儀をする。それもする人もしない人もあるのです。演壇に出る時にお辞儀をするということは絶対に昔はなかった。

瀬古書記官　議長もはっきり覚えておいでになりませぬ。初めはそんなことは無かったように思うが、と言って居られました。

山口子爵　ありませぬ。

興津君　この頃は国務大臣は必ずされるようになりました。

瀬古書記官　今の書記官長が書記官になられた時には、そういう風習がありましたそうです。

興津君　お話のように十年位のものでしょうな。

山口子爵　そうです。柳田〔国男〕書記官長か、その時分ですよ。

石橋書記官　政府委員が答弁される時にも一々やって居ります。

興津君　やらないと議員席から目立つものですからやって居られる。

石橋書記官　傍聴人などの感じは、何の為に敬礼するか分からぬように書いて居りますね。

山口子爵　もう一つ面白いことがあります。方々狩り集めるですね。研究会の間にも——研究会の方はその時分は整って居りましたからまだ宜しゅうございますが、他の方では病気とか何とかいう人を喚び出す。自分の方の票数を殖やす為に喚び出す。ところがそれが出て来て反対の方へ記名投票をしたり、滑稽なことが幾らもありました。

興津君　山口子爵のお話から何ですが、私等事務の方で記名投票の結果を調べます。その記名投票を新聞記者に出しますと、是は違って居る。賛成の方が反対の方の票を入れて居る、是は違って居ると言うのです。いや違わない、ちゃんと本物に付いて対照してある、変だなあということがある。お話のように――。

山口子爵　そういう間違いをやるのです。無名投票をする場合にも、白球を入れなければならぬ人が黒球を入れたり何かする。

長書記官　投票を集めに行くと、書いたのを、是で宜いかと聞かれることがあります。

山口子爵　今でもまだありますか。

川村君　名刺と投票とよく間違えることがありましたね。それから狩り集めということは沢山あった。部室を廻って、決議になりますからお入り下さいと言って廻ったものです。

興津君　今は一層それがひどい。衆議院の傍聴席などへ行かれるものですから中々来られない。衆議院の傍聴席に居られるのを喚び出すのは、いやな眼を以て見られるのが辛いですけれども――。

山口子爵　今は、演説をなさるのが短いですね。長くて一時間。昔は一人で午前中まるでやってしまう。余り長いので皆何処かへ行ってしまって、それも議院内に居れば宜いが、何処へ行って居るか分からない。そういう時には我々共困った。何処を捜して宜いか分からない。

興津君　五十六議会はまた少し復旧的傾向がありまして、一人で三時間、四時間演説をなさる。或時には政略的意味もございましょう。普通の有様ではありませぬが、大分長くなりました。

山口子爵　私の覚えて居るので一番長いのは、渡正元。三時間以上やりましたね。皆参ってしまった。長さんは村田保という人が海軍大臣を罵詈讒謗した時にはまだお出でになりませぬか。

長書記官　まだ参りませぬ。

山口子爵　聴いて居られなかったですね。あんな事を言っては到底駄目です。演壇で永々大きに有難うございましたと、暇乞いを言って帰って行きました。

川村君　部室へ行って当たり散らして居りました。

山口子爵　言いますことが如何にも露骨でね。

川村君　元老院議官時代には山犬という名前が付いて居って、誰にでも喰ってかかる。一遍面白かった。村田さんと山口尚芳さんと喧嘩を始めて、終いには自分の言ったことが分からない。あとで何を言ったか己れには分からないと言って筆記を見た。その時分には日本筆記で書いたので、要る部分だけ拾って拵えたのです。そうして纏めなければ文章にならない。それを見て、己れはちっとも覚えて居ないがうまい事を言ったものだねと言って居られた。

興津君　村田さんが議長席に来られて、頻りに山本〔権兵衛・内閣総理大臣〕さんの演説に付いて発言の機会を求めまして、発言の時機でないと止められてもどうしても肯かれない、議場で暇乞いをなさる位の熱心ですから、それで説明を求むる動議ということで発言を許すということになった＊9。太田〔峯三郎〕書記官長が苦心されてああいうものを拵えた。妙な変態な動議なんですけれども――。

川村君　海軍大臣が議場で山内万寿治＊10という人を称揚したことがありましたね。呉製鋼所の問題はあれで寂滅してしまった。山内さんが後ろの方で製鋼院何とか居士なんと書いて居った――。

花房君　呉製鋼所はあの人が余程熱心に設計したものらしかったのです。

川村君　呉の親類へ行って聞きましたが、呉の勢力は怖ろしいものでしたね。山内さんが家を造ります時分に、其処八幡様があって、その八幡様の鳥居を取り払って家を造った。愈々移転という時に鎮守府を挙げて手伝いに来た。その位の勢力、司令長官より勢力があった。お祝いなんぞの時には職工を集めて、豚を五、六頭追っ放して、それを職工へ追い廻して殺さして、豚汁を造って御馳走する、そんな勢いでありました。

山口子爵　花房さん、明治二十七年の五月二十一日に御諮詢案、それは秘密会にしろという総理大臣の通知があって、華族令の追加です。その追加のことが私の方にありませぬが*11――。

花房君　それは速記が付いて、翻訳して、刊行にならずして保存してございます。その十三議会に華族令の改正があって、貴族院の方で原案以上に夥しく追加なさった。そうして委員会で報告書を提出された。多少その時に付託以外という議論も聞きましたけれども、あなた方の御努力でその声が高くならずして収まった。議場に行ったところが、皆様に利害関係がある。その中に華族は男性の嗣子が相続なさる、女性の嗣子では相続が出来ないという規定ですね。そこで極く範囲が狭かったのを多少御養子とか何とかいう御意見があった。そうして沢山の修正になった。私の記憶するところでは、貴族院で議決遊ばして上奏をなすって、それが御裁可にならなかったのはその御諮詢案と思います。大概御裁可になって居りますが、それだけは御裁可にならぬと思います。

山口子爵　二十七年五月の方ですか。

花房君　三十一年の方です。

山口子爵　二十七年の方は――。

花房君　それは大なる修正じゃありませぬと思いますが。

山口子爵　秘密会議であったです。それは華族の世襲財産の事であったか何だか知りませぬが、醍醐忠順侯爵、あの人が演壇で一体堂上華族の内情はこういうものだと臆面もなく喋舌られて、閉口したことがある。その時だろうと思います。

花房君　子爵の仰せらるるのは、後の方ではない。第六議会の方ではありませんか。

山口子爵　皆議員が聴いて居られないといって顔を反けたことがある。事柄は覚えて居りませぬが、秘密会議の時であったろうと思います。えらい事を言った。

花房君　それは速記に取ってあります。それから第十議会で、私が研究会の方は固まってお出でないということを申し上げたのは、それ迄は新聞紙条例で新聞の取締りが厳格であった。それを初めて壊した。その時の賛否の表を政府で拵えたのです。それを当時の内務次官の手から私の手に入ったですが、それに依って見ると、研究会の御方が区々に分かれて居りますね。（表を示す）。

山口子爵　この時はです、研究会は多数反対した。

花房君　政府に賛成の御方と不賛成の御方とに研究会が分かれて居る。大分御自由であったようにみえます。

山口子爵　総会で決したのですが、関係があるとか何とかいうので除かれたのです。それですから、欠席して居る人もあります。

第一議会には豊明殿で閉院式があった。その時分には山県さんが勅語を捧読して議員一同敬礼を表し、副議長東久世〔通禧〕伯が天皇陛下の万歳を唱え、議員一同之に和して万歳を三度唱えて、初めて閉院を告げた。御宴を戴いたのは日清戦争と日露戦争の時。日露戦争の時は新宿御苑で、日清戦争の時は確か浜離宮であったと思います。

川村君　霞ヶ関離宮で御宴があって、御盃を両院議員に下すったことがあります。

花房君　衆議院議員が四年の任期無事満了の時に賜ったように私は記憶して居ります。

川村君　何でも霞ヶ関のが一番盛んであったように思うのです。

山口子爵　露国皇太子殿下御遭難＊12の時には、貴族院では議場で別に決議はして居りませぬ。近衛公と千家男とが議員総代で特命全権公使を経て御見舞を出して居ります。この時は閉会中で、何もなかった。唯司法権問題がやかましかった。裁判長は児島惟謙君で、津田三蔵を死刑に処すべき筈であったが、児島惟謙の――。

花房君　貴族院は悉く死刑要求論であったと思いますが。

興津君　第一議会の会期終了の日に、会議が済みましてから伊藤議長が議場で演説をされまして、その時に万歳を唱えられたということが記録に残って居ります。

山口子爵　あの時には物議が起こった。というのは東久世副議長が閉会を告げて、控所へ入ったものを再び議場に呼び入れ、議長の挨拶がありました。それはいかぬというのであったが、伊藤議長が議会の経過を報告するということで、それが終わってお目出度いことであるというので万歳を唱えた。閉会になった日のことであります。それから後にはない。

興津君　今日でも副議長が散会を宣告してしまった後にこういう発言が出来るかどうかという疑義があります。

山口子爵　議会は散会ということになって居るのであるから不都合だというのですが、初めての議会だからそんなことは言わないで下さい、議長の言うことを聴いたら宜かろう、こういうことになって戻った。それも副議長が宣告すると同時に待って呉れというなら宜しいが、余程経ってから――。

興津君　そういう形に速記録に現われて居りますから、こういう発言が出来るものであるかという疑義が起こることになります。

山口子爵　そこへ持って行って議長は豊明殿には出ない。副議長に代理をさせた。議場へも初めの中少しばかりは出て居られたが、終いには副議長ばかり――。

川村君　豊明殿の時に勅語書を拝受するのに、貴族院議長が出なければ衆議院の議長でなければならぬという意見の起ったことはありませぬか。

山口子爵　それはあったが、議長が出られぬ時は副議長とあるから、副議長で宜しいということになった。

花房君　近衛公の御先代〔近衛忠凞＊13〕が御薨去なさってお出ましの出来なかった第十二議会、その時にまたその議論が起りましたが、貴族院では議長云々という文字に副議長を含むものであるということに、腹を据えられました。

山口子爵　御参考に申し上げて置きますが、二十七年位までの間は毎月議員の懇親会があった。議員が二人ずつ幹事になって、始終懇親会をやったが、それは一年か二年でおしまいになった。何で覚えて居るかというと、私と細川潤次郎男が副議長にならない前に一緒にやったことがある。それは華族会館でやることもあり、紅葉館でやることもある。色々な事をやったものです。それが段々研究会とか何とかいうものが出来て、そういう色が強くなって無くなってしまった。初めはそんなものもなく一視同仁というか――。

長書記官　議長も出られましたか。

山口子爵　無論議長も出られた。その代わり今のように議長さんの招待はなかった。あれは今の議長さんからです。

花房君　あれは議長の交際費ですったもんだして、四十年、四十三年は議長さんの御洋行になり、書記官長の洋行になり、その後議長交際費が確定しまして議長さんの御招待となり、御招待をし返すということになったのでありませんか。

川村君　毎回議長さんが属官共をお招び下すって、議長はお出にならない。議事課長が出て御馳走になりました。

山口子爵　この間の旧話会の金子さんのお話の中に、一つは規則の改正のことでやかましかった。開会の準備で華族会館で九部に分かって部長を一人置いて、そうして伯子男爵選挙規程を拵えた。その時分に参加をして色々説を述べて尽力した人が、それが一つの機会となり動機となり、議員に当選したという形跡がある。私は知らぬ所じゃない。二十三年の五月十日に決了して、その規則に政府の方で同意して此方に廻った。この間は私の知らないことを言われたと思ったが、全くそれであった。

興津君　打合せがありました訳でございますな。

山口子爵　打合せを、稽古の為にやったのです。議事の仕方を――。こういうことがある。私の発言した時に発言の仕方が遅くなったから、遅くなりました――と言おうとした。本当の議事にそんなことをしては不体裁だから以来お気を付けなさい、と言われたことを覚えて居る。

花房君　黒田〔長成〕副議長が議会前に貴族院規則、議会の事に付いて研究し、力を尽くしたというお話を承って居りますが、今のお話の会ですか――。

山口子爵　それからその時には、出来なくても構わない、何でも斯でも喋舌った人がある。それから傍からは碌でもない、聞く必要はないと思うような事でも質問した人がある。そういう人は皆当選しましたよ。私のような黙って居った者には百二十何票しか入らない。何でも斯でも喋舌った者は大変好い票数を得た。喋舌らないといけないです。今考えるとその時分は幼稚なものであったです。

花房君　その頃新庄直陳子爵は議会へ出ての演説の方法、質問の方法などを色々御研究になって居った。

山口子爵　新庄子は議員に出ようと思って頻りに研究したのです。その時分にもう一つ選挙の前に面白いことがある。それは訪問して来られる人が、議員に出て国家の為に尽くしたい、どうか御投票を願います、その代わり私の方でもあなたを入れますから――、それが一番最初の運動方法です。そんな事を言って方々へ行っても仕様があるまいと思った。迂遠なことをやって居ったですね。

花房君　小笠原寿長さんが警部補か警部かをしていらしって、多少質問をする練習の方法等をおやりなすった。新庄直陳さんは御履歴から申し上げると裁判所の職員でいらっしゃるから、練習を余程なさった。私が研究会発生前の事を頻りにお伺い申し上げたのは、そこらを多少考えて、あなた方も御集会があって御研究がありましたでしょうと思いまして――。

山口子爵　それは全くその通りです。それから初めはこういう訳なんです。選挙なんというものは、自分から口で言って運動してはいけないのです。ところが今の若い者はやたらに喋舌る。生意気だといって、故参の人の御意には入らない。併し若い方の連中は喋舌った方が宜い。そんなようなことで、何方にして宜いか本当に分からない。それだから私は何も言いませぬ。何にしても、昔の事を考えると面白い事ばかりあったのです。

花房君　山口尚芳さんは、御履歴から見ると明治四年に岩倉〔具視、特命全権大使(岩倉使節団)〕さんに付いていらしった。副使が伊藤〔博文〕さん、木戸〔孝允〕さん、大久保〔利通〕さん、山口尚芳さん、四人ですな。その有力の人が男爵にもなっていらっしゃらぬですな。そういうことが癪に触った。村田保さんも同じように癪に触った。鳥尾〔小弥太〕さんは十年には中将でいらっしゃる。大山〔巌〕さん、西郷従道さんも中将でしょう。この方々は伯爵で、鳥尾さんは子爵でしょう。是等が癪に触って枢密顧問を辞して貴族院でぶつかっておしまいなさった。

山口子爵　全くそうです。あの時分谷将軍でも、鳥尾将軍でも、曾我将軍でも、三浦〔梧楼〕将軍でも、大将にでもなりそうな人がならない。好い心持ちはしなかったに違いないと思います。

花房君　有り難うございました。

＊1　貴族院規則は第一議会召集の翌日である明治二十三年十一月二十六日より各部より二名ずつ選ばれた協議委員が政府案を審査考定し、細川潤次郎が委員を代表して議長に提出した。これが十二月一日、起立多数をもって

可決された。その後、同規則は逐次改正された。
＊2 明治二十五年七月三十日におこなわれた。研究会では選挙団体組織のため七月二十五日に伯子男爵一般に対し集会通知を出し、二十七日に尚友会を結成した。
＊3 印刷版の一つ。原板の作成に寒天などを用いる。もとはコンニャクイモを利用したことから蒟蒻版と呼ばれる。
＊4 伯子男爵議員の任期は七年で、第一回選挙が明治二十三年七月十日に実施されて以来、七年ごとのこの日に総改選がおこなわれた。
＊5 第七回帝国議会〈明治二十七年十月十八日～十月二十二日〉は日清戦争中、大本営の置かれていた広島で開かれた。外務大臣は陸奥宗光。
＊6 政友会総裁伊藤博文を首班とする第四次伊藤内閣は第十五議会に酒造税の改正などによる増税関係法律案を提出した。貴族院では政党内閣への反発から強力な反対運動がわき起こった。伊藤総理の懇請による山県有朋・松方正義ら元老の調停も不調に終わるなど法案否決は必至の状勢であったが、伊藤総理の工作により事態の収拾を求める勅語が貴族院にくだされ同院がこれにしたがったことで事態は解決した。このとき伊藤総理が行った哀訴演説中の「七重の膝を八重に折って」は有名。
＊7 ドイツのシーメンス社などからの艦船購入をめぐる海軍疑獄事件。第三十一議会で問題が発覚し、ときの第一次山本内閣は総辞職に追い込まれた。
＊8 明治二十八年十一月、第二次伊藤内閣と自由党が提携し、翌年四月、板垣退助が内相として入閣した。
＊9 大正三年三月十三日の貴族院本会議で村田保は海軍補充計画に関連して山本権兵衛総理と海軍を口を極めて非難した（当時の海相は斎藤実）。その後、村田は貴族院史上かつてない不祥不吉な言辞をもちいたとして議員を辞職した。
＊10 山内万寿治（一八六〇～一九一九）広島藩出身、海軍中将。男爵。明治三十六年、呉海軍工廠長、三十九年呉鎮守府司令長官、四十二年待命、四十三年七月予備役編入。その後、日本製鋼所会長をつとめたがシーメンス

事件により大正四年免官。明治四十三年〜大正四年に貴族院議員（勅選）をつとめた。

＊11 華族令追加に関する秘密会の議事速記録は参議院事務局『貴族院秘密会議事速記録集』（財団法人参友会、一九九四年）にすべて収録されている。

＊12 明治二十四年五月十一日、滋賀県大津で来日中のロシア皇太子が護衛の巡査津田三蔵に斬りつけられ負傷した事件。津田の裁判では政府は皇室に対する犯罪と同等の死刑を求めたが、大審院公判廷は法律に基づき無期懲役の判決をくだした。大審院長児島惟謙のとった判断は司法権の独立を守ったものといわれた。

＊13 近衛忠凞は明治三十一年三月十八日死去。

六、昭和四年七月二十三日　旧話会

出席者

子　爵　山口　弘達

書記官長　成瀬　達

書記官長　世吉

書記官　瀬古　保次

書記官　山本　秋広

書記官　石橋　徳作

貴族院属　興津　健夫

貴族院属　花房崎太郎

貴族院属　矢野勝太郎

貴族院属　屬　規作

貴族院属　梅田伊三郎

技　手　小宮八十二

元技手　川村　種次

午前十時十五分開会　午後零時二十分閉会

山口子爵　この前に貴族院規則の方のことに付いてお話しましたが、大分誤って居りましたから、もう一つお話いたします。あれは貴族院規則ではなくして、貴族院伯子男爵議員選挙規程を議したのです。選挙規程を議して、その後で貴族院規則というものを或る部分で拵える。その時に誰がどういう方面から拵えるということになったか。私のこの間申し上げたのは、貴族院規則を拵えたことと混同して申し上げた。選挙規程を議したのは議院と同じことで、その時の議長は柳原前光さんです。それでその部長というものを拵えて、九部に分かって選挙規程を議しました。それで選挙規程はです、一部一部伯子男が皆交ざっていました。あれは二月に始まって五月十日に選挙規程というものが終わった。それからその次に貴族院規則を調べるということであったろうと思います。ちょっと訂正して置きます。

花房君　伯子男爵議員選挙規程は現行、今日行われて居る規程ですな。

山口子爵　あれはですね。つまりあれで以て試験というと語弊があるかも知れませぬが、人々の優劣を試してみようという訳であって、その結果は種々意見を述べたり討論をしたりし者が、多く当選しました。こういうような事に自らなったのであります。

興津君　伯子男の互選規則及び多額納税議員の互選規則は貴族院の起草権限には関係なく、単に議員選挙の方法だから、是だけは貴族院令の如く貴族院の議を経るということにはせないが宜かろうと決定して、伯子男の互選規則、多額納税の互選規則は、貴族院の議を経るということを彼の規則中に書かずに置いた次第である。こういうようなことが金子〔堅太郎〕さんのお話の中でございますが、只今お話の通り議院の方の議を経なかった訳で――。

山口子爵　貴族院規則の方には関係なかった。選挙規程をやる時分には話し合いがあって拵えたので、私共の関係したのは選挙規程の方です。

興津君　金子さんのお話を伺いまして、尚山口子爵のお話をも綜合して参りますと、はっきりして参ります事が大分ございます。

山口子爵　この間花房さんからお話がありまして、三十年の時の選挙の事をちょっとお話しましたが、もう一遍その時の補遺をお話しましょう。三十年の子爵議員の総選挙の時分には、今のように選挙団というものがない。尚友会というものはありましたが、匆々の際で一向それだけのことはない。今では投票を尚友会なら尚友会の方へ出まして、その方で取り計らって、それを委託を受ける人を拵えてやるという簡単な手続きになって居りますが、この時分は銘々がこの人へ委託するという人へ委託して来るのですから、その人へは自分が交渉した人に拘らず、或るいは交渉してもしないでも、頼んで来る者の委託証書と投票とを持って出る。こういうことで、この時に私は僅かに九人か十人だけの投票を持って居った。けれどもこの時はこの間申し上げた通り、子爵議員の選挙では第一の激烈でありましたので、それですべての総選挙で、その競争は子爵議員の選挙の中の第一等で、劇しい選挙であったのですが、選挙の時に当たって、普通の選挙は午前十時からですけれども、この選挙は午前七時にやるというので午前六時に出ましたが、反対側の壮士が道に要して委託証書を——投票を奪うという噂があったので、警察の方で巡査一名を付け、それに護衛されて華族会館へ出ました。その時分華族会館の選挙場というものは、鹿鳴館跡でない。あの側に日本建の会館があって其処でありまして、午前七時から投票をしまして、そうして滞りなく済みました。それは長い間で、十二時まで投票をやった。一時から開票、その時に私共は点数付けをやったのですが、その時分にはもう護衛巡査は帰しまして、それから後引き続いてやりましたが、この位選挙に長く掛かったのは所謂空前絶後という程であった。十日の午後一時に開票を始めて、夜通しやって、丁度翌日の午前七時に済みました。その間立会人も多数ありました。終いには立会人も疲れてしまって、立会人が投票を調べながら居眠りをする。それを他から起こされるというような風で、午前七時に至って初めて尚友会の方が形勢が良くて勝算を得た。こういうことになって居ります。けれどもそれが今と違いまして機関も揃って居りませぬ。立会人も今のように定まっては居ない。混乱極まって居った。それで中には病人が出て来るというような騒ぎであった。けれどもこの時は尚友会の方は大勝利で滞り無く済んだ。是が三十年の一番劇しい選挙でございました。丁度二十四時間かかった。

花房君　初めて承りました。三十年は私は平易に行われたものと思いました。三十七年は戦争の為に多少の競争はござりましたろうけれども、外面には現われない。四十四年は大分競争が談話会との間にあったそう、私は存じて居りました。それから男爵の方は——第一回のことは能く存じませぬ。第二回のことも存じませぬが、今のお話に依りまするると、私が是迄聞き込んだ話が活きて参りますが、白根専一男が候補に立ちたいというのを千家〔尊福〕男爵あたりから摘み除けられておしまいなすった。それから人物本位で男爵の方は行うというので三十四年に野田豁通男と小野尊光男が出て、是もまた大競争があって、男爵の方々が鎬を削って争われた*1。爾来男爵には三、四回ばかりの喧嘩があった。そうすると私は子爵の方は四十四年だけに喧嘩をなさったと思って居りましたが、三十年に大競争があって、三十七年、四十四年などはそれ程のことはなかったのですね——。

山口子爵　後はありませぬ。後はあっても地盤が固まって居ります。前には所に依って反対派が色々の風説をやって壮士が何処へ出没するというようなことでありましたから、余程警戒を致しました。それからやり方が幼稚であるから、十日の午前七時から翌日の午前七時まで二十四時間、そんなのは空前絶後、他にはありませぬ。その間には色々の駈け引きをしたり何かしますから、或るいは投票に来ない者の所へ車で行くということで、午前七時から十二時まで投票をやった。是が子爵議員の選挙では一番激烈であった。一番長かったのもこの選挙が一番長かった。あとは格別のことはありませぬ。

それで四十四年、談話会が出来まして、尚友会と対立してやった時分にも中々えらい騒ぎでありましたけれども、併し談話会と雖も壮士を以てどうするというようなことはなかった。三十年にも噂のみにて実際壮士は出没せぬようでございました。そういうことを言い触らしたのかも知れませぬが、警察の方で大変心配した位で、余程激烈なものだった〔と〕みえます。それで私は前日の午前七時から翌日の午前七時までやって眼も何もへんてこてんになってしまったことを覚えて居ります。それから帰って来た。非常なものであった。子爵の選挙ではそれが第一番で、その次は男爵の選挙で、それから伯爵では宗〔重望〕伯爵が研究会を脱けて一旗揚げるという騒ぎで、あの時の選挙が激烈であった。三有爵者の三大戦とでもいうか、何れも激烈でありました。

花房君　実は他の官庁に関係しますから何とも言えませぬが、そのような激烈な競争をなされた。それで今日宗秩寮*2は補欠選挙を非常に億劫がって、各爵とも融和して、選挙をそう固くならずにやりようはないかということを度々聞きます。それ等は固くなった経験があるからでしょう。

山口子爵　その次の選挙は三十七年で、その前は宗秩寮は関係はしない。華族会館の役員、書記やなにかが皆選挙の事務を執った。それでありますから宗秩寮が関係するようになってから整頓して来たのです。

花房君　宗秩寮の方では、是は私への雑話ですけれども、選挙には中々骨が折れる、貴族院の方で行って戴くようなことにいくまいか、斯様なことを時々聞きます。そうすると私は初めから宗秩寮の方で選挙の世話をしていらしったと思いましたが――。

山口子爵　それは華族会館の方でやると、不都合なことが出来たり、色々なことが出来たりするものですから、それで会館の方でやる人がなくなってしまった。それ故に宗秩寮の方へ選挙管理者から頼む。その時の選挙管理者*3は野村靖子で、それで尚友会の名前で宗秩寮の方に頼むことにした。それから後宗秩寮でやるようになった。それだから今の宗秩寮でやるようになってから、壮士が飛び出るの何のということはなかった。

川村君　三十七年から宗秩寮でやることに――。

山口子爵　確か三十七年からであります。

川村君　私も命ぜられて扱ったことを覚えて居ります。宗秩寮から交渉があって書記官長の命令で参りましたが、その時分は大分もう選挙の方法などが慣例付けられまして、整って居ったようでございました。

花房君　今この方の委員課から行って居ります岡田が――

山口子爵　あの時分に清浦〔奎吾〕さんが司法大臣で、そこから何があって警察の方に手が廻ったと思います。まだ選挙管理者にならない前――。

花房君　それで子爵方の方は矢張り尚友会なり、協同会なり出来ましたから連記でないといかぬ。連記の方が御都合が好い、曾我〔祐準〕さんあたりでは単記論を盛んにやられましたが、あなた方では連記と単記の御研究をなさったことはございませぬでしたか。

山口子爵　単記の方も研究して居りましたが、単記は大変不利なんです。単記無記名などは――。

花房君　或るいは制限連記、単記記名でも差し支えありませぬけれども――。

山口子爵　単記でも差し支えありませぬ。けれどもですね、それは何故連記でなくちゃならなかったかというと、何故連記の方が宜いかというと、連記はちゃんと拵えることが出来るでしょう。入れる人はそれを唯書き直せば宜い。投票用紙へ書けば宜いようにしてある。それですから、それをすっかり愈々約束した人を入れた入れないかは、どうも連記でないと――単記だと一人一人方々になって居るから、是がどうだということは分からぬ。連記であるとそれは一目瞭然、こういう作戦計画で、道理は単記の方が宜かったかも知れない。この際はそんなこともなく、唯勝利を得れば宜ろしいという方針を執ったものらしいのです。

花房君　競争を遊ばされた後、つまり男爵も子爵もちょっと少数で敗れておしまいなすった後、暫くの間、御同列の間の融和を欠くような形勢はございませぬでしたか――。選挙の後ですな、ちょっと反対派の方は出られぬ訳ですな。多数派の方は幸い出られる。此処の逃げ路は、反対派の有力なる人は七名乃至――大概七名だったと思います。各爵とも七名位と思います。それだけはお入れなさるので、名義上は立ちますするが、その後の論客、勢いの強い御方が落選なさる。その落選なさった御方と当選なさった御方との間には、つまり交際上に迄も多少の影響を及ぼすということはなかったですか。

山口子爵　この三十年以後ですか――知名の人とか学識の高い人とか何とかいうような人は推薦したのです。それですからその時に曾我子とか谷〔干城〕子とかいうような人は皆落とさない。出して居る、反対でも――。

花房君　ところが勘解由小路〔資承〕子爵、秋元興朝子爵あたりはお出なさることが出来ずして―。

山口子爵　それはずっと後でしょう。談話会になって――。

花房君　談話会になりましてもです。反対の方にその投票をお入れになる。投票の数においては変りはござりませぬ。反対で我々の希望は達せられぬから投票せないということの継続するということはございませんでしたか。

山口子爵　そういう方もあった。色々あった。尚友会は三十七年に至る迄は中々油断は出来なかったのです。それですからそういうのが色々あった。それはこの間にもう一つ申し上げて置くのは、一体尚友会は研究会の発起人で居られた人が反対になってしまったものですから、加納久宜子その外数人がそれであって、此方は全体もとは堀田正養子とか、京極高典子とか、大河内正質子とか、加納久宜子とか、岡部長職子とかいうようなものと、それと一緒に加納久宜子とか米津政敏子とかいう人が大分ありました。それが子爵の河田景与という人の一派がありまして、それと合同しまして尚友会に反対をした。恰も談話会が尚友会に対するようなことになりました。

それでありますから、その時分に知名の士であっても、研究会の発起人でありながら反対して不都合だというので、除名した人もあります。けれども三十年の時から既にもう定評のある知名の方々は、別に尚友会に対して殊更尚友会を破壊しようという風な考えでやって居られるのでなく反対である。そういう方の知名の方は三十年の時から落としはしない。三十七年にも勿論、落とすのは尚友会の方の勝算を妨げる、或るいは自分の方がこうしようと云って約束をして置きながら、途中で変わったり何かしたという人は皆落とした。それだけです。それから今度は貴族院の議事です。確か三十一年だかと思いましたが、日程の中に華族令に関する御諮詢がある。貴族院令第何条に依ってやる。あれは決してなかった。あの時解散になった。

花房君　いえ御諮詢案は二度出ました。

山口子爵　私の申し上げるのは、之を議せなかったが為に再度出た。三十年の方は――。

花房君　三十年の方はどうか存じませぬが、三十一年の十三議会に出まして、そうして大分貴族院で修正遊ばして、非常な修正箇条がありました。

山口子爵　それは三十一年の議会だったろうと思います。

興津君　第十二議会の御諮詢は未決になって居ります。

山口子爵　その中に解散になった。三十一年は何月ですか。

興津君　三十一年の五月であります。五月十四日に召集せられました十二回議会。その時に御諮詢は未決になりました。その暮れの十三議会に御諮詢になって議決になって居ります。

山口子爵　五月十四日に召集になって――。

興津君　華族令中改正に関し貴族院令第八条に依る御諮詢の件、是は未決に終りました。

山口子爵　それは幾日でしたか。

花房君　十二議会が解散になりまして、十一月に召集になって、開院式が十二月に、大演習の為に延びました。それが十三議会で、三十二年に跨がった議会で、その時に修正議決しましたが、御諮詢の条項よりも六、七ヶ条殖えて修正可決して上奏になった。それが実行せられて居られぬと私は記憶いたして居ります。

山口子爵　議決をしたものがですか。

花房君　そうです。

山口子爵　それは何じゃないのですか。世襲財産法ではないですか。

花房君　華族令です。華族令がそうなりまして――。

山口子爵　世襲財産の方はもっと前ですか。

花房君　それも十三議会に出たと私は記憶して居ります。その前は第五議会か第六議会に出て居ると思います。そうして世襲財産のことが大きくは言えませぬけれども、宗秩寮あたりで議事の顚末がどうなったかといって私が――。

山口子爵　分かりました。六月六日の議事日程に載って居る華族令中改正に関し貴族院令第八条に依り御諮詢の件、是は特別委員に付したが、併し衆議院が増税に反対して否決しまして、それで解散になって、この時は決せずにしまった。それでその御諮詢の件にはこういうことがあった。その時に黒田〔長成〕副議長から、御諮詢の件は直ちに特別委員に付し議すという発議をされて、その発議が成り立ったが、その中に衆議院の解散を命ずということが十日にあった。此方ではその十日の中に議してしまうということになって居たが、それで議し了らずにしまった。

花房君　それが十三議会に御諮詢になって、沢山修正されて議決になりました。貴族院で上奏した事項はこの頃皇室令で出ました華族令に関する規定以前のことでございますが、旧法の華族令、その十三議会で議決する前の華族令がその儘である。その儘を継続して居りまして、貴族院で修正遊ばしたものは実際行われて居りませぬ。

山口子爵　貴族院で後で大分加えて拵えた。それはこの次に出て決したのです。議決して御諮詢にお答えしたけれども、それがそれ切りになった。あれはどういう具合でそうなったかと思って――。

花房君　それは実は宮内省の御諮詢以外の修正が沢山入って居りますからでしょう。

山口子爵　隠居の事か何かでそんなことがありましたね。

花房君　御隠居のこと、相続御養子のこと――。

山口子爵　民法の親族編に関するようなことを――。

興津君　御諮詢の日が分かりましたから申し上げます。十二議会の方は三十一年の六月六日に政府から提出して、そうして七日に第一読会を開いて居ります。つまり六日に提出になりまして、翌日第一読会を開いて、そうして九名の特別委員に付託になって居ります。そうして委員の審査中に衆議院の解散、貴族院の停会を命ぜられて居ります。十三議会の方は同じ年の暮れでございます。三十一年十二月十三日に提出になりました。十三議会は召集が十一月七日で、十二月三日に開会式を行わせられまして、その十三日に御諮詢案が貴族院に出ました。そうしてこの時に全院委員会が度々開かれまして、皆秘密会でやって居られます。

山口子爵　此処に三日の時に、是は議事じゃない部室で我々共に話があった。華族令でなく、償金二千万円の建議がある――。是は予算の時に議したのですね。今ちょっと見ると、それは唯部長が話をするだけに止まったものと思いますが、それは先に行くと分かります。是は幾日でしたか。

興津君　十三日に提出になって、十五日に一読会を開いて居ります。

山口子爵　華族令中改正に関し貴族院令第八条に依る御諮詢の件、特別委員は十五名で、今の議長徳川〔家達〕公爵が委員長におなりになりました。そこで今申し上げました償金のことは勅語がありまして、「朕ハ償金ノ一部ヲ帝室御料ニ編入スルノ件ニ関シ貴族院ノ深厚ナル誠意ヲ嘉ス」、それがありまして、之を十五日に近衛〔篤麿〕公爵が参内をされて戴かれて、一同敬意を表したと、こういうことになって居ります。

花房君　それは私共は良く記憶いたして居ります。速記録にも載って居ります。

山口子爵　それから御諮詢の方は十五日に一読会を開いて、特別委員十五名を選んで――。

興津君　そうして二月十六日徳川委員長から修正の報告書が提出になりました。

山口子爵　余程長かった二月ですね。

興津君　二月十六日――。十二月の、暮れの十五日に委員に付託になって、二月迄委員会で色々審議がありまして、委員会が開かれまして、二月十六日に至って徳川委員長から修正報告書を提出されまして、その後ずっと全院委員会を開き、全院委員会は三回開かれ、何れも秘密会でやって居られます。そうして三月三日に至って貴族院で決定になりました。かなり長くかかったのです。十二月の暮れに出まして、三月の三日に至って初めて修正議決になりました。

山口子爵　是は三月一日に全体議したのですが、議了しないで延期になって、今の三月の三日に決しまして、是は全院委員会において修正がありまして、然る後今度は全院委員長が本会議に報告を致しまして委員長報告通り可決しました。こういうことになって居ります。

花房君　斯様なお話が出て私は記憶を喚起しましたが、二ヶ月に亘って審議をしてその修正報告を出す時に、随分是迄にない修正である為に議事課と往復したことを記憶して居ります。

興津君　それは付託事項以外の修正を為すことを得るか否かという問題に関係して、大分他の事が入った。法律家でないものですからちょっと違うのですけれども、兎に角付託事項以外の条文が修正として入りました。

花房君　書損書加の儘随分乱暴な報告書の書式であったと思います。今ならばお叱りを頂戴するようなものであったと思います。

山口子爵　お話の通り御諮詢になった事を議して、それの可否、それを修正したというのなら宜かったが、そうじゃない。それに持って行って余計な条項を幾つも加えた。それであれは遂にその儘になってしまった。あの時は秘密会で大変議論があったが、多数でそう決した。御諮詢以外のものを付け加えて出すということは甚だ条理に合わぬ、不都合である、如何なものであろうかというに拘らず、どういう工合であったか知らぬが、多数を以て決しました。それでこうなりましたということで御諮詢案を返上した。それでありますから今の訳でしょう。

花房君　先達てお話のございました第一議会に、宮中に御参内遊ばして御誓文をお捧げになった――。

※以下の括弧内の箇所は付箋を書き入れたもの

『此の御誓文捧呈一件は当時の議員にして生存せらるる青山〔幸宜〕子爵方にも其事実の存否を糾さしたるに明確ならざるに依り其文字を削除するを穏当なりと認む。但し徳川議長方に於て当時の事実を御記憶あらせらるる様なることありとせば、本件は此のまゝに存置せられたしとのことなり。

昭和四年十二月十七日山口子爵貴族院にて御談話』

山口子爵　それは今日はまだ見付かりませぬ。確か私の処にあるが、それの時のでしょうと思うのですが、何か御誓文めいたものが活版になってあったのです。この次には探して参ります。多分それだろうと思います。或るいはそれじゃないかも知れませぬ。

興津君　尚友会の創立は明治二十五年七月二十七日と――。

山口子爵　二十五日にですな――。

興津君　私はこういう記事を書きましたのですが。

尚友会の成立は明治二十五年七月二十七日なり。是より先き同月二十五日大原重朝伯、堀田正養子より、同二十七日午后六時より華族会館に於て同志集会懇親を図り度き旨を以て紫版刷の案内書を伯子男爵に発送せられ、同日会合せられたる諸氏に於て会則を協定し、茲に尚友会の成立を見るに至れり――。

山口子爵　その通りです。

興津君　研究会は明治二十四年十一月四日でございますか。

山口子爵　そうです。それからこの間花房さんからお話ありましたが、是は記録に依って見ましたが、三曜会は尚友会の方へ合併して、そうしてあの三曜会から分かれて今度は二条〔基弘〕公、松平乗承子の方は懇話会というものになった。あれは二十七年の時でしたろうな。

興津君　私の調べました書類に依りますと、三曜会は明治二十五年の十一月二十六日、第四回議会の時分の読売新聞に、三曜会の御方の名前が出て居ります。それはその時の調べは三十九人として出て居ります。是が私の調べました一番古い書類でございます。

山口子爵　三曜会の人ですか。

興津君　それで三曜会の創立はこの頃じゃないかと思って居りましたのですが、その起源がどうもはっきりしませぬので――。

山口子爵　明治二十五年というのは創立の時ですか。

興津君　それは明治二十五年の十一月二十六日の新聞に出て居ります。

山口子爵　研究会の方は明治二十四年です。

興津君　三曜会はその前からあったのかも知れませぬが、はっきりした書類の出来たのは是が初めなんです。

山口子爵　現われたのはその時で、その前から色々ありました。研究会が色々なものを発表する、それと同時にしたものですから、三曜会の調べを出したのであろうと思います。その時分は成るべく会のことを他へ知らせるのを避けて居った時分ですから――。

興津君　貴族院の事務局あたりでも各会派別のものは、書記官長のお手許位に記して付けてお持ちになって居った。それが僅かに残って居るのが参考になって居りますが、彼方此方に散ってしまって、系統的に纏まったものはありませぬが――。

山口子爵　成るべく――こういうと語弊があるかも知れませぬが、物事を隠す、他へ洩れぬように、洩れぬようにという主義だったのです。丁度三十年の時分には、矢張り洩れるということを避ける為に、我々共研究会の幹事などは、その時分私も幹事であった。万里小路〔通房〕伯爵が幹事長で、堤〔功長〕子爵と私がやったのですが、洩れるということを非常に懸念をしまして、書記に委して何か洩れたりするといけぬし、且つまた手落ちがあってはいけぬというので、そんな関係から幹事自身が今の事務員のやるようなことをやって居った。この間申し上げました通り、我々共は夜の十一時、早くて十一時、遅くて一時である。何でそういうことをやったかというと、洩れるということを慮れたのです。そういうような次第でありますから、此方へもそういうことをお知らせならなかったのであります。

興津君　例えば役所の方で記名投票が行われましても、投票の結果は議事課の方で賛成反対の記しを付けましても、それは余分のものを作らないようにということを、出来ましたものは直ぐ上の方へ差し出すというようにして居りますから、そういうものも残って居りませぬ。速記録に名前が出ますようになりましたのは確か二十四議会頃からと記憶して居ります。それまでは総て外へ出さない。この会派なんかは勿論、その後ずっと続きまして役所の仕事としては扱って居りませぬものですからどうも分かりませぬ。

山口子爵　二十四回ですと、何年になりますか。

興津君　確かそれは宙の記憶ですが、二十四回かと思います。

花房君　西園寺〔公望〕さんが内閣を組織*4なすってから――。

山口子爵　西園寺さんの時分ですか。是は別ですが、日露戦争中の議会に西園寺公委員長となられ、我々は委員となり、貯蓄債券に関する特別委員会を開きました。その時の大臣が曾禰〔荒助〕子爵でありました。この問題を研究会の方で審査したところが、こんなものはまだ早いからといって、我々共は委員会で反対を唱え、委員長採決の結果否決してしまった。ところが会と委員とが気脈が通じて居らなかった為に不都合のことになりまして、曾禰さんが自分の職掌にかけてやったものを否決されるということは、大蔵大臣の面目に関するから辞職するという訳で、大変な騒ぎであった。それで我々の方でも、今度はひっくり返らなくちゃならぬ、併しひっくり返るということは悪いからというので、欠席か何かして、大変に揉めたことがありました。

花房君　日露戦争中に資金を吸収する為の窮策に、あれは何ですな、五百円の富籤を曾禰さんが出されました。それが最初の何ですな。

山口子爵　総選挙は三十七年の七月十日ですな。

花房君　それから先日私も少し思い違えて居りましたが、子爵の仰せで三曜会は、三十年の競争の激しい時に三曜会は殆ど無くなって、そうして穏健派というては何しませぬが、穏健な軟派の御方が研究会にいらっしゃって、それから一番強硬に硬論を主張なさった方だけお残りになっていらっしゃるようなお話で、私は別な書類を見ましたのが頭に残って居りまして、懇話会が庚子会になる時、三曜会は無くなったように――、三十年の第二回の選挙の時、非常な大競争の時、その時に大約皆様の政治意見が纏まって、研究会にいらっしゃる御方、研究会にいらっしゃらないでも強硬な意見を有っていらっしゃる人格の高い人達はお入れなさろうと推薦なさったものですから、三曜会に残っていらっしゃった大村〔純雄〕伯、伊達宗敦男、内藤政共子、それから松平乗承子、近衛公、二条公、島津忠亮伯、こういう御方が三曜会として、三十一年の十三議会は夫々の印が付いて居りますけれども、殆ど三十年の改選の時に三曜会の御方は――。

山口子爵　三十年の時にもう此方へ来たんですね。

花房君　そう仰せがございましたが、私はその後ではございませぬかということをお話致しましたが、私の方が考え違えかも知れませぬ。ちょっとそれだけ申し上げます。

興津君　私の記録には三十三年となって居ります。三十三年に三曜会と懇話会の二派が合同して庚子会というものが出来たと書いてあります。

花房君　それを書いた材料は私共が出した材料ですがな。

興津君　三曜会、懇話会、庚子会、朝日倶楽部合して土曜会成立――。

花房君　三十二年十月には三曜会というものはありませぬですか。

山口子爵　お互いに言わないようにして居りますから――。

花房君　朝日倶楽部のなくなったのは庚子会と土曜会――庚子会の出来る時に倶楽部は合併しました。

山口子爵　土曜会という方ですか。

花房君　土曜会の前に庚子会というのがありました。あれは十五議会、伊藤〔博文〕公が七重の膝を八重に折るという噂さるる時――谷子爵あたりは大いに幅が利きました。

山口子爵　あれは覚えて居ります。伊藤公が総理大臣で居りながら演壇で叩頭して何を請われた。あの時でしょう。

花房君　その時三曜会や朝日倶楽部、庚子会が三つ混合して土曜会になったと思います。

山口子爵　そうです。

花房君　それで研究会が出来ましたのは二十四年十一月――、三曜会の消滅した時期がはっきりしませぬ。

山口子爵　三曜会の消滅した時は、三十年の時に消滅した。

花房君　ところが少し残って居るですな。

山口子爵　その残った人は皆懇話会というのに行ってしまった。松平乗承子とか――。

興津君　土曜会――。

花房君　土曜会は余程後です。三十四年の冬。

山口子爵　二条公、松平乗承子は土曜会に入ってしまった。今の三曜会が此方へ来た時分にはまだ後に――。

花房君　私こういうことを思い付きました。茲に三曜会員であられた唐橋在正子、梅小路定行子、久世通章子、松平直哉子、舟橋遂賢子、新庄直陳子、この六人の御方が研究会にお入りなさった時が三曜会の消滅した時ではないかと思いますが。

山口子爵　その時です。皆尚友会の方に入って、そうして選挙に出たのです。それだけは前の研究会に入らぬでも尚友会の会員でなくも、尚友会の方へ内々気脈を通じて、そうしてやろうといえば、今度研究会員になるという約束の下にそれが出来た。それでなければ七人は出られない。それでこういうことになりました。

花房君　この御方が研究会に入っておしまいなされば残りの者は懇話会、後は庚子会に入る、土曜会に入るというようになって来れば、あとは変化なしであります。

この唐橋子方は研究会の立派な御方々である。久世子、松平乗承子、松平直哉子、新庄子、舟橋子、こういう御方が研究会にお入りになすった時が三曜会の最後の時ではなかったかと思いますが。

山口子爵　それは全くお説の通りであります。

花房君　三十年にその名前が、あなた方の方でははっきりして居りますけれども、貴族院の方面からははっきりしませぬ。

山口子爵　選挙に当選する迄は三曜会の会員なんです。選挙が済んでから初めて今度研究会へ這入るということになって、それで三曜会の方を脱して此方へ来ました。

花房君　それで私の疑問が解けました。有難うございました。

山口子爵　それから三十年と三十七年はそんなにやかましくなかった。花房君のお考えになったやかましかったというのは、三十年と三十七年とのようですが、三十七年には何もございませぬ。この時は御参考に申し上げますが、管理者は青木周蔵子です。それで立会人を御参考に迄申しますが、それまで立会人には色々の何が入って居りますが、もうこの時に至りますと殆ど尚友会員、研究会員が多く立会人になった。他の人は谷干城子と加納久宜子と松平乗承子、是だけで、あとは皆研究会、即ち尚友会の人ばかりであります。この時に川村さんもお出でになった。それであの時は組を七つに分かって、立会人三名に書記二名を以て一組とする。こういうことで、この時の立会人が二十人で、それを七つに分けて午前十時から投票して四時には済みました。是はそんなに長くかからなかった。けれどもこの時でも今のように名を読まずに枚数を重ねてしまうという訳にはいかなかった。一々読みました。それだから手間が取れました。この次の選挙が四十四年、この時はやかましかった。

川村君　あの時は華族会館の中に綱を引っ張りまして、何か有り難い物でも貰いに行くようなやり方で、厳かなものでありました。
山口子爵　それから海軍の表彰か何かの決議をして、海軍大臣〔山本権兵衛〕に送ってやったことがありますね*5。
川村君　それは日露戦争の時ですね。
山口子爵　三十七年に黒田〔長成〕侯が発議者となって満場一致で可決して、海軍大臣に依頼をして送った。それから後に海軍大臣から謝辞があった。
川村君　それが三十七年の第二十議会の時であります。帝国海軍の戦功に関する決議、帝国艦隊第二回旅順口閉塞の動作に関する決議、二つあります。
山口子爵　それを同日にやって居りますか。私の言うのは、海軍大臣に満場一致を以て可決して送った――。
川村君　一方は閉塞の祝賀、それからまた戦没を悲しむような意味も含まして居る。一方は全く戦捷を祝する決議案ですな。それが二つあったのであります。
山口子爵　決議案はですね、是は三十七年の三月二十一日に海軍大臣に、海軍の偉勲を何して、それから今度は三月二十九日に帝国海軍の旅順閉塞に関する決議をした。二度目の三月二十九日の方は、この時は議会の議事中に海軍大臣、この時は男爵の山本権兵衛君が、第二回旅順閉塞に関する東郷〔平八郎〕聯合艦隊司令長官の報道を報告した。それで曾我子爵がこの時に決議の発案をして、そうして決議案を満場一致で決した。片一方の三月廿一日の方は、是はつまり今の海軍の戦功――。
興津君　此方の記録もその通りになって居ります。先のは黒田侯爵、後は曾我子爵、そうして前のに対しては聯合艦隊司令長官東郷平八郎から感謝状が参って居ります。

山口子爵　二度目のは――。

興津君　二度目の決議は「帝国海軍ノ旅順口第二回閉塞ニ関スル公報ニ接シ貴族院ハ其ノ忠誠壮勇ノ動作ヲ頌シ同時ニ光栄アル戦死者ニ対シ深ク哀悼ノ意ヲ表ス」。之に対して直ぐと、海軍大臣が演壇に立って感謝の意を表した。こういうことになって居ります。

山口子爵　この時は議会が緊張して大変なものであった。この時の山本男爵の演説が大変によく出来たので非常に評判が好かった。それでこの時はです、海軍のそういうようなことがありました。三月三十一日に霞ヶ関離宮で、貴族院議員並びに高等官一同へ立食を下し賜った。それでその時は霞ヶ関離宮へ午後四時に出ろというのでしたけれども、午後二時に皆出た。霞ヶ関離宮に参上したところが、有栖川宮威仁親王の御挨拶があって、立食を賜った。

興津君　閉院式の翌日になりますか。

山口子爵　閉院式の翌日になります。この時には議員一同に御盃を賜った。

川村君　瀬戸物の鳳凰が付きまして真ん中に菊の御紋のある。私は雇われ人で、之を議員に差し上げたのでよく覚えて居ります。

山口子爵　それから三十七年の総選挙に出ました人数が、この際にです、今の子爵が七人多いとか何とかいう議論がありましたが、それを抑えてしまって、矢張り同じく伯爵十七、子爵七十、男爵五十六人ということに詔勅が出て、それが三十七年の四月十八日に出た。この時にも人数を免れて、その次も免れた。こういうように人数に付いては始終議論があって一番終いに改正になった。

川村君　男爵は幾ら殖えても議員数が増さないというので、大分不満の声を聞いたことがあります。

花房君　男爵は第一回が二十人、それから三十年の第二回が三十五人、三十七年の第三回が五十六人、そこで不平が起って比例説が立った訳です。総数伯子男を通じて百四十三人になして、その比例でやる。

そうすると六十三人、六十三人になる、子爵も男爵も。そこで時の内閣の政策上、無理に子爵の七十人をその儘に置いて、男爵の方を抑え付けておしまいなさった。そこで今度大正七年男爵の方で採って来られました方法、同じ七十人の説を立てたところが、それでは研究会がおさまらず、遂に七十三人ということになった。その後それでは人数が多過ぎるというので今度大正十四年、六十三人に減じてしまった。男爵は四十四年に六十三人になりました。

山口子爵　それからあれは三十年の総選挙の後だった。前じゃない、後だったと思いますが、貴族院に歳費を廃すという議がありました。あの時は八百円でした。それを八百円では高い、一体貴族院議員は歳費を戴かぬでも宜いというので、是は非常にどうもえらい議事であった。その場合にこの点に至っては研究会も何もない、銘々勝手です。それだから研究会の方も――。

花房君　それは何時頃ですか。第四議会ですか。

山口子爵　もっと後だと思います。

花房君　戦時に宮中で製艦費の為に節約――。

山口子爵　三回か四回か、それは分からぬが、事柄だけは覚えて居る。よく調べてみましょうが、余程の運動をしたのです。私はこの時は確か廃止の方で、谷干城さんの方であった。けれども少数で負けてしまった。廃さぬで存続する方が多かったが、その時に谷子爵に向かってあなたはそんなことを仰っしゃる、歳費廃止と仰っしゃるが、若し廃止が出来ないでも、廃止しないでも、銘々の感情に訴えれば宜いのだから、そういう人は歳費を辞したら宜かろういう人もあった。

花房君　それは十四議会で星〔亨〕さんがやかましくて、選挙法改正の報酬問題として、八百円を二千円になした*6。で衆議院は一挙に可決して、貴族院に来まして議論があって、谷さんは存じませぬけれども、その時実際に辞した人は村田保さんがお取りにならないと思います。辞することを得ということは、星さんが議場で反対党からやかましく言われて即座に、「辞スルコトヲ得ズ」の「ズ」の字を削除するということで衆議院は通った。それで貴族院に来ました。それで辞することを得たから辞しさえなされば宜いという議論の起こるのはそれにある、十四議会迄は辞することは出来なかった。

山口子爵　お話の通り二千円になった時です。その時に村田さんが一人辞されて取らぬで居った。その前のは歳費を止めてしまうというのです。それが第一で、第二が今のお話です。歳費を止めるというのが何故破れたかというと、その時の政府が反対で、それですから中々票数が取れなかった。

興津君　「歳費納金ニ関スル緊急動議」是は可決になって居ります。この決議は貴族院の決議の実行に至らずして終わった例として頭に残って居ります。決議されたので〔す〕が、政府の方から通牒か何かありまして、その顚末は今詳しく覚えて居りませぬけれども、それは実行されませぬ。第四議会です。

山口子爵　今日は持って居りませぬから、今度調べて参ります。

花房君　大蔵省の方の会計法で五年経過後国庫の収入に帰属しまするのですから、決算の確定額とか何とかで困るという――。

川村君　有耶無耶になったですね。

花房君　辞することを得とありますけれども、その儘残ったでしょうからね。貴族院の鉄道乗車券の時にも大分旅費を遠慮するということがあったが、あれもその後の始末は有耶無耶になった。唯奥山政敬さんが法律上別種のものである、辞するに及ばずという意見だけをお吐きになった。

山口子爵　まだ何かありますか。衆議院選挙法で、非常に貴衆両院の間の――。

花房君　あのようなことは大概速記録に載って居ります。唯時計がどうだとか、十二時が過ぎたとかいうようなことを申します。或るいは内々の打合せがどうだこうだというようなことは、眼と耳と口で伝わって居るのでありますが、今迄承りましたところだけがどうも直接当たりませぬこともございますし、多少は当たったこともございましょうけれども、はっきり私としては主張の出来なかった点が、お蔭ではっきり致しました。

一つは、一つは選挙母体のことは、お話の通り他へ現われませぬことを余り踏み込んでお尋ねし過ぎましたけれども、お蔭で伯爵、子爵、男爵の選挙の状態も私には明瞭になりました。何れ是はまだまだ落ち付きませぬ。総選挙に近付くと多少ごたごた致しましょうと存じます。

それから、宗秩寮に伯子男を通じてお頼みになったということも初めて伺いまして、それで多少統一の取れることも分かりました。宗秩寮の方では、あなた方の〔ママ〕から色々御注文があったりお小言があって居る。現にあの選挙用紙を御配付になる、皆あれは約束郵便で出してある。ところが僕の所には郵便が到達せないというのがある。どうしてもそういうようなことはない筈だと言って居りますけれども、紛失なさるとか、或るいは紛失ということでは華族の体面に関わる、家庭上の不取締を暴露するので紛失したとは書かぬ。到達しない、所在不明という理由で再交付を申し出る。あのようなことも凡そ今日のお話で私には解釈が付くようになりました。

山口子爵　何の方はお話の如く速記録に大抵あります。議事や何かは――、今の研究会の調べというようなことは議事がないのですから――。

花房君　お蔭で大変分かりました。

山口子爵　私も今の尚友会の会員で居りますが、尚友会の役員をして居るとか、或るいは研究会員で居ると、是は少し御免蒙らなくちゃならなかったが、私は唯その時分にあったことを申し上げるということになって居ります。研究会員でもありませぬ。尚友会の方も評議員を昨年で止めてしまいましたから、それでお話しましたが、併し若し何処かへ御発表になるというようなことでありましたならば、一応お話を願いたい。大抵宜しいことですけれども、中に不都合なこともあるかも知れませぬから。

花房君　それから伯爵の方を少し承りたいと思いますが、万里小路伯は大概御記憶になって居りましょうか。
山口子爵　伯爵は万里小路さんの外ございませぬ。男爵は杉渓〔言長〕さん、杉渓さんにお聴きになったら一番能く分かります。それから伯爵の方は万里小路さんの外にないようです。
花房君　徳川達孝伯爵に承ったら三十年前後からはっきりするだろうと思いますが――。
山口子爵　三十年後ならば宜いでしょう。
花房君　三十年前はどうしても万里小路伯に承らなければ分かりますまいと思います。伯爵の方は大分入り込んで居ります。今日でも私は外面から見て居りますが、うまく融和して居らっしゃるかどうかということも疑って居ります。
山口子爵　中々どうしてうまく行かぬようです。
花房君　どうも有り難うございました。

＊1　明治三十四年六月六日、石田英吉の死去に伴う男爵議員補欠選挙がおこなわれた。このとき木曜会の選挙団体二七会の推す小野尊光が、官僚派が支援する協同会候補野田豁通（元陸軍主計総監）を破り当選した。
＊2　明治四十三年八月二十九日、爵位寮にかわって設置された宮内省の機関。宗秩寮では皇族・王公族・華族・朝鮮貴族に関することなどを掌った。
＊3　伯子男爵議員選挙は、選挙期日四十日前に選出した選挙管理者のもと華族会館を選挙会場におこなわれた。
＊4　第一次西園寺内閣は明治三十九年一月七日～四十一年七月十四日存続、この間、開催された帝国議会は第二十二～二十四議会。また第二十議会では「貯蓄勧業債権法特別委員会」が開かれ西園寺が委員長をつとめた。
＊5　「帝国海軍ノ戦功ニ関スル決議案」は明治三十七年三月二十一日黒田長成より、「帝国艦隊第二回旅順口閉塞

ノ動作ニ関スル決議案」は三月二十九日曾我祐準よりそれぞれ提出され、全会一致で可決された。

＊6　第十三議会で議長は現行四千円から五千円、副議長は二千円を三千円、議員は八百円より二千円に歳費を増額する議院法改正案が成立し、明治三十二年七月一日より施行された。

七、昭和八年七月六日　旧話会

議長　公爵　近衛文麿

発言者
公爵　徳川家達
侯爵　佐佐木行忠
伯爵　徳川達孝
子爵　青木信光
（男爵）杉渓言長
男爵　南岩倉具威
勅選男爵　若槻礼次郎
勅選　阪本釤之助
勅選　三宅秀
勅選　室田義文
勅選　石渡敏一
勅選　木場貞長
書記官長　長世吉

公爵近衛文麿君　それでは開会いたします。ちょっとその前に先般議長就任以来かけ違いまして、皆様にお目に懸かる機会がございませぬのでありましたが、今回は図らずも徳川議長が御辞任になりまして、私その後任を命ぜられました。徳川公爵の如き誠に立派な議長のお後に出まして甚だ心苦しい次第でありますが、何卒皆さんの御援助に依りまして、幸に過ちなくお勤めが出来ますれば、誠に仕合せであります。どうぞ宜しく願います。それから、この会の会長は私のような新米のものには不適任のように考えるのでありますが、議長が当然会長をしなければならぬということでありますから、会長のことはお引き受けいたしますが、座長は徳川公爵にお願い致したいと思います。皆さんの御賛成を願いたいと思います。

公爵徳川家達君　貴族院議員たるものは議長閣下の御命令には背くべからずと私は考えますから、適任ではないと存じますがお請けを致します。若し議長の命に背けば懲罰委員会に付せられるかも知れませぬ。只今近衛議長のお言葉は如何にも過分なお言葉で汗顔の至りに堪えませぬ。只今申し上げました通り議員たるものは議長の命令には服従すべきものであり、従って直ちに議長の御命令に従いましたのでありますが、今日の順序はどう致しまして宜しうございますか。この印刷物を皆様のお手許に差し上げてある筈でございます。之をお話の順序と致しまして、第一頁の第一回議会、明治二十三年十一月二十五日召集山県内閣、この一からお話の問題に致しましょうか。どういう方法が宜しうございますか。

阪本釤之助君　お世話人からの御発言もございましょうと思いますが、僭越でございますが、只今御宣言の通りで結構でありますが、今日は第一回議会という事柄だけを一つ御議題に供せられまして、今日御出席下さいました杉渓君は、第一回のことはよく御承知のようでございます。幸い今日はこの方が御出席になりましたから、尚更第一回に局限してお話を願うということが宜くはございませぬか。ちょっと意見を申し上げます。

〔「賛成」と呼ぶ者あり〕

公爵徳川家達君　私は希望を申し上げたいのでありますが、今阪本釤之助君は座長とか議長とか仰せられましたが、速記者は此処に居りますが、余り窮屈でなく願った方が宜くはございますまいか。それからまたお話の模様に依りまして、お話が後へ残らぬ方が宜しいこともございますれば、速記を止めると御一言ございましたら宜くはないかと思います。杉渓君などは随分御活動も激しうございましたから、裏面には速記に残らぬ方が御当人のお為にも宜しうございましょうかと存じます。是は唯推察に止まるのでありますが、そのことが既に速記に残っていけないこともあろうかと存じます。その取捨は杉渓君にお任せ致します。

杉渓言長君　公爵も御記憶だったろうと思いますが、仮議長*1ということに付いて大分問題がありましたね。それで仮議長を置くが宜いとか、要らぬものだとか色々の説が起こりました場合に、何でも私は伝聞したのでありますが、副議長の東久世〔通禧〕伯爵が御病気であって、伊藤〔博文〕議長は是非仮議長を置きたいというようなことであったらしい。余りやかましく言うならば、自分は風邪を引いて一日、二日引っ込んでみようかと言うて居られたということを聞きました。

開院式勅語奉答文案に付いて、部長、理事の協議に依って起草を議長に委任するの例を開いたということは、初め勅語の奉答文を――、この時は蜂須賀〔茂韶〕議長です。この時に重野安繹君が、勅語の奉答文に反語があった。その反語を取って「謹テ奉答ス」というように直された。そうすると川田剛、それから巖谷修、金井〔之恭〕あたりも賛成したようです。文章家が皆賛成した。そうすると書き改めることが出来ない。議長は大礼服を着て宮中の時刻が迫って居る。それでその儘それはそっくり持って行って、それから翌くる年から是は改めることになった。何でも気が付いてみると「期セサラムヤ」というような文句がありましたね。それで後でまた文章家を集めて相談したのですね。「豈」という字があったように思う。それで上の字を取って下を消した――。

男爵南岩倉具威君　第六回から「期ス」となって居ります。

杉渓言長君　それから予算不成立の問題、衆議院から予算が廻って来たのが三月三日、会期剰すところ僅かに四日であって、二日間の審査期限を付して、それで大部分の予算をば貴族院で短期日に議了せよということは貴族院を蹂躙したようなものだというので、この予算は不成立にしてしまおうという議論が起った。所謂三曜会と懇話会と両方が不成立を希望したのですね。不成立にするのには少数党では迚もいけない。いけないから之を不成立にするのには、努めて総てのことを長く引っ張って、日限の切れるように引っ張ってしまおう、皆努めて長く引っ張れるだけの質問演説を考えて来いという話で、それから清岡公張という人は、確か四時間程やったんです。それから山口尚芳、渡正元とか、ああいう人が努めて長く引っ張ったが、それでも追い付かなくなって来た。それで最終の日に、今度は質問の種が尽きてしまった。それから今度は定足数を欠こうと思うと、議長が扉を閉鎖して外から錠を掛けて出ないようにした。それから夜の十二時迄だというので、予算は全体朗読すべきものであるという議論で、何とかいう書記官でしたね、あの時分の極く丁寧に数字を読む人でした。何千何百と――。

公爵徳川家達君　矢代〔操〕でした。

杉渓言長君　そうでしたか。それで続け様に読まされたものであるから、何でもそれから病気になって悪くなったと聞いて居る。そうして終いに段々やって居ると、何時まで経っても十二時にならない。そうしたところが何でも十一時半頃時計が止まって居った。それに気が着かなかった。到頭根負けして予算が成立して、家へ帰ったのが一時半か二時頃でした。唯無暗に引っ張って、若し一日延ばされたならばそれ切りなんだが、よもや延ばしはすまいというので、懇話会の連中と三曜会の連中とが組んで乱暴なというか、随分無理な運動をした。

子爵青木信光君　その時分の議会には時計を止めたことがあったですね。

阪本釤之助君　その頃には善意の方で、今のようなことはちょっと――。

木場貞長君　時計を止めるということは、その時が発明でなくて、県会などで始終やって居った。

杉渓言長君　そうなると自分の時計も見ない。向こうにある時計にも気が付かぬ。唯何時迄経っても十二時にならぬというので、その間に反対する方が草臥れてしまったのです。それからこういうことがありました。勤倹尚武の建議案、小沢〔武雄〕が陸軍中将を首になった。

公爵徳川家達君　それは第一回を済ませてから願いましょう。杉渓さん、お覚えがございましょうか。伊藤議長は、私の記憶では議長になられても初期の議会の議長で、直きに東久世副議長はチブスか何かで退かれて居った。それから殆ど、幾日からか速記録を見れば直ぐ分かりますが、近衛篤麿公爵に仮議長をして貰うということが伊藤議長の腹の中にあったに違いない。それで（速記中止）それから幾日位過ぎたか、速記録を見れば直ぐ分かりますが、殆ど直きに近衛公爵が仮議長に推されたと思うのです。それからあの議院が焼けまして、それで華族会館で取り敢えず議事があった。その前でしょう、仮議長が出来たのは――。

杉渓言長君　それで是非仮議長を置きたいのが伊藤公爵の心中であったのに、仮議長が要らぬものだとか何とかいう意見が出た。それで癇癪を起こして、風邪を引いて二、三日引っ込んでやろうか知らんと言われたということを聞いた。それで議長が居なくてはいけないということになった。毎日あの頃には聞きましたからね。

公爵徳川家達君　初期以来、この項目にはありませんが、特別委員の選挙などは議場で正直にしたものですから大変な騒ぎで、弁護士法などは九名の委員を、今のように各派交渉会というものはない時分でございますから申し合せもない、謄写版も何にも出来て居らないので、非常に時間が掛かった。

杉渓言長君　それでやって、特別委員長は大抵勅選の人達ばかりでしたね。初め勅選の人ばかりであったものですから、後に勅選の人が委員長になると委員長に向かって質問が大変出るのです。それで、是は一つそこらの公達に少しやらそうじゃないか、稽古かたがたになって宜いからやらそうということで、それで有爵者を委員長にすることにした。するとその翌日から有爵者の委員長が報告すると、委員長の方には一つも質問が行かなくて、政府委員の方に質問が行くようになって、大変都合が好いというので、それがずっと習慣になって今日まで来て居る。食堂でそういう話があった。我々ばかりにやらせないで、公達に稽古さして行った方が宜いというようなことを――。

侯爵佐佐木行忠君　委員の選挙などは思い思いにお書きになったのですか。何も御相談はなかったのですか。

杉渓言長君　何もありませぬ。三曜会とかは稍々形が出来て居りますが、外の人々は大体一騎打ちで、こういう訳ですから賛成して下さらぬかと言うと、何れ明日演説を聴いてからというので、演説の良い方へパッと変るです。それから自分の都合の好い時に討論終結が出ると勝ちです。あべこべの反駁演説が出ると減ってしまうのです。無記名投票――。

侯爵佐佐木行忠君　部長などは部室でお書きになったのでありますか。

杉渓言長君　一々書いたものです。それから青札赤札なども皆書いたものです。それであの後になって中根〔重一〕書記官長の時分に青札を代筆した。誰か字の書けぬ人があって、それで代筆したのを下で見て居った。――併しあれは第一回ではない。

公爵徳川家達君　中根問題は後にしてはどうでしょう。第一回は先ず是で止めまして、第二回に移ります。只今杉渓君の言われた谷〔干城〕子爵の発議に係る施政方針の建議案、小沢陸軍中将が軍部に関係のあることで、茲にある通り非難した。政府は軍人の口にすべき言動に非ず、このことを今お話になりかかったようです。

杉渓言長君　小沢君のことは十分知りませぬけれども、是が出る前にはやかましい騒ぎで、数回集会をしまして、初め勤倹尚武の建議案というのが、後に施政の方針に関する建議案と変わったのであります。提出者は谷子爵で、多数の賛成者がありました。その前に大分その中に入って居る名前のものを勧誘して名前を引かすことの運動がありました。私にも千家〔尊福〕、槇村〔正直〕あたりから男爵の誼だからといって忠告をせられて、名前を抜けということであった。それでも抜かなかったのですが――。

公爵徳川家達君　それからあれは二回議会であったかどうか存じませぬが、議員の歳費問題がありました。あれはもっと後でしょう。

杉渓言長君　ずっと後でした。この時に千家が質問した。そうすると谷は演壇で地団駄を踏んで怒ったです。この施政の方針に関する建議案は随分激しい闘いがあったですね。傍聴席を下から見ると、殆ど軍人でした。前の一列は――、その時分には蛇腹の服でしたから、その人ばかりのように見えたですね。是は後で聞くと高島〔鞆之助〕が小沢を斥ける為の高島派の人であるということでありました。この建議は到頭大多数で通らなかった。谷子爵あたりはこういうものを出して通っても通らぬでも構わぬ、速記録に残って後世に伝えるのだと云って居った。懇話会の人は皆そういう風であった。私等は付いて行く方でしたから十分詳しくは知りませぬ。第二回にはまだ何かありますでしょうか。

侯爵佐佐木行忠君　あの河津〔祐之〕逓信次官の「厄介」という言葉を使って大分問題があったように思いますが*2。

阪本釤之助君　河津がどうしたというのですか。

侯爵佐佐木行忠君　帆船検査廃止法案に付いて、厄介な法案だということを言われて、厄介とは何ぞやということで、それを言い換えて呉れという話があったという――。

杉渓言長君　何でも初めの中、一回ですか二回ですか、あの高知県から出て居た島内武重という人が、自分は演説の稽古をするのであるから皆小便に立っても構わぬ、僕は必ず一遍宛出る、それだけは御免を蒙る、許して呉れというのであった。そうしたところが或る時忠告を受けた。私は親の言うことも肯かぬ人間ですと言うたものだから、親の言うことを肯かぬ人なら議員の資格が無い、懲罰に付する、資格審査に付するというようなことから、午後になってそれは失言を取り消した。

公爵徳川家達君　村上桂策君。あの人にも大分奇談があるでしょう。

杉渓言長君　伊藤議長の時と思いますが、一番初めの中は毎日議題のない時になると議院規則の修正ですね、殆どそれが日を暮らす。そうして議長に突っかかる。それは重に勅選組の方がするのです。殆ど議案のない時にはそればかりですね。もっとも官制の出来たてで、実際にやってみると都合が悪い、そこで三浦安なん《ママ》という人が色々修正を出したですね。その他山口尚芳、村田保。

公爵徳川家達君　第二回議会にはもうお話がございませぬければ、第三回議会に移ります。

杉渓言長君　この選挙干渉に関する建議案、衆議院で上奏案が三票かの差で通過しなかった。

阪本釤之助君　それは四回ではないですか。

杉渓言長君　三回です。貴族院で選挙干渉に関する建議案を緊急動議を以て提出し、六十八対八十八を以て可決す。是はこの当日の日程が村田保の水産に関する建議案か何かで、多く欠席するだろうという見込みで、この日に提出しようというので、前の日から秘密に約束をして居った。翌くる日は少し早く出てやろうというので、水産に関する建議案の出る前に、一番に緊急動議を以て議事日程を変更してこの建議案を出す。この時分は一人でも二人でも、何時でも討論終結ということは出来るのであって、臨時に出して、そうして余り人の出て来ない、後から呼び寄せたりして、悪く言うと御用議員が出て来ない中にやってしまおう、片付けてしまおうという方針であったのが、漏れたんですね。

それでその時分には提案の数は寥々たるもので僅かしかなかった。それでその日に限ってまた非常に欠席者が多い。多いところに向けてこの建議案を出そうという者だけが揃って出て居る。それだから様子で直ぐ分かる。何事が起るということが漏れて、大変だというので、それを喰い止めようとする。直ぐに建議案を出した。出した拍子に或る人は電話で呼び、そうでなければ馬車で迎えにやるというような騒ぎで、午前の中は随分激しい運動があったように見受けます。

それで山川浩君が提出者で、是は極く簡単にやった。その次に鍋島直彬子爵が演説をした。是が少し長かった。それで通そうという方は長いのをびくびくして居る。その次に佐賀県の多額納税者で原忠順がまた長かった。之を悪漢とかいうて大分悪漢という名前が出来て妨害したものです。そうすると十二時少し前になって、子爵の本多正憲君が討論終結の動議を出した声が小さいから、議長は知らぬ振りをして休憩を宣告してしまった。そうすると五十嵐敬止君が賛成したというのですが、私共には聞こえなかった。一番後の高い所に居るのでありますから――。

そうすると休憩の時間に三浦安なんという人が是非午後正一時に開けというので、やかましく議長室に詰めかけて来た。議長も已むを得ず開かんならぬようになって開いた。そうして通告の通り加藤弘之君が演壇に登った。そうすると先の問題はどうなった、討論終結の問題はどうなった、あれは聞いたように覚えるが賛成者がないから成り立たぬ、五十嵐は私が賛成したと鉛筆を以て机を叩く。そうすると賛成したのが聞こえなかった人も聞いたようにして、大騒ぎになった。そこで討論終結の可否を記名投票か何かで決めた。それでも賛成者は議員の総数から言えば大変な少数であるのに、勝った。

それから討論終結ということに決まって、それからこの問題の可否を極めたので時間がかかった。

その時に曾我祐準君が補欠で挙がって初めて議員になって出て来て、この問題に出会した。その後で華族会館に帰って、どうも僕は今迄は戦争程面白いものはないと思って居ったが、議員生活も戦争に次いで面白いものだと云うので、それから大変骨折って呉れるようになった。少数を以て多数に勝ったということは是一回きりで、後は何でもない問題にでも議員が一杯出席して居った。

公爵徳川家達君　是は小さな問題でありますけれども、幸に私が議長になってから、皆様からお援けを得た位で、私をおいじめ下さるという御計画は更になかったと思いますが、蜂須賀議長の時代には杉渓当時の男爵がお初めてと申しては如何かと思いますが、懇話会と三曜会とが提携せられて研究会に当たり、それでみすみす少数である、百何十対三十八とか三十五とかという数であって異議を申してる。そうしてまた松平乗承子爵が、ああいう人が反対に立つ。起立に問うて議長が少数と宣告すると、異議あり異議ありというのが、二期、三期、四期を通じてあった。だから議事の長引くこと夥しい。その時には必ず氏名点呼をする。硬派というか軟派と申すか、三曜会、懇話会の聯合軍は何時も敗北する。それで氏名点呼も度々あった。それは能く覚えて居ります。それで議長を怒らせよう怒らせようとした。

杉渓言長君　全くそうです。駄々っ児のようにあばれるですね。

三宅秀君　第三回の一番終いの前に解散理由が問題となるとありますが、是はどうなのでありますか。前の議会の解散理由が問題になったということですが――。

長世吉君　第三回議会で解散になったという問題、是はあの前の二回議会の選挙干渉問題が、実は三回の時に問題になって居りまして、その為に七日間の停会なんかもございました。主として衆議院の方でありますが、その停会後に再開になりました時に、衆議院の方でこの停会の理由に付いて色々政府を責めたようでございます。政府はその理由の説明を避けた。それでその結果自然とこの選挙干渉の問題の方が一段落を告げたようになって、選挙干渉問題の追及が実はなくなったのですが、その代わりに選挙干渉問題を止めて、前の議会第二回議会を何故解散したかという理由を明示しろということが議場でやかましくなった。こういう記録があります。それは主として衆議院の方でありますが、本院にも幾分

〔影〕響があったろうと思います。

三宅秀君　お覚えはございませぬか。

杉渓言長君　覚えはございませぬ。

侯爵佐佐木行忠君　杉渓さん、あの民法商法施行延期の問題がやかましくて、議長が鈴を鳴らしたということがございました。何か御記憶がありませぬか。

杉渓言長君　あの時には鈴は鳴らさなかったようであります。贋札事件の時に鈴が鳴ったのが一度だと思います。

侯爵佐佐木行忠君　それは何時頃ですか。

杉渓言長君　安藤則命なんかが居る時分で、議場総立ちになった。法典延期という方は――。

公爵徳川家達君　法典延期に鈴を鳴らしたでしょう。私の記憶では、大木〔喬任〕司法大臣か榎本〔武揚〕外務大臣が蜂須賀議長に迫って、鈴を振らしめたといっては悪いかも知れませぬが、貴族院で鈴を振ったのはあの時きり――。

杉渓言長君　贋札事件で安藤則命が議長議長と云って総立ちになった時に有賀長文が持って来て、議長に持たしてこうやったんですね。誰の命令でしたか知らないが、長文が議長に持たした。そうすると流石にピチッと静まりました。法典延期の時には村田保の所に、今の明治大学ですが、明治法律学校の学生が三十人ばかり押し掛けた。そうしたところが村田が居るのに、わしは此処の家の客だと云って、主人だと言わずにずっと其処に詰めかけて居る所を出て来た。詰めかけた学生は村田がまだ出ないと云って待って居った。その間をスポッと出てしまった。そういう風で、提出者の村田の家は大変でした。どうぞ出て呉れるなと云う人もあるし、出よと云うて来る人もある。明治法律学校なんかは皆出るなという方です。村田案に反対の方です。つまり学派争いみたいのものでありますね。

石渡敏一君　その時の司法大臣は山田顕義さんです。

杉渓言長君　村田に、帰る道で押し掛けて来たらどうするかと言ったら、此処にピストルを有って居ると言って居りました。

石渡敏一君　その時顕義さんが司法省で二日間動かなかった、私はその時に付いて居って覚えて居ります。他のことは知りませんでしたけれども、一番困ったのは穂積陳重の演説と村田、あの人の演説には困った。中々名弁でした――。

子爵青木信光君　何回議会でしたか。

石渡敏一君　何回議会か忘れましたが、明治二十四、五年頃ではありますまいか。山田さんの勢いが中々えらくて殆ど寝ないのです。大臣の部屋に入って行ってみると葉巻を用いるものですから煙が一杯でした。その時には今の中央大学が反対の本元で、是も殆ど一ヶ月近く皆あすこに閉じ籠ってやって居ったものです。

子爵青木信光君　江木衷が反対の先鋒でしたね。

石渡敏一君　江木衷、穂積八束などがあすこでやって居る。到頭あすこが焼けて――二階があったのですが――保険金は取れても二階を建てることが出来なくなった。その当時二階が飛んでしまったという話が残った。

杉渓言長君　つまり明治大学と中央大学の争いです。

子爵青木信光君　英吉利派と仏蘭西派の争いです。

石渡敏一君　明治大学と今の法政大学もその方の仏蘭西派のような工合、司法省の連中が大抵其処へ行って教えて居った。そういう連中であったから学派の争いみたいに結局なってしまった。そういう意味でなかったには違いないのですが――。

杉渓言長君　入江《?》〔為守〕子爵はその頃議員ではなかったのですか。法典延期になったことは非常に癪に触って居られたようですね。

公爵徳川家達君　それでは第四回議会――。

阪本釤之助君　伊藤さんが人力車から落ちて歯をお折りになったのはこの時だったでしょうか＊3。霊南坂の官舎へ帰られる途中、車夫が躓いて――。

室田義文君　一向に覚えて居りませぬ。

阪本釤之助君　井上〔馨〕内閣総理大臣臨時代理ということがあるから、そうではないかと思ったのです。

石渡敏一君　我々というのは何ですが、役人の月給を減らされたことがありましたが、あの時でしょうね。軍艦製造費＊4に――。

杉渓言長君　軍艦製造というのは、松島の姉妹艦ですね。

石渡敏一君　富士、八島の時ではありませぬか。

杉渓言長君　松島と覚えて居りますが、富士、松島でしたかね。後に松島艦を見物に行った時に、松島の艦の中で非常に慷慨して艦長が演説をした。不幸にして役人の月給が削られた、是は役人の月給や何かで成り立ったものである、血と涙で成り立ったものである、議員の御方は海軍がお嫌いで云々と言うたので、否貴族院では違う、賛成したのだと云った。後に食事の時には衆議院議員の方だけに申し上げますとまた演説をした。それですから松島だったと思います。

石渡敏一君　大蔵大臣の渡辺〔国武〕さんが一銭一厘も負けないと言って、尾崎〔行雄〕の質問に答えたことがあったですね。あの時でしょう。若槻君がこの下に居られた時でしょう。

男爵若槻礼次郎君　第四回は明治二十五年十一月二十五日からですから、丁度製艦費の献納の時には大蔵省に出て居ったです。

石渡敏一君　一銭一厘も負けないと答えたのはこの時ですね。

男爵若槻礼次郎君　その時です*5。

公爵徳川家達君　次は第五回議会。

杉渓言長君　この前であったかも知れませぬ。貴族院から協議会の成案を衆議院に廻したら、衆議院では一人残らず皆帰ってしまったことがある。

石渡敏一君　伊藤さんが演壇に手をこういう塩梅について、「七重の膝を八重に折って」と言ったのは、この時ですか――。

公爵徳川家達君　それは十五回です。それでは第六回議会を問題に供しましょう。

阪本釤之助君　貴族院が衆議院の解散に関する質問書を出したというのはどういうことか。何か御記憶がございましょうか。

長世吉君　是は松平乗承子爵がなされた質問書でございます。それに対して伊藤総理が議場で、解散理由を表明する義務がないと答弁せられて居ります*6。

公爵徳川家達君　次は第七回、第八回、第九回。三議会を一括致します。

杉渓言長君　広島の議会では、床几みたいな椅子で後に凭れることが出来ない。下は砂の上でした。そうして一億五千万円かの予算が通った時には大変な悦びでした。

阪本釤之助君　一億五千万円という数字は私共初めて見ましたね。日本の会計で一億という数字を見たのは――。

杉渓言長君　その会議終了の日に総理大臣は貴族院の詩を作る者ばかり三十人ばかり招んで、詩会を開いた。その時の詩の句に一億五千万ということがあったのを覚えて居ります。そうして議員の外では

山口　、森槐南《しょうしん》というような人達です。

阪本釤之助君　取り持ちに出たのでしょう。

杉渓言長君　取り持ち兼先生です。

伯爵酒井忠正君　議員は野天でやったのですか。

杉渓言長君　天幕ではなく藁葺屋根――茅みたいなもので葺いてありまして、下は砂で、ぐるりは幕を張って、椅子の上に藁を置いて白い布を張った床几みたいなもので、白木の机が前にあるきりです。

侯爵佐佐木行忠君　開院式は其処で行われたのですか。

阪本釤之助君　無論そうです。

杉渓言長君　議事の間に宮島へ行ったり呉へ行ったりした。

木場貞長君　一億五千万円というと国費の一年半分より多かったと思いますが、二十三年、二十四年には九千万円を欠けて八千三百万円位だったと思います。

石渡敏一君　文部省は幾らでした。

木場貞長君　百六万円程――。

石渡敏一君　司法省は三百万円であった。

阪本釤之助君　第九回には何か面白そうなことがありそうですが、貴族院で伯子男と多額の歳費を七十二対百八で否決になって居ります。是で見ると勅選だけが勝手なことをやったことになりはしませんか。

〔速記中止〕

公爵徳川家達君　次に第十回、第十一回。

伯爵徳川達孝君　活字の誤りで、是は二十九年でしょう――。

公爵徳川家達君　二十九年です。「二一」の誤りです。徳川伯爵は大分お話の材料があるだろうと思います。若し速記を止めた方が宜しければ、止めても宜しうございます。初めは何年からですか。

伯爵徳川達孝君　十一回か十二回の頃からと思います。

侯爵佐佐木行忠君　十回に五十九対八十二で軍備縮小の上奏案を否決した*7。之に付いて杉渓さん、御記憶はございませぬか。

阪本釤之助君　書記官長にお伺い致します。十回の末か十一回に官紀振粛みたいなものの上奏のことが見えませぬ。お落しになることはなかろうと思いますが――。

長世吉君　軍備縮小のことはございましたが、官紀振粛のことは見当りませぬが――。

阪本釤之助君　先達てもちょっと申し上げましたが、上奏案を私が読んだ覚えがあります。谷さんの発議だったと思います。大分堂々たるものでありました。

侯爵佐佐木行忠君　軍備ではありませぬか――。外にはないようです。

阪本釤之助君　報告などを読みましたが、初めて演壇に立って、その上奏案を読み上げることを非常に光栄と思ったことを記憶して居ります。

阪本釤之助君　金貨本位は松方〔正義〕さん生涯の大仕事であって、院外では金井〔延〕君が反対で有名なものでした。大蔵省の参事官か何かで*8――。

石渡敏一君　十回は松隈聯合内閣でございますか。

長世吉君　そうです。

阪本釤之助君　事実は松隈内閣で、高橋健三君が書記官長になって入って居た*9。それは隈を含んで居るからです。

石渡敏一君　大隈〔重信〕さんが内務大臣か外務大臣でしたかね。

阪本釤之助君　この時には松隈内閣で、松方さんが首班で、大隈さんが外務に居られたと思います。後に意見が合わなくて、大隈さんが先に出たようですね。

木場貞長君　意見が分かれて、松方派の方では、改革をした方が宜いというので分立して改造を企てた。ところが改造を企てた連中が、松方さんが弱いというのでペシャンコになってしまった。高島将軍などが改造論で以て揉んだのですが、いかぬものだから倒れた。

石渡敏一君　後入斎という名前を取った時ですかね。

阪本釤之助君　高橋健三君が大病になって、屏風の上から松方さんが首を出したと讒言を言ったというようなことを聞いて居ります。

公爵徳川家達君　次は第十二回議会。

杉渓言長君　会計検査官の退官に関する質問書、是は渡辺昇が会計検査院長で、安川繁成のことだったろうと思うですが、或る会で一緒になった時に、今日は上奏したが誠に畏いことだというような話をして居った。何のことかしらと思って居ったが、是のことだったのです。それで貴族院は取り上げないで否決になった。後で渡辺昇に、貴族院は馬鹿なことばかり言って居るといったが、今度ばかりは貴族院が有り難かったでしょうと言って肩を叩いたら、「一言もない、一言もない」と言ったことを覚えて居ります。

公爵徳川家達君　十二回を問題に致しましたが、後に戻っても一向差し支えありませぬ。第十回議会の貨幣法案、金貨本位制に関する件、両院を通過す。この問題に付いては、今此処にお出でになって居りました若槻男爵に何か伺ったら有益なお話があろうかと此処で申して居りました中に御退席になったことを私は心付きません。御退席になりましたら、残念ながら今日はそのお話を願う訳には行くまいと申して居りましたら、また今御復席に相成って、非常に私は悦んで居る次第であります。何かそれに関してお話を願いたいのでありますが――。

男爵若槻礼次郎君 私には申し上げるようなことは余りありませぬ。是は阪谷〔芳郎〕男爵が一番詳しいのです。大蔵省に貨幣調査会を拵えて、阪谷さんが委員長で色々研究をしたのです。是はこういうことです。支那から償金を取ったものですから、茲に二億三、四千万円の正貨が出来た。それ迄日本には金なんというものは殆どありはせんでしたけれども、日清戦争で支那から償金を取った。その正貨が倫敦にあった。そこで元来紙幣国であったものが、明治二十二年頃から銀貨が流通するようになって、銀貨の兌換ということになって居った。法律上は金銀複本位であったが、実際は銀貨本位になるというのが日本の貨幣の現実であった。そこで日清戦争で償金を取ったから金が入って来た。その頃世界には複本位の国もありました。仏蘭西、瑞西を初めあの辺のフランで固めて居った所は複本位であった。事実は複本位でない方が宜かったので銀を使わんで金が流通する。英吉利その他の国では皆金貨になって、世界の貨幣の大勢が金貨になったものですから、そうなると銀貨本位で居るから見れば、金貨本位の方が世界中に貿易その他をやって行かなければならぬに付いては、その方が都合が好いという考えを起こした。

もう一つ腹の中には、日本は外国の資本を入れなければならぬ、外国から資本を入れようとするには金貨本位でないと中々借りることは出来ない。その為に、表面には言いませぬけれどもそういう事情もあったり色々なことで、出来るならば世界大国の貨幣制度と同じような、言葉を換えて言えば、大体世界共通な貨幣制度に拠らした方が宜い、貨幣制度を変えたら宜かろうという議論があって、それから大蔵省に阪谷さんが委員長になって貨幣調査会というものが出来た訳であります。其処で随分議論があったようです。銀本位が宜いというのもあるし、両本位が宜いというのもある。その間に阪谷男爵と添田寿一君の二人が専ら金貨本位が相当だという意見も立て、その主張もすれば説明もするということで、結局金貨本位を採った方が宜かろうということになって、案が出来ることになりました。
けれども私は当時その方の係りでありませぬ。唯そういうことであったということに承知して居ります。議会に出て説明などはやって居りませぬから、議会の模様はどうであったか能く承知して居りませぬ。是は阪谷男爵にお話を願ったら、議会に出る前のことも、議会中のことも一番能く分かるだろうと思います。

阪本釤之助君　議会に関係はありませぬが、金井〔延〕博士が一番目立って反対をせられて居ったようですな。大蔵省の参事官か何かをして居られましたが――。

男爵若槻礼次郎君　金井は複本位よりも寧ろ銀の方が宜いという論で、その意見の為に兼任を解かれたのです。

阪本釤之助君　銀でなくちゃならぬという――。

男爵若槻礼次郎君　そうです。東洋では支那なり印度なり皆銀貨国である。日本の関係する重な対手国は銀貨国であるから金貨国にする必要はないという議論なんです。

木場貞長君　是には松方侯が非常な苦心をせられた。

男爵若槻礼次郎君　松方さんが非常な決心でやった。松方さんの事蹟の一つです。

木場貞長君　この準備に今の支那の償金以上に、松方侯も言われた。阪谷君も為替の作用で金を作ったということを言われた。そんなことがあったのですか――。

男爵若槻礼次郎君　準備するには金を集めなければならぬ。けれども日本の貿易、当時も非常な輸入超過ですから、為替関係で集めようといっても中々集まりませぬ。金貨本位の出来る迄は外債を起すことも出来ない。借金で金を集めることも出来ぬ。結局支那の償金がなければ迚も出来なかったことなんです。

石渡敏一君　全く償金の為めですね――。

男爵若槻礼次郎君　償金を倫敦で受け取って、日本が持って居った。それが土台になって居る。

石渡敏一君　前のことですけれども、我々の外国に居った時分には、銀で三百円受け取るということになる。独逸でしたが、独逸に換算すると場合に依ると百馬克違うことがある。多い時には三百馬克になることもあり、三百五十馬克になることもある。そうかと思うと二百五十馬克に減るという訳で、その時には悲鳴を挙げたものです。えらい差があった時分です。

木場貞長君　事実上銀貨の二円が金貨の一円と殆ど同じであったような時代でした。

男爵若槻礼次郎君　そうです。銀が半分の頃です。

木場貞長君　五分の一とか三分の一とかの問題でなく、丁度半分であったと思います。

男爵若槻礼次郎君　丁度銀の二円が金の一円になる。そうなって居った時に貨幣法を変えたのです。

石渡敏一君　是は今迄の一円が五十銭になった時ですな。小さい一円と書いた金貨などがあったようですな。

男爵若槻礼次郎君　円金といって貨幣でないものを暫く一円に使って居ったのです。

石渡敏一君　貨幣上えらい大変革があったですね。

男爵若槻礼次郎君　是が最初の大変革で、それを欧羅巴戦争の結果金の輸出を禁じて、先達て一遍解いて、また一昨年之を禁じたという、その金貨本位にした是は最初です。

木場貞長君　非常に反対論も強かったですね。

男爵若槻礼次郎君　貿易上損だというので、その頃は支那の貿易が重だったものですから――。

石渡敏一君　その議論は世間の人には殆ど分からずにしまったですね。

男爵若槻礼次郎君　そんなものですね。私は十回までは政府委員でもなく、十一回から初めて政府委員になったのですから、十回までは議会のことは分かりませぬ。今日は如何でございますか。もう四時に近くなりましたから、是で本日は止めては如何でございますか。

〔「賛成」と呼ぶ者あり〕

公爵徳川家達君　而して本年も七月の十日近くになりますので、秋冷の季まで休みましたら如何でございますか。

〔「賛成」と呼ぶ者あり〕

公爵徳川家達君　それでは次の会合の日取は会長のお考えもございましょうから、本日は定めませんで、九月の十日後に何れ会長から御通知があろうと思います。そういうことで宜しうございますか――。御異議がないようでありますから、左様致します。

＊1 仮議長は、議長・副議長ともに故障があるときに選挙され、議長の職務をおこなう。第一議会では明治二十四年一月十三日と二十九日に近衛篤麿が仮議長をつとめた。
＊2 明治二十四年十二月十一日、第二議会貴族院本会議で「帆船検査廃止ニ関スル法律案」審議の際、河津祐之逓信次官が「此検査法トイッタ厄介物ガアルタメニ」などと発言したのに対し、村上桂策が反発し「厄介トイウコトハ如何ナル意味ヲ以テ言ハレタノデアリマスカ」「本業ヲ廃スベカラザル論者ハ厄介物ヲ維持シ賛成スル」云々と質問したため、一時議論が紛糾した。
＊3 伊藤総理大臣の負傷は明治二十五年十一月二十七日。井上馨内相が首相代理となり第四議会に臨んだ。
＊4 第四議会では第二次伊藤内閣（蔵相は渡辺国武）提出の明治二十六年度予算案に対し、衆議院は軍艦製造費などの削減をおこなったため、事態は紛糾した。これに対し天皇より今後六ヵ年にわたり内廷費より毎年三十万円を下付し、また文武官僚に命じ月俸の一割を献納させ製艦費の不足に充てる、政府と議会に和衷協同を求める

との詔勅が発せられた。これをうけて政府と議会の間に妥協が成立した。なお研究会所属議員は向こう六ヵ年の歳費の一割献納を決定した。

＊5 第四議会の明治二十六年一月十六日の衆議院で尾崎行雄議員による「原案の儘でなければ一銭一厘たりとも、政府提出の原案と違っては行政機関の運転を滑かにし、法律上の責務を尽すことが出来ぬというのでありますか」との質問に対し、渡辺国武蔵相が「其通りであります」と答えた。このことが「銭厘問答」として世間の注目を集めた。

＊6 明治二十七年五月十六日、松平乗承以下三十五名より第五議会解散の理由に関する質問主意書が紹介され、二十九日に伊藤総理の答弁があった。

＊7 第十議会、谷干城より軍備縮小を求める上奏案が明治三十年三月十一日の本会議に上程されたが、賛成六十九反対八十二で否決された。

＊8 金井延（一八六五～一九三三）は第二次松方内閣当時は法科大学教授兼大蔵省参事官であったが、明治三十年五月兼任を解かれた。

＊9 第二次松方内閣は進歩党と提携し、大隈重信を外相兼農相に迎えたことから松隈内閣と呼ばれた。後に提携は破綻し、明治三十年十一月大隈は辞任し、進歩党関係者は政府を去った。

八、昭和八年十一月七日　旧話会

副議長　伯　爵　松平　頼寿
発言者　侯　爵　佐佐木行忠
　　　　男　爵　紀　　俊秀
　　　　勅　選　富井　政章
　　　　勅　選　小松謙次郎
　　　　多額納税者　鎌田勝太郎
　　　　勅　　選　石渡　敏一
　　　　書記官長　長　　世吉
　　　　元書記官　小原　新三

（午後三時四十五分閉会）

副議長（伯爵松平頼寿君）　今日は議長は見えられませぬそうでございまして、私に代理をということでございますので、此席を汚しますからどうぞ悪しからず。ちょっと書記官長からして只今までの議事の経過、その他に付きましてお話を申し上げるそうでございますから、どうぞお聴取りを願います。

書記官長（長世吉君）　只今まで今鎌田さんからお話がありました十五回までに御関係のありました方々にお集まりを願いまして、丁度今度で確か第五回と存じます。お話の元になります材料としましては、只今お手許に差し上げました初めの方の部分、つまり第一回、二回から第十五回議会まで、実はここまでを議会流に申しますと議題に供したような訳でございます。別に議題という訳でございませぬけれども、私は之をお読みになりまして、それを元にしましてその当時のお話を願いまして、殊に最後の第十五回の時は色々問題が起こったというお話がありましたので、此十五回に付きましては二回繰り返しまして、また所謂議題に供しまして、前回にも十五回を主としてお話を願いました次第でございます。

本日は今までお出がなかった御方が、鎌田さんが御出になりまして、必ずしもこの十五回、或るいは順序から言えば十六回から始めても宜しいのでございますが、別に決まったものはないのでございますから、或るいは第一回の時に遡りましても、或るいは第十回に遡りましても、どういう風にでもお話の材料を思い出しになりましたならばお話を願ったら如何かと存じます。

副議長（伯爵松平頼寿君）　如何でございましょうかしら。是は議時法みたいに出さぬでも、唯第一回、第十五回位までの間を切りまして、その内でお考え付きのことをお話を願ったらどうかと思います。

侯爵佐佐木行忠君　富井さんが見えられましたら、第一回のを何か――。

男爵紀俊秀君　第四回までのは大体始終出て居ります者はもう大抵お話し尽くして居りますので、今日新しくお出戴きました方からどうか一つお話を願いたいと思います。

副議長（伯爵松平頼寿君）　富井さん、鎌田さん位から、そこから何か思い付きがありましたらどうぞ

――。

富井政章君　私は今日初めて出席いたしましたので一向是れまでのことも存じませぬし、どういうことを申し上げて宜いのか分かりません。私が貴族院に入りましたのが、是れで見ますというと第二回。第一回は全く存じませぬ。二十四年の、或るいは二十五年の初めであったかも知れませんが、多分二十四年であったろうと思います*1。二十五年に、即ち私が入りまして間無しでありましたが、臨時議会が開かれまして、その時に例の法典に関する大論争がありました。

副議長（伯爵松平頼寿君）　富井さん、お座りになってどうぞ――。

富井政章君　その第一回の時は、商法に付いて延期、断行の大激戦がありました。その時には私はまだ這入って居りませなんだ。故穂積陳重君が大いに延期派の大将として、大いに論争せられたのでありました。そうして延期派が勝って、商法が延期ということになりました。その当時の議長は先々代の伊藤〔博文〕公でありました。

それから二十五年の五月であったと思いますが、今度は民法に付いて延期派、断行派の間に激戦があって、それが三日間続いてとうとう延期派の勝となったことを記憶して居ります。私もその延期派の驥尾に付いて拙い演説をしたことを思い出します。旧法典、即ち旧民法及び商法は、殊にまあこの時問題となった旧民法は翌明治二十六年の初めから実施になるというのでありますから、延期派にとってはもうこの議会に延期して仕舞わなければ実施せられて仕舞うというので非常な熱心を以て闘ったのでありました。建議案を出すという説もあったのですけれども、建議案というような手緩いことでは政府が取り上げないであろう、条約改正というものを目前に控えて居って、どうしてもこの法典を実施せねば条約改正は出来ないのである。是からその大修正を加えるというようなことをして居っては条約改正が出来ないから建議案位が通ったのでは政府は延期しないであろうというので、どうしても法律案を出さなければいけないというので、村田保君が提出者となって、四年間大修正を行う為に民法の実施を延期するという案を出されたのでありました。

で、それが丁度三日間議論の目的物となって、政府はまあ必死に否決の方に努力されたのでありました。併しとうとう延期派が勝を制して、大多数で延期ということになった。衆議院に廻って、まあ衆議院でも大激戦の後、貴族院程の激戦ではなかった。貴族院では三日続いたことを覚えて居りますが、衆議院はまあ随分演説者は沢山ありましたけれども、確か一日、二日、一日ではなかったかと思いますけれども、はっきり覚えませぬが、兎に角衆議院でも延期案が通過したのであります。

そこで政府はどういう取り扱いをするかということが長い間決まらずに居って、両院の議決に基いて延期すべきや、それとも条約改正というものを目前に控えて居る国家の大局上より見て一旦決まった通り断行するかということに付いて、伊藤総理大臣は非常に苦慮せられたようで、それで一種特別の委員会を設けて議会閉会後に、なんでも十人か十二人のなんで、西園寺〔公望〕公が委員長であって、延期派、断行派両方から同数の委員を出して、そこで復た蒸し返して、延期、断行の喧嘩を始めたのであります。ところがまあ同数でありますから、矢張り多数決ということにはならないようで、委員長がその意見を付して、そうして政府が決めるという。「同数の場合は委員長之を決す」という、そういう形式的な取り決めもなかったようで、それでとうとう政府は両院を通過した延期案を採択して、翌年の春にその法律を発布されて、そうして民法、商法の大修正を行う為に翌年、二十六年の三月であったと思いますが、法典調査会というものを設けられた。

この法典の実施、断行の争いというものは、延期の方は主に英法派でありまして、断行派は仏蘭西派、まあ草案がボアソナード氏の手に依って出来たものでありますが、断行派であります。私等は仏蘭西派であって、唯一人延期派方に付いて居ったものでありますから、全くその点から言えば唯一人の例外であって、随分八方から攻撃せられたのでありまして、でまあ法典調査会というものが出来て、そこでまあ英吉利派も仏蘭西派も皆んな一緒に一堂に会して、もう是から争っても仕方がないというので、国家の為に成るだけ宜い法典を作らんならんというので皆打ち解けて一堂に会して睦まじく法典の起草と審議に従事されたのでありまして、まあそこで曲がりなりにも現行の法典が出来たので、是までは日本の法律は仏蘭西法の翻訳であるとか、独乙法の焼き直しであるとか、色々の非難もあったので、まあ兎も角内容の良し悪しは別問題として、兎も角この時から自主的立法時代に移ったというて宜しかろうと思います。で、そういう訳でこの二十五年は丁度私の入りまして間無しの議会で、それは臨時議会であったと思うのですが、三日続いた法典の争いというものは随分激しかって、ああいう風な争いはあれから後、今日までに殆ど類例がなかったと思います。

で、議会における討議の経験などもない時でありますから、随分今日から見れば笑うべきことも、非難すべきことも色々あったかも知れないのですが、兎も角まあこの問題は条約改正というものを、三十二年にすっかり法典が揃うて条約改正がその時から実施せられんならんという、そういう大目的を胸に懐いての大事業であったので、従ってこの議会における法典の実施問題というものは非常に重要でもあり、またそれ故に議論も誠に劇しかったのであります。ちょっと記憶の儘その時のことを申し上げまして、尚その時のことなら大抵御質問に応じてお答えが出来ると思います。

書記官長（長世吉君） 只今のお話のことはこの本にちょっと出て居りますが、村田保君の出された延期の法律案が矢張り三日間討論を重ねたと書いてあります。そうして各国務大臣が出席してその案に対する反対演説を試みた。そう致しまして六十一対百二十三を以て第二読会に移しまして、そうして可決した。こういうことになって居ります。――それではありません。別の記録にございます。

富井政章君 当時の司法大臣は山田顕義、外務大臣が榎本〔武揚〕。大木〔喬任〕伯はその法典には起草の初めから関係が深かったのでありますけれども、この問題が議会で議せられた時には文部大臣で、今の三人とも、山田君は覚えませんが、大木伯も榎本子爵も演壇に登られた。断行説を維持する為に非常に奮戦せられたことを記憶して居ります。

石渡敏一君　二十五年になりますかね。

富井政章君　二十五年の五月でした。ああいう喧嘩はちょっとその後ないようです。

石渡敏一君　一つは山田さんの早く死なれたのもそのお蔭かと思う位です。私はその時は議員ではなくして司法省に居たのですけれども、殆ど山田さんは三日の間寝なかった。その今の断行派は司法省が本部であったらしいです。

富井政章君　私は大変親友であったけれども本野〔一郎〕だとか梅〔謙次郎〕とかいうのが断行派の大将で、もう昼夜の別なく山田さんの所へ寄って色々策戦、協議をして居った*2。

石渡敏一君　それで夜十二時頃になって、来いというので行ってみると真っ暗。その時分はランプでしたが、煙草を喫んで居るので煙で真っ暗になって居る所の部屋で話をして居ったが、山田さんは寝ないのには驚いた。我々は十二時頃に帰って来たが、また外の連中を集めて――。

富井政章君　腕力も大変出たようです。私は大変護衛が付いて、非常に護衛が付いて――。是は本当か嘘か知らぬが大変黄白まで飛んだということですが、それはどうですか。

小原新三君　石渡さんの司法時代は余程あとですか。

石渡敏一君　余程あとです。その時分にはまだ鉄道省、ステーションのある、あの前辺りに司法省があった時分です。池田の屋敷のあとで、それで殆ど中は夜になると真っ暗でして、議会も遅かったようですね。十二時頃までは普通――。

富井政章君　そうです。一時は大変遅くまでやったようです。

石渡敏一君　三浦〔安〕――あの人が大分やったとか、小松謙次郎にその時分帰って来てから話を聴いたことがありましたがね。

富井政章君　そうしてまあ色々理由が違うので、私等の根拠とした理由と三浦さん等の理由と大変違うのでして、三浦さんはまあ保守一点張り――。

侯爵佐佐木行忠君　誰方ですか。

富井政章君　三浦安氏。

石渡敏一君　中々の弁者です。

侯爵佐佐木行忠君　石渡さんは第一回も第二回も司法省ですか。

石渡敏一君　そうです。司法省。

富井政章君　第一議会は商法でした。商法が先であった。

石渡敏一君　この商法、民法の何はこの内には大書すべき箇条の一つになりますね。小原君は――。

小原新三君　私は明治三十年から四十年まで――。

石渡敏一君　ここではもう第一回からなって居る人は誰々ありますか。先の議長も第二回――。

侯爵佐佐木行忠君　あれが第一期ですね。

副議長(伯爵松平頼寿君)　一寸ここで読みますと、第一回から続いてお居でになるのがちょっと今居られない。梅小路〔定行〕君がちょっと、それから西五辻〔文仲〕、是は居られない。それから古市〔公威〕さん、金子堅太郎さん、三宅秀さん、浅野〔長勲〕さんに西園寺さん、嵯峨〔公勝〕侯爵、大村純雄さんは――、それから清浦〔奎吾〕さん、伊東巳代治さん。

石渡敏一君　特に一回の、今のお話に依って思い出せば、商法の問題なんかのあった時分に一回で議員になって大分喧しかった人を特に呼んでみて聴いてはどうですか。

侯爵佐佐木行忠君　問題を限って。それは面白いですね。

鎌田勝太郎君　私ちょっと申し上げますが、私は明治三十年、即ち第二回の多額納税議員の改選の時分に議席に列なったので、その時分は衆議院が解散になりましたので、従って貴族院も停会、それでその後十五回までの何かお話申し上げたらと思いますけれども、もう三十余年以前のことで、余り記憶も只今いたして居りませぬので、また用意もして居りませぬので、茲に申し上げる程のことはありませぬが、それはまたこの次にでも出ました時分に何か思い出したことがあれば申し上げます。

それで唯記憶して居りますことをちょっと簡単に申し上げますと、私が出ました第二回の選挙、即ち三十年頃の多額納税議員というものは実に惨めなものであった。多額納税議員というのは同じように貴族院で議席に列なっては居りまするけれども、そんなことを申してはどうか知れませぬが、事実申しますが、特殊部落扱いであった。それで同じような貴族院議員という肩書を持って居って、事実は誠に惨めなものでありました。当時各団体におきましても、多額議員はその加入を許さぬ。どうも恐れ入ったもので、多額議員は已むを得ず多額議員だけ別に団体を拵えまして、丁度それは干支で言うと丁酉に当る酉の年、丁酉という干支に依って倶楽部の名を付けて丁酉倶楽部という名前にしまして多額議員が一団となって研究なり、話をして居ったということで、ところが一年か二年続きましたかする間に、その内に色々な異論が出まして、殊にまた多額議員の寄合ですから統率するような人もなく、銘々個々だからどうも兎角議論が多い。殊に二十五年の品川〔弥二郎〕内務大臣が衆議院の選挙干渉以来、民党とか吏党とかいうことが世間に唱えられて居って、それで多額議員の内にもその吏党と民党というような傾きがありましたもので、それでその丁酉会も分裂いたしまして、吏党らしい人間と民党らしい人間とが二つに分かれて、団体が二つになった。

私等は所謂民党の方で丁酉会を脱退した方でした。それは殆ど半分あった。それで何か倶楽部を拵えようという時分に近衛篤麿君が三曜会というものを拵えた。是は確か火木土か何かの三曜、一週間の内の三曜に集会せられて三曜会という名前を付けて居ったと記憶します。そこへやっと入れて呉れ、そうしてまあそこで研究なり話を承るということになって居ったのであります。ところがその後色々変更いたしまして、近衛公の三曜会が朝日倶楽部となり、まあ色々な各派、各団体に付いても変遷がありましたが、ところがその後追々時勢の変遷に依って多額議員も人並近い議員になって来て、それで居りましたが、何回でありましたか、まあ三回位の選挙、若しくは四回頃になりますと、最早各派において議員の数を集める為に多額議員というものを非常に歓迎し始めた。

それで議員の候補者になると、各派から当選すればうちの方へ入って呉れとか何とか、それを旧藩主の手を経て言って来る。またその県知事の手を経て言うて来るのでして、私等は派が、会が是は決まって居りますから余り言うて来ませんでしたが、人に依ると誠に板挟みになって、知事から言うて来る、藩主から言って来て誠に困ると云って泣いて居たのを聴いて居りますが、それは時勢の変遷というので誠に面白いものであるとも言うべきものでありましょうが、まあ変わったものであります。その当時のことをお話いたしますと随分笑うべきこと、面白い話というか珍談がありますけれども、是はまあ今日はお預けにしまして御免蒙りまして、他日復た面白い話をお聴かせ致します。今日は唯それだけに止めて、多額議員が是までは非常に議員であって、議員の一人前に扱われて居らなんだということだけのことをお話して置きたいと思います。それからその次は後に譲ります。今日は是で御免を蒙ります。

富井政章君　何時ですか。

鎌田勝太郎君　三十年――十一回、それから四回、二十八年議員にありました。色々なことが出ましたが、もう大部分忘れました。

男爵紀俊秀君　私も三十年に出ましたが、成る程お話のように多額議員の御方は私等から申すと大変御遠慮深かったように思いますね。多額納税の方から仰有ると特別扱いにされた。私等の方から申すと、何でまたああ多額納税の方は御遠慮なさって居るのであろうかしら、どうも御席などでも御一緒になると直ぐ避けて外の方に行らっしゃるというような工合で、両方に避けて居られるように思って居りましたね。それで丁酉会が出来ました時も私承知して居りますが、併し鎌田さんは中々論客で居らして、如何なる場合も議論を滔々となさる。それから交渉委員も中々なさって居ったようですね。三十年ですか。私はもっと前からお居でになって居るのかと思って居りました。

小原新三君　私も三十年から四十年までです。私はまあ書記官として、六十何回までの、之を例えて一本の幹としますと、或るいは木の皮みたいなもの、側面にちょっと間にくっ付いて居ったようなものでして、余り議会の内容には触れて居りませぬが、併し多額納税者議員の今の特殊部落というお話があったのですが、特殊部落という程まではなかったでしょうけれども、一種えらい御謙遜の態度でございましたね。委員会に行きましても、最近の何は知りませぬけれども、可否の決を仰有る態度ですね。一々起立して委員長にお辞儀をして結構でございますというようなまあ態度で可否の意思を表示して居られましたが――。それから廊下でお目に掛かっても非常に御謙遜の態度で、その頃野崎武吉郎という人が居りましたね。立派な体格で格別の謙遜家でえらいお気の毒のような何でしたね。

併しその間に異彩を放って居られたのでは、私の記憶するところでは鎌田さん、それから天春文衛という人が居りましたね。田中源太郎、三木与吉郎、是等の方が演壇にお立ちになると、少し我々まで珍しいというような感を以て拝聴して居ったのですがね。

鎌田勝太郎君　矢張り衆議院に嘗て出たことのあった人間は幾らか違って居った。だから衆議院に出ずに貴族院に初めて来た人は少し違って居りました。

男爵紀俊秀君　是は今お話を承ったように特別にああいうように為さってしまったのですな。野崎さんは特別非常に謙遜な方で、こういうように体を二つに折って御挨拶になった。ああいう態度を野崎さんがやられるから自然――。

鎌田勝太郎君　野崎さんは議会の初期から出て居られた。我々の先輩で、その方がああいうようにするから、自然挨拶も丁寧にするようになった。殊に野崎さんと挨拶すると、「へー」とこう云って体を折られる。もう宜いと思って此方が顔を上げると、向こうはまだやって居られる。是はと思ってまた此方は頭を下げる。一回だと釣合がとれる〔ママ〕。野崎さんのあの謙遜は是は格別でしたな。

男爵紀俊秀君　そういう方が先輩になって居られるから、自然そういう風になってしまう。私の方から申せば少し御謙遜深かったと思う位です。

石渡敏一君　その時分の男爵の勢いにおされたのでしょう。

鎌田勝太郎君　紀男爵をお見逸れして居りました。お互いに年がよりますと――。

男爵紀俊秀君　能く交渉委員会でお願いしました。

伯爵徳川達孝君　小原さんは貴族院にお出になりまして、何年におなりですか。

小原新三君　二十六年位だと思います。

富井政章君　随分長い間書記官でお出でになったようでありますね。何年から何年位ですか。

小原新三君　三十年から四十年位だと思います。

伯爵徳川達孝君　同時代ですな。

男爵紀俊秀君　小原書記官が二人居られたようですね。

小原新三君　私の方が先だと思います。私は御覧の通り白い方でありませぬが、駩吉君は白い。区別するのに色の黒い方と白い方というので区別された。併し小原書記官が二人居て非常に不便であった。小原駩吉という男はあの通り鼻っ柱の強い、よく喧嘩をする男でしたが、私も喧嘩をした一人で、三年間口をきかなかった。そうすると弁当の書付けが小原書記官として請求に来る。こんな話をしても仕様がないが——手紙なんかも矢張り小原書記官で来たが——二人で口をきかないので、川村〔種次〕という人を介して、是はお前の方じゃないかといって聞くような訳でしたが、随分きかぬ男でした。もうあの頃の書記官は故人になりましたが——。

伯爵徳川達孝君　金山〔尚志〕君は——。

小原新三君　金山は朝鮮に行きました。河田〔烋〕速記課長が故人になって、その頃は太田峯三郎さんが書記官長であったと思います。浅田知定——もう全然変わりました。世の中が——。

書記官長（長世吉君）　その時分は中々御議論が盛んだったそうで、議院の方の問題で議長室か何かで取っ組み合いをされたというような話であります。

富井政章君　資格審査の問題で何年も何年も徳川伯爵は度々委員長にお成りになったが*3、茨城県でしたか、松村〔修平〕という人と荒野〔由次郎〕という人の争いは、能く随分長年続きましたな*4。私共毎回委員になりましたが——。

石渡敏一君　それは何時頃でございますか。

富井政章君　三十五、六年でしたか。

石渡敏一君　五回目位ですか。

鎌田勝太郎君　私の出た後です。

富井政章君　随分長い間続きました。たった一票の差で当選したり、落選したりですから——。

石渡敏一君　十七、八回ですか。

侯爵佐佐木行忠君　十三、十四、十五です。

書記官長（長世吉君）　十二回もあります。

侯爵佐佐木行忠君　鎌田さんと御一緒でしたか。
鎌田勝太郎君　荒野と倶楽部が一緒でした。それで能く記憶して居ります。
書記官長（長世吉君）　先程のお話の方で審査委員会の設定という建議案が出て居るようでありますが。
富井政章君　初めに小畑美稲という人が建議案を出した。それは一番初めの議会で商法の時だと思います。まだ私が入らない時だったと思いますが、それからその次の民法の時には村田君が法律案を――。
書記官長（長世吉君）　第二回にも出て居ります。
富井政章君　第二回の通常議会に小畑君が建議案を出された。それから、それが解散になって臨時議会で――そうです、法律案が出たのです。
書記官長（長世吉君）　第三回にも出て居ります。
富井政章君　今度出さなければ実施せられる、翌年の一月一日から実施せられるというので、そうです――第二通常議会に――小畑君の建議案です。この時分には随分議場でも野次も出たですし、色々のことがあったです。警視総監なんかして居られた安藤則命という人があって、中々机などを敲いて非常に大きな声を上げて野次られたことなどがありました。
書記官長（長世吉君）　一つなんか撤回されて居ります。それから審査委員を設くる建議案が可決になった結果などは――。
富井政章君　長い間論じあって、外に実際本会議が三日続いたというのはないでしょう。
石渡敏一君　外にはありませぬでしょうなあ。
富井政章君　断行派は方々の所で作戦を議したし、延期派の方は、今日の中央大学、その頃の法学院――、この時には英吉利法律学校と言ったですな。あすこに寄って――私は一度も行かなかったですが、あすこで話をして居ったです。

石渡敏一君　あすこで相談をして居ったそうですが、二階があったのが、火事で焼けまして、今度建てた時には平家になってしまった。そこで法典延期の為に二階が飛んで仕舞ったという話がありました。

富井政章君　断行派は今日の明治大学――あすこが根拠でありました。色々勇将が居りました。

石渡敏一君　中々面白い話を提供して下さった。

小原新三君　阪本さんも書記官であったと思います。私が此処の属官を拝命して居った時に課長さんは阪本さんであったと思います。

阪本釤之助君　あんたいらっしったな。　丁度その時分野崎さんが居られましたが、三十二年だと思います。

富井政章君　この梗概という書類ですが、通常議会だけを言って居るので、第二回と第三回の間に臨時議会というものがあって、そこで今の法典の実施断行の論争などがあったのですが、臨時議会は矢張り此処に入れるべきでないですかな。第二回、第三回に飛んで居るのですが。

書記官長（長世吉君）　入って居ります。

富井政章君　法典のことなど丸で抜けて居るようですが。

書記官長（長世吉君）　抜けて居ります。只今の討論は五月の二十六日から七、八と、午前と午後に亘って居りまして、討論を三日間致しましたのは、恐らく是だけでございます。

富井政章君　外にないでしょうな。

石渡敏一君　伊藤〔博文〕さんが貴族院の演壇で七重の膝を八重に折ってと言ったのは――。

富井政章君　あれは三十一年頃の地租増税の頃です。

鎌田勝太郎君　谷干城さんが反対の親方であって。

阪本釤之助君　三十二年の所にあったようですな。

富井政章君　震災の時は此処は――。

伯爵徳川達孝君　震災の時は焼けないですな。

書記官長（長世吉君）　その後火事が起こりまして、二年ばかり経って火事がありまして、大部分の書類を焼いてしまいました。

富井政章君　速記録は焼いてしまったですか。

書記官長（長世吉君）　速記録は全部残って居ります。

阪本釤之助君　互選議員の問題ですが、やかましいことがあったですが、あれはずっと後ですか*5。

男爵紀俊秀君　あれは前にもあったようですが――。

阪本釤之助君　一番初めは何回ですか。殊に互選議員に関係する――。

花房囑託　あれは二十一回で、明治三十八年二月二十五日だと思います。

石渡敏一君　いつで――、二十一回ですか。

花房囑託　さようでございます。

男爵紀俊秀君　十五回の時のお話は大分出たようですが、伊藤公が政友会を率いて政府を組織しましたが――、新しい御方が何かお話を願いたい。この次のとって置きにお話になっても宜いのですが、折角こうやってお集まり願ったのですから、この機会にお話をお願いしたいと思いますが、伊藤さんが七重の膝を八重に折って――、あなたの会が我々をリードされて居った。我々が随いて行ったような傾向がありましたが、西郷従道さん、井上馨さん、松方〔正義〕さんが華族会館で交渉委員を呼ばれて色々説得されたが、中々皆さん聞かないで、殊に岡部〔長職〕さんなどはそういうことは聞く必要がないと言って居られた。あの時の話を少しお願いしたいですが――。

鎌田勝太郎君　当時演壇に上ぼって、衆議院のことで彼れ此れと意見があったですが、三浦安君が確か、貴族院議員が衆議院のことを彼れ此れ言うのは甚だ宜くないとか何とか言って、私はその席に居らぬでしたが、あの時分は大変でしたな。

石渡敏一君　男爵、少しあの当時の話をしたらどうですか。

男爵紀俊秀君　この次に能く考えて来てお話して戴いても宜いですし、成るべくその当時の人に出席させるようにお願いしたら宜いと思います。私共はついて行っただけですから——。

書記官長（長世吉君）　次の会合のお話が出ましたから申し上げますが、用意致しましたのは、二十五回迄でありますが、二十五回迄の用意が出来て居ります。次の会合には或るいは十五回迄でなしに二十五回迄の御関係の方をお招き致しました方が宜しいと思いますが、是は皆さんの御意見を伺いましてと思って居るのでありますが、——それなら先程お話がありました問題に付いて特に御関係のあった御方が分かれば、そういう方に御出席を是非願いたいと思いますが。

石渡敏一君　議会貴族院としては余程、会派の関係が重要なのですが、会派の関係者から一つお話を承ってみた方が宜くはないかと思いますが——。

書記官長（長世吉君）　大変結構でございます。一番初めに御相談申し上げます時に、会派の問題は非常に重要でもございますから、先ず会派問題は一つ別に改めてしようというようなお話になって居ります。実は私の考えでは二十五回迄作りまして、この次に十二月もう一回お開きを願います。開会中はお開きが困難かと思いますので、そこで一段落いたしまして、今度四月から改めて開会されます時に、今度は会派の問題だけを主としてお願いしたらどうかと、実は考えて居りますのです。

石渡敏一君　この中でも今日初めて富井さんが法典のお話をして下すったので、成る程と思い出すことが多いのでありますが、こういうようなのは、この間にもあるのではないかと思いますが——。

書記官長（長世吉君）　ございますと思います。私共それが実は初め申し上げましたように、一寸分かり兼ねるものでありますから、極く表面に現われました事項だけを茲に書き抜きましたのですが、そういう問題は幾らもあろうと思います。

石渡敏一君　そういうのを一つ考えて戴いて、十五回迄の間のを、一つ先へ歴史のことですから、順々に言っても差し支えないように思われるのですが――。

書記官長（長世吉君）　結構でございます。

阪本釤之助君　全体に何か、編年体のような風にしてやって行くとか、記事を本体にしてやって行くというような話が出て、例えば地租増徴とか、貨幣制度の何だとかいうような極く重要の問題を茲に一つ挙げて、例えばそれを御承知の御方がお話下さるというようにしてどうであろうかというような、そういう風にやって居ったように思いますが、書記官長はその辺はどうお思いでございますか。

書記官長（長世吉君）　はっきりそういう風に極まったという風には思いませぬ。何かそういう問題があれば、問題を出して置きたいというような御希望があったようには思います。

阪本釤之助君　どうも甚だ出過ぎたことを申し上げますが、度々御苦労を願っても、何時も相当の収穫はあるようでありますけれども、成るだけ一回毎に少しずつでも収穫があって、速記録で見ましても成る程というような材料を得るようなことにしたいというような気がするのですが、矢張りそれには丁度富井さんがおやりになった法典問題を、何かそういうようなことを一つ捕えて来て、その前後関係を色々多岐に亘っても宜しいですから、何か捉えて来てはやってみたいと思いますが、今度の会には主にそういうようにやりたい。或るいは議長からでも仮に何か問題を御提供下さるか、そういう御工夫はございませぬでしょうか。

書記官長（長世吉君）　第何議会のどの問題が大きな問題であって、お集まりの御方がその問題に付いてお話の材料をお有ちになって居るということが私共に分かると大変宜いのですが、それがはっきり分かり兼ねるものでありますから、今迄差し上げました梗概的の、その当時ありました表面に現われて居りますことを、一つ書きに致しましてまあ何かこんなことをずっと御覧下ださったら、之れを基にして、そういえばこんな時にはこんなことがあったというような思い付きになりはしな〔い〕かという為に、こういう梗概を差し上げた訳でありますから――。

富井政章君 速記録などが保存せられて居るようですから、そういうのを御覧になって、書記官長のお手許でこういう問題が、この議会で重要問題であって、大いに何回も委員会を開き、本会議でも随分やりあったというような、そういう材料で略々分からぬでしょうか。分かりましたら、それで官長のお手許でこういう題目に付いて、この次はお話をしたら宜かろうという風に思うのですが。

書記官長(長世吉君) 大体見当が付きます。それでも十分に行くまいと存じますが、大体そういったような標準に依りまして、やってみましょうと思います。

阪本釤之助君 是で余程捕え所が出来てきました。最初は漠然たるものでありましたが、もう一遍之を圧縮したものを願うという意味になりますが、書記官長に相当お骨を折って戴いて、能くそれを見ますと、自分等も問題を捕えることが出来ると思います。もうちっと具体的に示すというような富井さんの御注文でありますが、さっきからの色々お話をした結果、そういうような御注文に応ずるという意味で――。

富井政章君 何回の議会でしたか、初めの法典の争いの後にも、商法の一部修正とか刑法の改正とか法典関係でも随分大きな問題に付いて議事があったのですから、そういうようなことが速記録その他材料に付いて調べてみるというようなことが出来そうに思われますが――。

書記官長(長世吉君) 出来ます。こういう風に致してみたらどうかと思いますが、只今お話になりましたような成るべく方針で速記録などに依りまして、多少議場なり委員会で問題になったらしい項目を拾って来まして、それからその時、その議場でなり、委員会でなり御議論を為さった御方、或るいは委員に当たられ、或るいは委員長なりを担当せられた御方、そういう御方をどなたであるかということを調べまして、成るべく会合を致します前にその調査を作りまして、その方々には特にこの次はこういう問題に付いて、あなたが委員でお出でになりました、或るいは議場で討論をなさいました問題でありますからお出でを願いますということを前以て御注意致しまして、そうしてお集まり願うという風にしたらどうでございますか――。

富井政章君　それも一つの良い方法であろうと思います。それは余程前からその人に通知して置くと宜いと思います。皆んなそう細かいこと迄記憶して居らないでしょうから、色々考えたり調べたりせなければなりませぬから――。

鎌田勝太郎君　この旧話会は何時お始めでございますか。

書記官長（長世吉君）　昭和二年が一番初めで一回議長官舎で、それからちょっと間が絶えて、二回程ございました。昭和二年の――二回確かございます――。金子子爵のお話を伺いましたが、昭和二年十二月だと思います。

鎌田勝太郎君　昭和二年十二月、色々なことがあって、江木〔千之〕さんの件で引き伸ばされ――。

男爵紀俊秀君　印刷物を見ると、まだ御出席にならない方が大分あるのですから、いつも新しい御方がお出でになりますと、良い材料をお与え下さいますのですが、清浦〔奎吾〕さんに大分良い材料を与えて戴いたし、今日は富井先生や鎌田さんにお話を願いました。まだあればそういう御方に出て戴いてお話願えれば大変宜いと思いますが、そういう関係ある御方が特に今度は出て戴くというと宜いのですが、杉渓君から大分変ったお話を承ったが、何かそういう方法も方法として宜いと思いますが。

書記官長（長世吉君）　只今迄の速記録に依りまして、お話になりました概要を、また収縮いたしましたものを印刷してみたらどうかと思います。之をまた皆さんに差し上げまして、お出でにならなかった方々がありますが、それに付いてお話の材料が出来るかと思いますが。

阪本釤之助君　還元問題で喧しかったのは減債基金＊6のずっと後でしたか、あの時の松平伯爵のお説ですが。

石渡敏一君　岡部さんか、小松〔謙次郎〕さんでした

阪本釤之助君　研究会の長い間書記をして居った、あなた方御承知の新開斉、あれに逢ったところが、こういうお集まりがあるそうだが、何か御用立つことがあれば力めたいと、こういうものがあると云って還元集を持って来て、こんなものでも御材料になりませんか、場合に依ってはお呼び出しになってもよいと云って居ったが、あの男は委員という資格はないのですが、その時に携わった男で、ああいった人も——還元問題なども一つの題目になると思いますが。

石渡敏一君　小松さんが知って居ると思います。

座長（伯爵松平頼寿君）　青木〔信光〕君が知って居ると思いますが。

阪本釤之助君　是は誠に縁起の悪い話ですが、ああいう方々が凋落なさると工合が悪いですから、知って居る人は——、岡部さんだの生きてなさると色々な話が承れたのですが——。知って居る方が何ですと困りますからな。

座長（伯爵松平頼寿君）　少し遅かったようですな。もっと早いと大分宜かったのです。それでは今日は別段もうお話はないようでございますから、只今の御希望を一つこちらでも考えまして、色々始末を致しまして、何れ次回は御通知申し上げるということに致しますから、今日は是で閉じましては——。

〔「異議なし」と呼ぶ者あり〕

座長（伯爵松平頼寿君）　それでは今日は是で閉じます。

＊1 富井政章は明治二十四年十二月二十二日に勅選され、貴族院議員となった。

＊2 石渡敏一は明治二十三年十一月に司法省参事官、二十四年六月より東京控訴院検事の職にあった。法典延期問題の当時、本野一郎は外務省翻訳官、梅謙次郎は法科大学教授兼農商務省参事官、小松謙次郎は司法省参事官試補、逓信大臣官房報告課長などの職にそれぞれあった。

＊3 徳川達孝が資格審査委員長をつとめたのは第十三議会だけである。徳川がたびたびつとめたのは請願委員長。

＊4 多額納税者議員当選をめぐり荒野由次郎と松村修平の間で当選無効訴訟が繰り返された。第十二議会では荒野の松村当選取り消しの訴えに対し、貴族院は審査の結果松村の当選を無効とした。第十三議会では松村より荒野の当選無効判決請求が提出されたことから荒野の資格審査がおこなわれ、最終的に荒野の当選無効が議決された。その後、明治三十二年三月に行われた補欠選挙で荒野が当選したことに対し、再び松村より当選無効の請求がなされたが、第十四議会の貴族院では審査のうえ今回の当選は無効にあらずと議決し、この問題は決着した。荒野は鎌田と同じ朝日倶楽部に所属。

＊5 第二十一議会に第一次桂内閣は有爵互選議員の定員を伯爵十七人・子爵七十人・男爵五十六人各以内とする貴族院令の改正案を提出した。政府案は今後増加が予想される男爵に対し著しく不利であったことから反発が起こり、明治三十八年二月二十五日の貴族院本会議では政府案は否決され、総数百四十三名とし伯子男爵議員の定数は按分比例で決めるとする修正案が可決された。

＊6 減債基金還元が貴族院で問題となったのは第二次大隈内閣期の大正四、五年頃である。このときは議員の間で「還元集」という句集まで作られるほど白熱した。

九、昭和八年十二月十一日　旧話会

副議長　伯　爵　松平　頼寿
発言者　侯　爵　佐佐木行忠
　　　　伯　爵　徳川　達孝
　　　　子　爵　入江　為守
　　　　勅　選　木場　貞長
　　　　書記官長　長　世吉
　　　　嘱　託　花房崎太郎

（午後三時三十分散会）

副議長（伯爵松平頼寿君） 旧話会を開きます。今日は生憎御出席が少なうございますが、前回に引き続きまして、何かお話を願いたいと思います。丁度幸い入江さんも久し振りでお出でになりましたから、何か一つお話を伺いたいと思います。

書記官長（長世吉君） 私からちょっと申し上げます。この前お話がございまして、何か速記録に依ってもう少し問題になるものを拾い出しまして、尚その問題に関係を持った方々は成るべく出席されるようにしたら、もう少し話が色々出やしないかというような註文がございましたから、先ず取り敢えずこの前、前以て差し上げました「貴族院に於ける諸問題抜抄」というのを作りまして、今迄それに御関係になりました方々のお名前も分かるようにして置きました。そうしてその中でお出になります方々に、特に今回はこういうことに付いてお話を願いたいから、是非お出を願いたいという特別の書面を差し上げて、御出席をお願いして置きましたのですが、今日は丁度この問題にあります方々は皆さん御欠席のようでございまして、折角此所に作りました問題だけでは、お話になる材料が或るいはないかと思います。

只今は入江さんもお出になりましたし、今差し上げました「貴族院に於ける諸問題抜抄」の方は、必ずしも是にお拠りにならないでも、この前差し上げました第一回から十五回迄という是に依りまして、丁度入江子爵は第十一、二回頃から御関係のようでございます。

その順序に依ってお話を願いましたならば、大変結構だと思います。或るいは場合に依りまして、もう少し新しいことに付いて何か話し合ってみようという願いがございましたならば、十六回から二十五回迄の梗概は出来て居りますから、或るいは十六、七、八回位の事柄を問題にしても宜しうございます。

侯爵佐佐木行忠君 宗教法*1が少しも出ないのですが、どなたかの議員から出たかも知れませぬが、宗教法案が大分喧しかったらしいのですが、それには御関係なさらなかったのですか。

子爵入江為守君 私は全然知りませぬ。都筑馨六君が委員であったかと思いますが。

男爵紀俊秀君 事務局なんかで、今日は若し入江さんのお話があれば何ですが、お話がなければ事務局の側で一つお話を願いたいと思います。

書記官長（長世吉君） 多少何か材料を持って居るように聞いて居りますが――。

侯爵佐佐木行忠君 そういう方から今日はお話を伺いたいのですが――。

嘱託（花房崎太郎君） 今日突然会派に付いての何か話をせよというお話でございましたが、私、用意も何も致して居りませぬですから、何ともお話申し上げることは出来ませぬが、唯、私が貴族院に出まして調査しまして材料を見ました各派の会派の人名等を概略ここで申し上げて置きまして、他日何かの機会に知って居る限りの内容を申し上げたいと思います。前太田〔峯三郎〕書記官長あたりからの色々お話を承りまして、貴族院の各派の人名等における材料も戴いて居りますけれども、その中で失くしたものも大分ありますが、貴族院としましては、第一回、第二回、第三回迄は何派何派というようにして、人名を書き記したものは今日に至りまする迄材料を手に入れませぬ。

第四回になりまして、それは明治二十五年の冬でございます。明治二十五年の冬、第四回の通常議会の開けまする前、初めて貴族院に会派があるということを世間が申しまして、或る新聞には研究会では誰々、それから懇話会では誰々、三曜会では誰々、また木場さんその他のお話にも或るお方の手元にも人名の書いたものを持っていらっしゃるというお話でございます。

そういう風に承りまするが、会派の人名は初めて第四回で見るのであります。それから第五回は外交問題で解散になりまするし、第六回も解散になりました。

第七回は御承知の通り広島議会で、第八回になりましてそうして通常議会の前に貴族院の書記官長、或るいは政府委員の方面の御注文がありまして、各派の人名を印したものがございます。第八回に至りて稍々会派の人は確定したるものと見えます。

それから第九回がございます。第九回、第十回はそれぞれありますけれどもみんな貴族院の議員氏名表の上に、三角を付けたり四角を付けたりして、この四角印は研究会であるとか、この三の字は三曜会であるとか、この三角印は懇話会であるというような印で分かれて居ります。その人数を拾いますと直ちに各派の人名が何人というお名前が現われて居る筈であります。それから第十回から第十一回、この十一回は第二回目の有爵議員並びに多額納税者議員の総選挙がございまして、その選挙後開会の第十一回は開院式後間もなく解散になりましたようでありますから、当時各派の人名の必要がなかったか、或るいは作る間合いがなくして出来なかったろうと想像することも出来ます。

それから第十二回も多少は印の付いたものがございまするが、是またはっきりして居りませぬ。それからまた第十三回になりましては、第十二回の解散後第十三回の間に大隈〔重信〕さんや、板垣〔退助〕さんの憲政党内閣が出来まして、貴族院が大分喧しく、政務調査会等を興して研究した跡が見えます。

この当時噂でございまして確実の証拠は持ちませぬが、貴族院の名簿をどちらにか持ち出して何かの材料に供したと、こういう噂が起こりまして、その後は貴族院の職員として各派の人名、各派の人名表を注意することが出来なくなって仕舞いました。然し私は色々集めて居りますが、同一議会に人名簿が三通りも四通りもありまして、その人名中各派に出入りしていらっしゃいまして、一人で三会派に名前が出て居る方もある位でございます。第十四回、第十五回になりましては、稍々統一が取れまして、人数が正確になって居ります。

第十五回は御承知の七重の膝を八重に折るという政友会内閣であります。是は貴族院方面で互いに人名簿を渡し合ったりしまして、そうして作成していらっしゃる名簿があります。

第十六回になりましてから、第十五回の貴族院の謂わば奮闘と申しまするか、その奮闘後各派懇親会を開くことになりまして、その後は互いに名簿を交換遊ばされましたから、各事務所に各派の人名が記名してあろうと存じます。私もその人名の集まったものも持って居ります。

それから第十六回になりましてもまた正確な各派の人名がありまして、十七回もございます。それから第十八回は印刷は致しませぬけれども、第十七回で作ったものを訂正したものがあります。第十九議会にまた拵えたものがございます。

第二十回はまた十九議会の分を訂正して用いて居ります。第二十一議会は矢張り各派とも交換して拵えて居ります。

第二十二、三、四回は各派の中で、殊に幸倶楽部の方で毎年印刷したものを残して今日迄保存してございます。それから第二十五回になりましてから貴族院の事務局で印刷になりました。それで二十五回以降今日迄は各派の本当の人名が揃って居ると思います。また私も多少は貴族院から分けて貰ったものも持って居ります。

以上申し述べました各派の人員に依って、どうして時々の人数の消長が出来たかということはどうも憶測で色々判定致してみまするが、速記録等に載せてはどうかという議論もありますが、何れも少し研究致しましてからもう一度申し上げることの出来る限り申し上げたいと思います。

今申し上げただけの人名はちょっと見よいようにお話を致そうと思います。そのお顔触れを調査したいというお方がございましたから調査して差し上げたこともございます。ちょっとそれだけを申し上げて置きます。

書記官長（長世吉君）　只今の各派の人名を調べましたが実は丁度出来て居るのであります。尚多少訂正する所もあるようでありますが、出来ましたら皆さんに差し上げたいと思います。会派の問題は実は私の考えでは本年正月の中にもう一回この続きをお開きを願いまして、そうして開会中は三四度、二三度と二ヶ月でございますから、お休みを願いまして、四月にまたお開きを願いまして、その時に今迄に続いてこの問題は兎も角も是を更に開くと致して一段落ち付けまして、今度会派の問題に移ったらどうかと考えて居ります。それには事務局の方では会派のことが実は能く分かって居りませぬので、唯色々の多少の材料と記憶等で甚だ不正確な或るいは誤りなんかもあるかも知れませぬが、非常に不正確な材料だけがございます。その不正確な材料をその儘に一つ書き上げまして、そうして会派の初めから出来ました様子並びにその消長といったようなものを分かるように印刷物を作りまして、それと同時に只今申し上げましたその当時の人名等も印刷しまして、それを前以て差し上げまして、丁度今の帝国議会史梗概といったようなのに当たります会派の沿革の印刷したものを差し上げますが、それを基として、恐らく誤りなんかもございましょうし、しますからそれを訂正するだけになって居ります。会派のお話をその時にお願いしたら、今よりももっと出やしないかと思って居ります。今花房君からお話がございましたように私共聞いて居りますところでは、会派のことは事務局でも外部に向かっても内部でも秘密にして居ったような様子でありまして、書記官長が何か氏名表に、三角、四角といったような印を使って居られたといったような状態でございます。この頃のように印刷にするなどということは絶対になかったようであります。印刷になったのはないようです。それも一枚紙の日本紙に印刷したということであ りますが、印刷してから殆ど成るべく人に見せなかったというような趣意だったんでございましょう。

嘱託（花房崎太郎君）　二十五回に印刷するということに付きまして太田書記官長が余程躊躇されて居りましたけれども、政府委員の方が大変呉れ呉れとお話になるものですから、それで御要求に応じ兼ねまして印刷なさった訳です。それで政府委員の目的は参考の為めらしうございます。

それで二十六回、七回頃迄はまだ書記官長限りで、印刷したものは書記官長の手許に提出して居った訳であります。三十回頃からもう公然とお出しになるようになりました。それで考えまするとて明治四十四年の十二月召集日に研究会で予算の常任委員の選挙を遊ばす時に、色々お打合せの結果、爾今二十五人以上を有して居る会の代表者だけを呼んで来て、そうして協議をしよう、それ以下では色々議論が多くなるのでございますから、あまりすれすれになっても困るというので二十五人ということにお決めを願いました。それで間もなくして交友倶楽部の方が、その前から明治四十二、三年頃から交友倶楽部員として十五人、二十人集って、お互いに往来があったと思いますが、その決議がございましたものですから、それでは一つ我々も会派に這入って総ての交渉に応じようといって、交友倶楽部が大正元年と存じますが興りました。それから後は公然と出すようになりました。二十五人以上は会派のあるということが確実に外へも解って仕舞いました。それより前は皆書記官長のお手許で総てのお取り計いがあったもののようであります。一向事務局員は手に入れませんでした。

それから前に申し上げましたように、十二回と十三回の間に名簿の上で事務局の職員の方が御迷惑を蒙ってお仕舞いなすったというようなことも見えるのでありますが、事務局員は成るべく危険の物に携わるまいとこういうことで、誰も彼も知って居っても知らぬと言って居ったような訳であります。唯幸倶楽部の方だけには、あすこに各派の人名が集まりますから、何かと便宜になるものですから、幸倶楽部だけで内々作成し、入り用のお方は事務所に来て名簿を貰って一覧の出来るように拵えたら宜かろうと、こういうことで第十五、六回頃から拵えて居りますようです。今日は人数の少なき会派に入会なさらないようになって、大きな会派でないと新たに議員にお成りなさったお方も這入りになりませぬが、そのような次第で現在に迄到ったという状態になって居ります。

副議長（伯爵松平頼寿君） 入江さんがお出でになった時分は何ですか、二十五人の定数の時などは貴方は研究会にお出でになったのですか。

子爵入江為守君　そうなって居りましたかね。

副議長（伯爵松平頼寿君）　あれは伯爵の方で無理に研究会の人を引っ張り出そうとして、大分騒いだ後で、そうして数が足りないので何かやったようですが。

子爵入江為守君　あの時分には貴族院は、会派の場合になりますけれども研究会と幸倶楽部、それが始終親類付き合いをして親しく交わって意見を交換して居りました。そうして大抵意見の一致するように相談を決めて、そうして協力して問題に当たるというようにやった訳です。そういう状態でありますから、桂〔太郎〕公等はそれで幸倶楽部で研究会と非常に往来がありまして、無論情誼を以て交わるということでありました。度々自分の宅で晩餐会等を催したこともありまして、真の情誼で交わって居りました。そうして何か案を起こされる時には、研究会はこういう案を出したいのであるが如何であろうかということを先ず示されたこともあります。そうすると是は大体この箇条は甚だ面白くない、是では迚も同意することは出来ない、更にまた撤回して改めて是ではどうであろうかという風に相談をされて、左様ならば宜かろうというのでここで初めて提出されるのです。ですからそれは通過する訳です。

研究会では盲従すると言われたのですが、実は政府の方から向こうの意向を聴いて、そうして此方の意向に合うように出るのであるから、盲従した訳でも何でもないのです。その時はもう幸倶楽部というのは随分色々の人が居りまして、非常に低気圧を起こして居るようでありましたけれども、独りではやらないのです。何時でも研究会の方に同意を求めて居られて、同意を得れば大いに猛然としてやる、というようなことであります。余程幸倶楽部の突飛の遣り方を研究会が抑えて進んで行ったというような有様であったのですが、それは明治四十一年前後ですかね。

副議長（伯爵松平頼寿君）　その時幸倶楽部にはどういう重立った人が居りましたか。

子爵入江為守君　矢張り男爵とか勅選とかが多かったのですが――。

男爵紀俊秀君　田健治郎――。

木場貞長君　平田東助――。あれは隠れたる名士のような者で、何れも名を出さずに術を使ってやられたのですか。

副議長（伯爵松平頼寿君）　今の公正会の母体ですか。

子爵入江為守君　公正会の母体なんです。男爵、勅選議員、あれはどういう風に分かれて居るのか、私はその後知りませぬが。

副議長（伯爵松平頼寿君）　花房さん、今の勅選と公正会と分かれたのはどういう訳ですか。

嘱託（花房崎太郎君）　矢張り幸倶楽部員です。公正会のお方も是は公正会だけが今のお話のように研究会と丁度入江子爵の仰せのように兄弟のような活動をして、貴族院でも研究会、幸倶楽部は近頃迄提携して居りましたのですが、そうしてその公正会の出来る迄にはなかなか、矢張り伯爵の研究会からお分かれになって辛亥倶楽部が出現し、その後また元へお戻りになったと同様に、男爵の方もなかなか出入りがございまして、色々の事情がございまして、最後に公正会が出来ましたのは矢張り政治的な意味があって出来ましたのですが、是は大正八年の六月頃でした。

男爵紀俊秀君　公正会の出来たのは八年ですね。

嘱託（花房崎太郎君）　八年です。

男爵紀俊秀君　動機は矢張り勅選――。男爵の割合に勅選議員が多いので、勅選の男爵議員と互選の男爵議員と分かれた為に公正会というものが一つ出来たのですね。

嘱託（花房崎太郎君）　そうです。

男爵紀俊秀君　その勅選と互選の争いがあって、互選が一つの固まりになって互選の男爵が公正会というものを一つ作った。

嘱託（花房崎太郎君）　相当こういうことは入り組んだことで、その中お話を申し上げます。

男爵紀俊秀君　それからさっき入江さんのお話に親類付き合いだというお話がありましたが、私の記憶して居りますところでは、茶話会、無所属同志会というのがあって、それが親類付き合いというよりは寧ろ一つの会のようになって、少し入会者が多いという時には抽籤してそうしてお前は茶話会に行け、お前は無所属同志会に行けということで、抽籤で入会を決めたということがありました。ですからあの会は一つでありながら便宜上二つに分かれて居るので、事実は一つで、一人の入られる方も抽籤でどちらかに入られるのです。

子爵入江為守君　私の方も幸倶楽部と総称して、その中に複数ということは知らなかった。

嘱託（花房崎太郎君）　そういう点になりますと研究会の中でも西村精一さん、内村《〔ママ〕》さん、宮原二郎さん、皆同じであります。それからまだ居らっしゃいますが、誰は何処に行かれるだろう、誰は何処に行かれるだろうという内幕の話になっていけませぬのですけれども——。

男爵紀俊秀君　入っていらっしゃる方も研究会と茶話会と無所属の三つ、勅選があるとそれにも分かれて居るのです。

木場貞長君　少し違って居りますね。私が貴族院に入ったのは三十九年でした。桂内閣の潰れた時でした。あの頃迄は、今の指定もそれ迄出来なかった。余程宜かった。私などは、大体何も分からぬ者で、余程是は党の——、派の様子を見たいという積りでありましたが、研究会からも御勧誘を受けたし、それから幸倶楽部分《〔ママ〕》の方からも受けた。幸倶楽部には、その頃茶話会と無所属と言ったか二つのものがありました。その茶話会の方は、もう拘束するような意味が常に出来て居りまして、その頃から党派的色彩があった。それから党派に入ることの嫌いな人は、無所属に入って居ったという何かあったのです。私は党派的色彩のない人間なので、無所属の方が強く勧めて呉れた。併しながらどうも何しませぬので、当時は幸倶楽部に入って居った。能く見てからどちらかにしましょうというので、幸倶楽部に入って居った。

ところで両派の何を見まするとお話の中に出て居なかったと思うのですが、幸倶楽部の方は勅選というよりは寧ろ官吏の集まりであった。策の善い悪いに拘らず勅選を保護するのが多かった。官吏の集まりで、一方は山県系派だとか井上系派と言ったようなのがあって、何か事があるとその方の動きが議会には忽ち現われて来るのです。その働き手としては、今の平田君などが有力なる者であった。それで議会が明治二十三年開会の当初からは――、私はちょっと申し上げまするが、議員になったのは三十九年でありましたけれども、議会の出来る前法制局においてその準備をやり、また開けてからも二十五年迄は法制局に居って密接な関係がある議会にあったのでございます。二十六年から文部省に参りましたけれども、それから二十九年迄は文部省で始終政府委員を勤めて居りましたが、今みたような政府委員とはもう違って居る。今のように政府の各局長が出るとか何とかということでなく、次官が出て、そうして会計課長も表面に出ずに副委員長とか政府委員のような心持ちで出るのです。文部省から言えば漸く課長を入れて貰ったというようなことでありまするが、それで議会の様子を傍らから見て居るのでありますけれども、世間の人よりは注意して居った訳なんであります。

その当初の議会の様子から言うと、党派らしいものは無かったということは言う迄もない。しかも初期においては勅選の連中が有爵者の教えを乞うというような態度を執って居られたが、間も無くそれに憤慨も入ったろうと思うのであります。だからして一方には有爵者の方が有爵者で固まる傾向を生じて来たし、官吏よりの連中はまだなかなか野心があって、政府と旨いことをしようと云うて浮かび出ようという人が多いのであって、政府はまた政府で貴族院を使って議会を操縦するという肚があるし、その操縦することに付いて一大任務を持って居ったのは書記官長です。書記官長が始終議院内の様子をば探って政府に申し上ぐる任務を持って居った。政府は書記官長を通して議員を操縦しようとして居ったものなんです。その腕がなければ書記官長は勤まらなかった。絶えずこの案には賛成とか何とか書記官長が鑑定して政府に内申する。斯くなるとは傍らから見て居ったのでありますけれども、確かに初期の頃はそうなんです。それで段々として幸倶楽部にはそういうまだ政治的の野心のある人もあるし、また個人的に力のある人もあった訳です。

それに対して段々有爵者の方も困るようになって来て、色々の場合にその現れで、ある動きというようなこともありましたが、漸次固まって、研究会などもその前身が研究会になる前にもう一つ会があって、会内に何か騒動がおっ始まって男爵が分かれた。本田親雄男爵なり千家〔尊福〕男爵などが有力者であったのですが漸次分かれて、男爵だけになって公正会を作った。それは――。

子爵入江為守君　木曜会。

木場貞長君　ああその木曜会。それから岡部〔長職〕子爵とか何とかが有力者としてそうして研究会を立てたように見て居ったのですが、それから初めの頃は部というものが立派な活動をして居った。各派の部に交渉するとか、政府若しくは議長の方から各派に交渉するとかいうのは政府がやり、理事が之を助けるという工合であったが、漸次之が力を失って、各派の勢力を増すに従ってほんの空名になってしまった。そうして部長理事が代表的機関になって、またその積りで憲法政治になったようです。けれども各派が成長すると共に総理の方で纏めることが出来ませぬから、交渉するようになり、交渉するようになって、従って理事や部長は交渉するようになった結果、部室なども各派とも最初は入り乱れて、誠に各派の間に嫌な対立的な感じが流れて、相談するということは誠に不便なんだ。交渉委員の有力な方には誠に不便であるから、何時の間にか各派が部室を決めるようになって来たから、他の派に属する人は殆ど没交渉になってしまった。

事実政治的活動があって段々政党みたような風な気勢が上がって来た。最初の頃は各派の政党的な人を引き摺って委員などにして何かあったように記憶して居りましたが、ずっとそこ迄の跡を見ると、実際にそうなるような川の流れというような感じを持って居りますが、今の公正会が出来たのは比較的記憶に新たな原因がある。是はちと申し上げ兼ねるようなところでありますが、男爵と勅選の対立と言うて宜いか、是も一つの原因であったと思われるのは、爵を持たぬ勅選、つまり爵を持たぬ人はあれに入れないということがあったようですが、それは実は目的ではなく、もっと深いものがあったのです。早く申し上げればそれですが、現にその時斡旋してそのことを努めた阪谷〔芳郎〕男爵、それから山内〔長人〕男爵、あすこらがその頃に有力者だと思って居りますが、あすこらは勅選で男爵を持って居る。山内は互選で男爵だったかも知れぬ。

男爵紀俊秀君　二人とも互選です。

木場貞長君　阪谷は勅選だと思ったがそうですか。そうでしたかね。何でもあれはもっと何かありませんでしたかね。入れぬということを申し上げたのですが、その目的でやられたのかどうか、何などは男爵議員と子爵議員の人数を決める時に、あの時に研究会と男爵と子爵とが非常に啀み合って、そうして子爵の方が多くて男爵が少ない。しかも男爵を有して居る人は、新華族が出来た結果、子爵家より多くなったというので、按分してやるのが至当だという論が男爵論で、研究会の方はそれに構わずに、との詰まり原〔敬〕総理の斡旋というか何というか知らぬが、それで多数になったということが、私が勅選になる少し前です。

子爵入江為守君　桂内閣じゃないですか。

木場貞長君　そうして納まって、その頃から研究会から言うと原内閣を助けて行って因縁が付いて、益々幾らか研究会に政党味が加わって来たような風に私共は見て居りましたが、あの争いは余程之に拍車を掛けたものであって、矢張り勅選に対するこの流れなどもこういう会の出来る一つの原因になったのじゃないかと私は思いました。

侯爵佐佐木行忠君　伊藤博文公は会派というようなものに付いては全くお考えになかったものですか。貴族院が出来ます前です。

木場貞長君　私はこう考えて居ります。伊藤公に限らず憲法を作る時というものは、大きな声で言うとどうか知れませぬが、どうかして政党内閣は日本には実現せしめたくない、寧ろそれを阻止する精神で行ったことは私は争えぬことだと思う。

丁度私が洋行した後、伊藤さんが憲法を調べる時に独逸へ行って、伊藤さんがシュタイン＊2の論議を聴いて居ったのですが、それでその後帰られた後のことなどから考えましても、日本は政党内閣というものは決して望むべきことじゃないと、この根本の思想は蓋し伊藤さんだけでなく、殆ど内閣は勿論、当時の大官の意見の一致して居ったところじゃなかったか。まあ大体において独逸の政府みたような風にしたい。その点におきましてはこうであった。——衆議院の方が多数で決した場合には貴族院で之を阻止せしめる。御裁可権に依って累を生ぜぬように思うから、貴族院というものが人民に媚ぶることをせずに、独立した位置を成るべく有するものにして置いて、組織も有爵者とか、多額納税者とかまたは勅選とかいうような公正な立場にあり得るような人で衆議院の専横を防ぐようにしよう、決して衆議院だけで政治が出来るものでない、貴族院が同意しなければいかぬという風にしようというようなことが余程当時方々の頭にあったことと私は考えて居るのであります。

それで議会が開けてからも政府は何とかして議会を操縦してその方に歩きたいということでやられたが、やって行き居るとなかなかそう行かずに躓くものだから、一歩譲り二歩譲り、段々譲って、その憲法の解釈も英吉利の憲法の解釈で解釈されるようになって来たというのが事実でないかと思う。どうもあれを作るには苦心されたと思う。憲法は独逸の憲法が主になって居るとはいえ、技術上ばかりでなく、精神上において、例えば多額納税者が入って居るのも、何の為に入って居るかということも、是は聴いたことじゃありませぬが、伊藤さんの居られる頃独逸の色々な学者の説やら、伊藤さんも多分聴かれたであろうというようなことから考えても、多額納税という人達は社会の地位のあることを望み、動乱ということは非常に好まぬ趣旨の人である。

スタビリティーを保つことに付いては非常に有力なエレメントである。こういうようなことも考えられて居ったのではないか。また歴史を見てみると人民の代表とは言うものの、場合に依ると寧ろ税が増しても分けて取るというような方の例にある。殊に資産の多い人に重い税を掛けて、そうして一般的分け取りというようなことが始まると国家の基礎をば紊るというようなことがあるが、こういう場合などなら多額納税というような風の人を入れて置けばチェックになると、こういうようなことも考えなければならぬ。外国の上院というのは御承知の通り、争いの挙げ句に出来たのであるから、色々なエレメントが入って居るが、日本にはそういうエレメントが無いのだから、あるものから之を作るものとすればどうするかということで考えられた挙げ句の果てが、有爵者は是は西洋の形と日本と稍々同じと言って宜いか知れませんですが、日本のは寧ろ歴史的なコンプロマイズの結果などで出来て居るから、英吉利の憲法のような組織が出来てスコットランドの士族が入るとか何処何処の宗教の大頭だとか大学の代表とかいうものが出来て、組織は何等理窟的の組織でなく出来上がってしまい、自然と出来上がってそれが元になったのですから各国似たようなものであるが、日本のはそれに拠ろうとしても欽定憲法で以て何等そういうことでなく、全く理窟から考えて国家の為に宜いということで考えなければならないということから出発して居るから、苦心されると同時にまあ是等のものが一番宜かろう。

勅選としても官吏上がりで実際のことを知ってやるとか、或るいは知識の優れた者とか、その他国家に功労のある者だとかいう者を固めて勅選とするというのも、出発点はそういう点ではなかったか。それで明治初年からの仕方が、殊に貴族院を操縦するというようなことが盛んにあって、大隈君なぞは衆議院のお話を砕くとかいうことを始終中努められて、それではいかぬから操縦するという風になって来て、一夜の中に三十人脱退とか二十人加わったというようなことがあったが、是なども最初の頃は能くそういう党派のアクセレレーションが変わって行き居ったように思う。無くなって行けば損だということが段々分かったから今日は、——御承知の通り外国ではそういうことはしませんが、右翼なら右翼が抜けたとか、左翼なら左翼が潰れたとかいうことがあるけれども、日本ではもう殆ど議会の半ばにどちらかに動くというようなことは見えぬようになった。長年やって来て、分かれてみると何時でも損だというようなことが分かったのではないかと思う。日本では選挙された儘でどうしても動かぬという風がある。余り面白いところの話が出ぬから傍観者として申し上げるのでありますから、後から分かろうと思いますが、この最初の頃の貴族院の党派の動きを最も能く知って居る人でないかと思われる。しかも尚頭がしっかりして居る人でありまするから御参考に申し上げますが、久保田譲君ですね。あの人は最初の頃から此所を去って枢密院に行く迄の間、余程裏面でも表面などでも議論をする人でした。裏面で人を勧進し、また関係した人のようですから、出て貰うことは難しいですが、書記官長でもお出でになって話をお聴きになると、随分的確なものがあろうと思います。

但し申し上げますが、久保田君は最初から余り政府は近い方じゃなかった。寧ろ政府から一刻者の思いをされて居る人、それで頭は非常に良いしピチンと来るものがある。なかなか剛堅ですし、余程政府から憚られて居られたが、曾我〔祐準〕子爵なども谷〔干城〕子爵なども、あすこ迄極端じゃない。兎も角も政府の方の人じゃなかったのです。あれが内閣に入られることになったのは、寧ろ壊れる基じゃなかったか。却ってその方が桂公の前に宜しいという政略が入って居るのじゃないか、その本心も分かって居ったから英断を以て入閣を勧められたものじゃないかと当時考えて居りますが、是は聴いた話であります。併しお話をお聴きになると御参考になると思いますから、是も申し上げて置きます。

侯爵佐佐木行忠君　二十五人にした時、あれは確か入江子爵御関係でありましたと思いますが――。

木場貞長君　二十五人を認めないという――。

子爵入江為守君　余り少数で一人や二人で一つの団体を組んで総て交渉しなければならぬ。せめて二十五人位もあって一団をして居る者を一つの派と見る。そうして交渉委員に会って相談をして、その相談会に入れようというのです。

侯爵佐佐木行忠君　二十五人という数ですが、確か伯爵の人が出来た当時だったと思いますが、唯凡そ二十五人位というのですか。

子爵入江為守君　その時は二十五人とすればそこに入れる団体があったかも知れませぬ。別段的確な理由はないのです。せめてそれ位な固まりでないと、三人とか四人とかいうものを一派と見て、悉くこれを会合して相談しなければならぬというようなことで、二十五人と凡そ決めたものじゃないかと思います。

副議長（伯爵松平頼寿君）　あの時は丁度伯爵が二十人位です――。同志会――それで二十人だからいけない、二十五人入れなければならぬ。二十五人だろうと思うところが二十五人入らない、二十三人位で認めてやろうということで――。

子爵入江為守君　伯爵を相当にする為に二十五人にしたのです。

副議長（伯爵松平頼寿君）　三島〔弥太郎〕さんの所へ行って話をしたが、松木宗隆君が能く知って居る。三島さんの所に行って頼んだところが段々やって居る中にその二十人ではいかぬ、そういう団は認めないということで、そうしたということを松木君は言って居りましたが、併し是はどうも私直かに聴いた話でありませんが――。

木場貞長君　衆議院の方でも二十五人でしょう。

子爵入江為守君　あれはどっちが先ですか。

副議長（伯爵松平頼寿君）　貴族院が先です。

子爵入江為守君　向こうがこうした訳ですか。

男爵紀俊秀君　裏面にはそういうことがあったかも知れません。

副議長（伯爵松平頼寿君）　私は謀反を起こしたのです。貴族院の研究会を引っ張り出そうとしたのですから。

木場貞長君　憚らずに申すと伯爵が研究会に入ったのもその必要があったからじゃないかと考えて居りますが――。

副議長（伯爵松平頼寿君）　そうなんです。

子爵入江為守君　それから二通りになった。あの時は研究会の中で、またごちゃごちゃしまして、あのどさくさまぎれに入った訳ですね。

副議長（伯爵松平頼寿君）　徳川さんは一体どこですか。

伯爵徳川達孝君　私は前から超然派でね。無所属――純無所属だ。無所属で皆研究会に入るけれども、私は入らない。

木場貞長君　少しお話もあったようだが、今日から言えばどうか知らぬけれども、その当時は入らなかった。却ってそれだけに通りも宜かった。

子爵入江為守君　久保田君は文部大臣になられて内閣の困難なことを味わわれたとみえて、入られる前と入られてからとは余程違いました。余程研究会あたりに強硬な空気が一方に起こったというようなことですが、内閣に仕えて居ったというような態度が見えました。入られる前と後とは余程違って居りました。その前は強硬な反対に当たられましたが――。

木場貞長君　まあ随分の強硬派で、谷、曾我というようなところが、それに次ぐ位の硬派でしたね。それから閣員に入ってからは随分平田君なども相談をしたというようなこともあったようですね。

子爵入江為守君　それから研究会が幸倶楽部に引き摺られて余り強硬にならないように心配して、色々忠告をされたようなこともありました。内閣に入られる前と後は余程違いました。

木場貞長君　まあ穏健になったというのですね。少し突っ込む流儀でしたね。

子爵入江為守君　それが内閣に入られて困難なことがあって、そう単一にいかぬものだということを味わわれたものだろうと思います。

木場貞長君　もう今古いことを知って頭が良いというような人は居るようですが、居ってもちょっとの間ですから。

伯爵徳川達孝君　まあ聴かれたら分かるでしょう。

副議長(伯爵松平頼寿君)　曾我さんなど一遍訪問して行って伺ってみたらどうかと思うのです。少しお話を、こういうものだというような風に持って行って――。

子爵入江為守君　当時の何を色々お調べになると色々出て来ると思います。唯漫然じゃ無いですから。

木場貞長君　伊東〔巳代治〕君などもしっかりして居って、憲法の創立に関係を持って居ったのですが、各派の動きなどは知らないのです。その前に貴族院を逃げてしまって居る。

副議長(伯爵松平頼寿君)　如何でしょうか。今日はこの位に願って置きまして、皆さんもお考えを願って置きたいのですが。来月議会の始まる少し前、二日位前にして置いたら皆さんお出掛けが多いだろうと思います。出来れば会派の話をもう少しお進めを願いますと、そうして会派の中で人に依ってこういう時にはこういうものがあったという話が出ると思いますから、却ってその方が宜くはないかと思いますので、会派の動きはまた事務局の方へお願いして、此処でありますと毎にお手許に上げます。どうぞそれで御覧を願ってお話をお進め願いたいと思います。それからまた近衛〔文麿〕さんに能く御相談いたしまして、この先の方法をもう少し研究しましてまた致したいと存じます。

尚今日はお忙しいところを有り難うございました。

（午後三時三十分散会）

＊1 第二次山県内閣は第十四議会に寺院教会等を宗教法人とし、行政上の監督を加えようとする内容の宗教法案を提出した。貴族院では激論の末、否決された。都筑馨六議員は法案反対の急先鋒をつとめた。

＊2 Lorenz von Stein（一八一五〜一八九〇）ドイツの公法、行政学者。ウィーン大学教授のとき憲法調査のため訪れた伊藤博文に講義をおこない大きな影響を与えた。

十、昭和九年六月七日　旧話会

座　長　伯　爵　松平　頼寿
発言者　子　爵　仙石　政敬
（男　爵）杉渓　言長
男　爵　西五辻文仲
男　爵　紀　俊秀
勅　選　阪本釤之助
書記官長　長　世吉
嘱　託　花房崎太郎

座長（伯爵松平頼寿君）　まだお集まりがない方もございますようですが、是より前回に引き続きまして お話を伺いたいと存じます。

書記官長（長世吉君）　前回の時にこの次からは会派のお話に移るというお約束になって居りまして、それで会派別に関する調査というのを印刷いたしまして差し上げてございます。

尚色々会派に関する書類がございまするとと調べて御参考に差し上げ得るのでありますが、先程もお話が出て居りましたように会派のことは元は非常に秘密になって居て、公の名前になって居りませんでしたので、事務局にも拠る所の書類が余りございません。従って御参考に申し上げたり、或るいはお見せするものが何もないのでございます。幸い此処に居られます花房さんが幸倶楽部等に関係して居られました関係上、事務局では会派のことを比較的能く知って居ります。その手許に多少の材料もございますし、或るいは記憶も相当にございますので、それを土台にしまして、今日先ず花房さんに会派のことに就いて大体その沿革等をお話願って、それを土台にして皆さんにお話を願ったらどうかとこう思って居ります。無論材料も不備であるし、記憶を辿ってのことでありますから、恐らく年代とか或るいはその他に就いても謬りなどもあろうと思いますが、それは御記憶に依りまして色々お正し下さいましたら、正確なものが此処に出来上るのじゃないかと思いますので、謬りは謬りの儘で兎に角その有って居ります材料と記憶だけで申し上げますから、そのお積りで御聴取を願いたいと存じます。

花房囑託　私僭越ながらこの印刷に携わって居りましたから、失礼でございますが、この印刷物に付きまして一つお断りを申し上げたいと思います。目録の中に無所属(一)及び無所属(二)とございまするが、この無所属(一)の分で全くの無所属の御方と会派のある無所属と、是が印刷の際に区別することを落としましたから、其処を後に無所属のことを述べる時に一通り申し上げて置きたいと思って居ります。無所属(二)としてある分はその儘にして置きまして、是を(三)に致したいと思って居ります。

それからこの印刷は第四回に始まって居りますが、四回から二十三回迄は只今もお話に出ました通りに、全く事務局の方において印刷したものはございませんで、二十三回に至りまして初めて印刷をして、是が各派の人名であるということを世間にお知らせ申すようになったのでございます。それで二十三回から二十八回迄は事務局では印刷いたして居りましたが、是は特別の御方に隠して差し上ぐるというように致して居りまして、二十八回明治四十四年の十二月に各派交渉団体の規約が出来まして、そうしてその時に交渉資格を極められまして、少数の御方しかこの交渉会に御出席が出来ない為に、我々の同志はこのような会を設けて居るという御通知が事務局の方に公然と出るようになったのであります。

それから事務局では各派の事務局に向って人名を出して戴きたいと言って、そうして受け取りました人名に依りまして印刷して、出来上りましたものを御要求の御方にはそれぞれ差し上げるようになったのでございます。併し第四回から二十三回迄の中で十五回迄は各派間に互いに名簿を交換して、こちらの人名は斯く斯くであるということを通知し合うというようなことはございませずして、それは矢張り事務局の方なり、または各派の事務所において事務員同士で聞き合わしたところを綜合して配列した訳でございます。先達ってからお話がございましたように第十五回に政友会内閣で大紛擾を来たした。その議会の際に各派の交渉委員の御方がお寄合いになりまして、そうして御懇談があった末、是からは互いにこの懇親を永く続けようじゃないか、我々の方の会派は是々の人名であるということを事務所で印刷して交換をなすって、是は茶話会で印刷し、或るいは無所属で印刷したり、また研究会の方で印刷したものがございます。この後は二十三回に至る迄各派間では公然と交換して人名を纏めたものを印刷して居りました。

それで此処に第四回に初めて人名を掲げましたが、是はその当時は事務局におきましても、精細にその人名に印を付けてなかったのでございますけれども、新聞社が何んかの指図に依りましてこの人名を紙上に発表したものとみえます。当時の各派の人名が悉くとは申し兼ねまするが、大要新聞の紙上に載って居った。是は明治二十五年の十一月の二十六日の読売新聞の附録の表に載って居る人名に依ったものでございます。

それから飛びまして明治二十八年になって居りますが、四回とこの二十八年の間に五回、六回、七回とございまするが、五回も矢張り上奏案で衆議院が解散されますし、六回は外交問題でまた解散になりまして、七回は広島における日清戦争の戦時議会でございまして、僅か三日ばかりのことでございましたから格別人名を調査なさる必要もなかったとみえまして、別に残って居りませぬ。第八回は二十八年で、日清戦争の戦時中に引っかかったのは第八回でございますが、第九回、第十回となりまするど戦後の経営に専ら関係しまして、従って議員間には色々御意見がありまして、それぞれの御方の政見を知る必要から人名を調べられたものとみえます。

それから第十一回では丁度明治三十年七月十日に有爵議員及び多額納税者議員の改選がございまして、その改選後でございますから、在来からの纏まった御方は兎も角としまして、新たに当選なさった御方が何れの会派へ入って居られますかということがはっきりしませぬものですから、十一回はございませんで、十二議会は此処に載って居りまするが、是はちょっと載って居りまするが、私共事務所あたりで多少印づけたものに依りまして十二議会の議員も配列して居る訳でございます。併し十二議会もまだ正確にははっきりして居りませんでございまするが、それから第十三議会になりますると、先程お話のございましたように丁度明治三十一年憲政党内閣が出来て、それが全く初めての政党内閣でございまして、大分旧来の役人が更迭になりました。その際に

「中根［重一］書記官長は依然留任に決定したる由、今其理由なりと云ふを聞くに、氏は幾代歴仕の古株なる丈に同院議員の系統来歴は勿論、誰々の内閣の時、甲は其案に賛成したりとか、乙は其案に反対

したりとか事細かなる一覧表を製して秘蔵するものから、此程大隈〔重信〕伯等が同院の操縦に頭脳を苦しめつゝあるを機とし、件の秘書を示して得意の作戦計画を説きたれば、流石の大隈伯も痛くも感に堪へ、我誤って此好参謀を失はしめんとしたりと懺悔せられ、翰長更迭の内議は此時より礑と止みたりと云々」

こういう記事が七月十六日の〔東京〕日日新聞に載って居ります。

それから八月に総選挙があり、愈々政党の勢力が現われて参りまして九月になりまして大分貴族院の方では活動が起こって居りまするが、十一月大隈内閣は辞職いたしました。それから十一月の七日が召集日でございましたけれども、開院式が直ぐに出来ませずして十二月の三日迄殆ど一ヶ月ばかり延ばして開院式がございまして、その前に書記官長が諭旨免官になったというような噂を聞いて居りますが、その為に事務局の者は皆手を触れないようにして居りました為に調査も十分に行かなかった訳でございますが、そのような次第でございまするから十三議会の名簿は実に見分けが付きにくいのでございまして、どうも十三回、十四回ははっきりしないのでございます。

十五回は私の所にもございまするが、各派で名簿を交換していらっしゃるのがございますが、それが全部揃いませず、十六回議会からは先程申し上げましたようにはっきりしたものがございまして、そうしてその後は印刷に迄なった訳でございます。

それから第四回以前は貴族院には議員の色分けと申しますか、会派はなかったかと申しますと、是は第一議会に予算が政府より提出になりまして、その当時は十五日が審査期限になって居りますが、十五日経っても衆議院では審査が出来ず、それから更に再付託して、また一週間延ばして審査させましたが、それでも委員会で審査完了せず予算を議場に持ち出して、会議を開いては政府と質問し、九十日即ち三ヶ月の会期を殆ど予算の討議で費しまして、そうして貴族院に廻して参りましたのは三月のたしか四日と記憶しまするが、二月の二十八日で会期は終りますが、そうして延長になりまして、延長の日数に喰い込みまして、三月になって漸く貴族院に廻して来ました。貴族院では審査すべき日時がない、それが為に議員の間に大分激しい討論がございまして、漸く二日間の審査期限を付して委員に付託になりました。委員長初め大分御意見が違いまして、委員会に御出席がございませず、委員会は人数は四十五人でございましたが、三十人出席し、その三十人の中で在官者が殆ど十人以上出席せられ、それから他の御方とで兎に角審査して報告になりました。この委員長初め大分圧迫を感じた御方が他日懇話会となり、三曜会なんかにお分かれになったのかと私は思って居りましたが、今日杉渓男爵が御出席になって居りますが、予て男爵から拝聴いたしたいと思って待ち設けて居ったことでございますが、この三曜会とそれから懇話会のお話を杉渓男爵より願いたいものと思います。

それから研究会のことは今日その儘継続してございまするから、色々書類が残って居りますが、研究会は明治二十四年十一月の四日に初めて創立総会をお開きなさったようでありますが、爾来続いて居ります。それで二回、三回共人名は残って居りましょうと思いますけれども、私共の手許には有ちませんでございます。それからもう一つ茶話会——、茶話会も第二回の初め、明治二十四議会召集前に元老院の議官にして貴族院議員になっていらっしゃる御方、或るいは地方官でいらっしゃる御方等が、一時二十人ばかり勅選になられたと思いまするが、その中の御方が当時の副議長細川〔潤次郎〕さんを座長として茶話会をお開きになった。それが継続して後に茶話会が続いたということでございます。茶話会の人名は之には明治二十八年から載って居りますけれども、三回頃から纏まった人の人名はありましたですけれども、つい何時の頃か所在不明になって居りまして、明治二十八年第八回議会の頃迄のは人名がはっきりして居りませぬ。印刷したものにはまだ八回頃迄はございませぬ。十回頃から以後出て来て居ります。

ちょっと是だけを申し上げて置きまして、先の会派のその後の消長は、私の考えまするところでは、議員の互選に依りまして、選挙の団体と申しますか、伯爵団、子爵団、男爵団の消長と共に各派も消長を来たして居るように存じますが、追々併合になりましては私の存じて居るだけはその一々に申し上げたいと思います。

先ず糸口だけを申し述べましたから、何卒杉渓男爵より一番最初の三曜会に就いて、――三曜会には杉渓男爵は最初からの会員であり、また創立者でいらっしゃいまするから、杉渓男爵から三曜会並びに懇話会のことを伺いたいと思います。

杉渓言長君　ちょっと申し上げます。三曜会というのは此処には明治二十五年とありますけれども、形の出来かけたのは第一議会の初めからであります。私共は人に誘われて何が何だか訳が分からずに入ってみた。その頃は十七、八人位ありましたですが、それが総てのことを皆悉く申し合せて居るような工合でした。また申し合せはなくとも皆一つになってやって行くという工合で、まだその時分には外には何の会もありませぬ。それで殆ど一致の行動をするような形になって居りませず、その後に懇話会というものが二十四年頃から生まれた。そうしたところがこの会員の中の梅小路〔定行〕子爵と小笠原寿長子爵などが三曜会の人の後援を得て議員に当選したものですから、三曜会へ大分その時分の議員でない人が入って来ました。ところが後にそれがいかなくなったので皆退いてしまって、研究会の方に行ったような工合になって居ります。

それから明治二十五年位になると渡辺甚吉という多額納税者なども揃って居ると思います。之には渡辺甚吉という者はないのですが、渡辺甚吉という者は三曜会に入って居って、そうして研究会にも入って居った。岐阜の震災事件などをうまく纏める為に所属がはっきり分からなかった。後にその両属ということが分かって断ったこともあります。それから是は言うて宜いか悪いかちょっと憚ることですが、大津事件の時に青木〔周蔵〕外務大臣の連帯責任を明らかにして戴くというようなことを上奏という形でなく言上というような形式で申し上げたいということを宮内大臣に交渉した。何でもそれは構わぬ、申し上げることは取り次ぐという話であって、その時に在京の者ばかりでそれを申し上げたのでありま す。そうするとその時はどうもなかったのですが、後に矢張り青木外務大臣は辞められました。そこで ああいう者を三曜会などに置いて置くとどんな者になるか知れないからあれを撲滅するのだというので、非常に力を入れてやられたように聞いて居ります。それが為に研究会が余程盛んになった。今迄三曜会のやって居ったことを研究会がすっかりやるようになった。それでいつも事毎にいけない、事毎に反対するというような形になって来ました。

それから懇話会は前から出来て居りましたですが、何時でありましたか、選挙干渉に関する建議案というものを出した。それを不意打ちに村田保がやった。勅選が皆欠席せられて大いに欠席が多いという日を狙って突発にそれを緊急動議で出した。そうして一人か二人やった時に討論終結をするということでありましたが、それが少し遅れて午後になりました。併し結局僅かの差でそれが通った。それで貴族院にああいうものが通るようになってはけしからぬというので、それで非常に政府の方も研究会の方に力を入れ、つまり懇話会や三曜会の方は数が少なくなった。懇話会はその時には曾我〔祐準〕子爵が補欠で出られた頃であります。それで大変少数を以て多数に勝ったことを非常に愉快に思われまして、懇話会に非常に力を入れられるようになった。研究会の方は非常に綿密に行くようになったが、それは西五辻男爵が創立者ですから余程詳しく存じて居られる。我々の方は全くの門外漢で、そっちの方はちっとも分かりませぬ。

花房嘱託　研究会のお話を西五辻男爵から伺いたいと存じます。

杉渓言長君　研究会の生まれたお話を願いたい。

男爵西五辻文仲君　研究会の出来た時分のことは今杉渓君がお話になりましたが、私はそう内部の詳しいことは知らないのですが、是は初めての議会の時ではなかったろうと思って居りますが、築地の精養軒に寄り合いまして、それが同志会でもなし何かいう名前で初めて寄った。ところが段々「研究」という名前を付けて研究会となった。それから先刻お話がありましたが、予算のことから大変研究会が固くなった。それであれは村田保あたりが最も反対をした。槙村〔正直〕がどうしても是は予算を通過させなくちゃ困る、自分等は行政官としてやって行くことは出来ぬと言う。その時分は全く滅茶滅茶で、そんなにいけないものなら断ってしまうという極く単純な議論だ。一時は予算が不成立になりそうだった。それをまあ丁度議会の終りの日にもう議場の時計は、実際は夜の一時過ぎでしょうけれども、十二時三分程前に止まって居る。それでどうやらこうやら予算が通った。そんな訳で私共はそう奥底のことは知りませぬけれども、初めての議会なり面白半分で居た訳だった。

それで研究会には色々の種類の人が入って居った。伊達宗敦というようなやかましやなんかも居た。それから伯爵の中にも色々の人が居る。一番伊達が独りで自由行動を取るような調子でやる。だから会でもなかなかやかましかったけれども、あの人は一種特別の人で、他の人が何と言っても構わない、自分の意にかなえば宜いという人であった。それで第一議会はそんなごたごたで、到頭しまいに予算を通過させなければならぬということで、無理やりに通ってしまった。第二回の時から研究会が段々固くなって来た。その時分に多額納税の人が大分入って来ましたけれども、表向き中に入って居る者もあれば、内密に気脈を通じて居る人もある。どれがどれだか一向分からなかった。その外伯子男の三爵、勅選等で、中にも村上桂策だとか竹内惟忠というような個人の意見を通すという人が居て随分混雑した。それから段々歳月を経るに従って、研究会は今日のような有様になって固くなってしまったのですが、二、三回の間は三曜会がやかましかった。是は杉渓君がよく知って居られる。それでまあ何の問題でも三曜会が賛成すればこっちは反対して潰してしまうという、意地づくみたいになった。

杉渓言長君　今の予算の前の策謀といいますか、それを申し上げなかった。予算を衆議院から廻して来たが、貴族院でどうしてもそういう短日月の間に審議出来るものでない。それで政府は是を延ばすとは出来ないから日を一ぱいにしてしまえば自然に潰れる訳である。それで質問打ち切りということはないから、質問を努めて長くするように今晩中に考えて来いという訳です。それでつまらない、下らないことで長く引っ張ってやろうというのです。此処にちょっと名前は見えませぬが、清岡公張という人は四時間以上質問せられた。それから質問も段々論ずべきことが尽きて来たら、何とかいう書記官――。

男爵西五辻文仲君　矢代〔操〕書記官。

杉渓言長君　矢代――、それに予算の款項を悉くゆっくりと読ませた。それで皆どっと退いて一人が残って定足数を調べさせるというようなことをやって居った。今度は皆諸方に錠をかけて閉鎖してしまった。時計の止まって居るのは分からなかった。皆夢中になって居たから、到頭予算は通ったということになりました。清岡公張の名前は此処にはありませぬな。

花房嘱託　予算の其処のところは私は能く速記録を知りませんが、第一議会の本会議の時ですか、予算委員会の方も徹夜して審議なさったですな。

杉渓言長君　本会議です。

花房嘱託　本会議では十三議会の時が時計の止まったという面白いことがありましたのではないですか。

男爵西五辻文仲君　いや、第一回です。

杉渓言長君　第一回――。

男爵西五辻文仲君　焼けて帝国ホテルに行ったその時です。

花房囑託　そうすると後のことは、是は公然と言えませんが、十三議会は選挙法で大喧嘩が出来ましたですな。後の決議が大分ひまが要りまして、しまいに十一時何分かで散会しました。ところが外へ出ますと、もう一人も人が居らなかったですな。十三議会は私も選挙法に携わりましたから、痛切に記憶に残って居ります。

男爵西五辻文仲君　矢代が悉く款項目を読み上げた。それで到頭咽喉がかれてしまって、その為に死んだという話がありますが、大分弱って居た。あの時には伊藤〔博文〕伯が議長であったが、暫く休んで居るからというので、副議長は東久世〔通禧〕で書記官長が金子堅太郎であったが、まあどうやらこうやら時計迄止めて済んだ。済んで伊藤さんに報告すれば宜いのを東久世さんが散会とやってしまった。議員は皆立ってしまって、そうすると新聞記者も速記も皆出てしまった。それで伊藤さんがあれ位知らせといったのに何故知らさぬと云って、もう新聞記者は居らぬ、議員も三人か五人しか居らぬ、それを呼び出して、伊藤さんが今日は無事に予算も通ったことであるから諸君は何でも此処で演説して下さいということを言ったが、誰も演説する者はなかった。そういうことがありましたです。それで、到頭矢代は予算で死んだということになった。

子爵仙石政敬君　第一回に時計を止めたということは初めて伺った。

杉渓言長君　時間を引っ張る都合なんです。

子爵仙石政敬君　その時分から時計を止めるということがあったのですか。

杉渓言長君　それが最終の日なんです。十二時が閉会になるのですから。

男爵西五辻文仲君　三分か五分前に止まって居た。

座長（伯爵松平頼寿君）　併しこの頃では駄目ですな。電気時計では――。

杉渓言長君　一度星亭が衆議院議長の時分に、貴族院から提案を廻したら衆議院に誰も居ない。一人も残らず帰ってしまった。近衛〔篤麿〕さんが非常に怒られたことがあります。大急ぎで帰ってしまったとみえます。

子爵仙石政敬君　議会の終りの日ですか。

杉渓言長君　終りの日です。

花房囑託　それは確かに私記憶して居ります。

杉渓言長君　衆議院選挙法です。それを貴族院から持って行ったら誰も居なかった。

花房囑託　甚だ失礼でございますが、私覚えて居りませんが、最終日は三月の七日で、予算の結了したのは三月の六日の晩の訳ですな。

男爵西五辻文仲君　それは何時のことです。

花房囑託　第一回のことです。款項を一々お読みになって、そうして最後に予算外、国庫の負担となるべき契約を為すを要する件を一々読んでいらっしゃいましたですな。最後の済んだ時は午後八時四十六分となって居る。それから七日の方はまだ請願協議などがずっとございまして、そうして七日は午前十時四分の開会で、散会は午後五時五十五分であり、そうして八日に閉院式が行わせられました。

子爵仙石政敬君　号鈴を鳴らしたのは何時でしたかね。

花房囑託　第二回と思います。

阪本　之助君　議場を鎮める為でしょう。

杉渓言長君　流石貴族院で、号鈴が鳴るとしんとなりましたからな。

男爵西五辻文仲君　安藤〔則命〕という人は大変面白い人で、怒って居れば居る時程笑って喋られる。迚も笑いが止まらない。怒って居るのが笑うので、人とはまるで反対でした。〔笑声起る〕

侯爵佐佐木行忠君　第一議会中に皆さん会派をお作りになったが、それが分かれたというのは、議会後でしょうか。それには何か——。
男爵西五辻文仲君　さあ——。
侯爵佐佐木行忠君　三曜会というものが、ちゃんと形に出来て居ったようですが——。
杉渓言長君　それは研究会というものとは藩閥と非藩閥といったような工合で、官僚と非官僚みたいなものですな。
侯爵佐佐木行忠君　形の出来て居ったのは三曜会だけと言って宜い訳ですな。三曜会は何人位のお集まりであったのですか。
杉渓言長君　二十五人位でしょう。
男爵西五辻文仲君　研究会の固まりは、もっと早かったようです。
杉渓言長君　第一議会には形は出来て居ったようです。
男爵西五辻文仲君　議員団体関係でやった訳ではなく、伯爵の選挙でも子爵の選挙でも、お互いに援け合うというような訳でした。
侯爵佐佐木行忠君　京都方と東京方という訳ではないのですか。
杉渓言長君　そういうことは全然ありません。それから三曜会と懇話会は仲が良かった。近衛さんが仰っしゃるには、懇話会は大将ばかりで、こちらは下士ばかりだと言われたことがあります。懇話会では中々面白いことには、ある問題でどうしても議論が一致にならない、楽屋で納まらんで演壇で敵討ちをやる。そんな訳で、成り立つ成り立たぬは問題ではない、我々の議論を速記録に残して後世に示すのだから構わないというので、成立、不成立は眼中になかったのです。
侯爵佐佐木行忠君　研究会は華族会館の前はどんな所にお集まりになったのでしょうか。
男爵西五辻文仲君　赤坂の山王下の何という人でしたか、そうそう丸山作楽という人の家でした。会員の胸に名前の書いてある札をぶら下げて、まるで囚人みたいでした。

杉渓言長君　それから旭倶楽部は旭館に居ったところから付けられたものです。

男爵西五辻文仲君　それから木曜会の起こりであるが、研究会にはその時分男爵が大部分入って居った。ところが或る人を除名しなければならぬということが起きて、千家〔尊福〕君が脱することになったのだが、その人を除名すると言った人は勢力のある人であったから、千家君に話をした。その人を置いて行くか、連れて脱するかということになって、連れて脱することになった。其処で皆にその問題を出してみれば、千家さんあなたはどうすると尋ねるに相違ない、そうしたら脱すると意見を言えば、付いて来る者は付いて来るだろうということを私が言うた。それは大変宜いというので、急に昼休みにある議院の席を借りてやったところが、果たして千家さんの御意見はと来た。そこで私の意見はまだ決まらぬが、あなた方の御意見はということで、どうしたものであろう、こうしたものであろうという。大体こっちでは分かって居るのだから、研究会を脱するということになった。併し二、三人はっきりせぬ人が居るので置いて来た。それから木曜会が出来たのである。ところが選挙が来たので、その残ったのを落としてしまおうということになった。それを聞いて岡部〔長職〕子爵が千家さんの所に捻じ込んで来て、どういう訳で落とすのか、落とさなくても宜いではないか、落とされては研究会の人数が減る、男爵の方ではなんともないが、そうなると色々の問題に拘泥って来て困るというので到頭挙げることにしたのです。

花房囑託　是は少し問題を脱しますが、追々先で必要になって参りますので、二七会の起こりを一つお話願いたいと思います。

男爵西五辻文仲君　若い方の一団があった訳です。当時別にですが、それを新緑会と言いましたが、根本としてまあ或る人を落とさなければならないということから、人数が、——気の合った人数が集った。人数が十四人なので、七が二つで十四ですから二七会、会の名前をそうして置けというので生まれたのですが、極くの元は或る人を入れるとまずいからというのでした。ところが誰にもそういう説明をせずに二月の七日に寄って出来たから二七会と、勝手に銘々が言うて居ったのです。

杉渓言長君　故人だから申しますが、金子有卿が若い人は挙げないようにしようじゃないかというて私に言うて来た。私は何の気なしに若王子〔文健〕に話をした。それが若い方に聞こえて老人連中が占領しては私達若い者が出る時節がないというので、新緑会というものを作った。そこでこの新緑会を併合しなければならぬというので、西五辻君等の二七会が出来たのである。それから岩倉〔道倶〕さんの方の会は雨が三度降ったので三雨会という名になった。

男爵紀俊秀君　只今西五辻さんのお話を聞いて、自分が関係をしながら表面の良い話ばかり承って置いたことが裏面のことも承れて大変参考になりました。そういう話を承りますと、何だか愉快でもあり、残念でもあり変ですな。二七会を作った時、我々同志は十四人だから二七会、人には二月七日に出来たのだから二七会と言え、と言われて居りましたので、銘々その気で居りました。〔笑声起る〕

新緑会というのは強ち老人に反対するというのではありませんで、兎に角若い者が寄って御承知の通り男爵の袖印が緑から若い青年の緑の大礼服を着て居る人の会という誠に凝った名前でありましたが、偶々若い男爵の集まりだというので大分古緑会の方から睨まれました。

阪本釤之助君　大木〔遠吉〕伯が司法大臣になられた時*1、あれは研究会を代表して出られたのか、大木伯個人の資格で出られたのかという議論が大分喧しくなりまして、幹部の御方にお聞き申すと、あれは個人でお入りになったのだということでありました。そこで是は世間に公表してはっきりさせて置かなければならぬということで、その草稿の起草委員の一人に不肖も選ばれまして、大木伯の入閣は研究会を代表せるものに非ずということを新聞に出したことがありました。あれは大木伯とすればどっち付かずの方が宜かったかも知れなかったのです。是は小さなことですが――。

杉渓言長君　伯は男爵の方に入りたい気があったそうです。後に君等の方に秋波を送ったのだが一向取り合って呉れぬ、已むを得ぬから研究会に入ったという話でした。それから丁酉会、是は多額でやろうじゃないかというので出来ました。何かの問題の時に多額が全部賛成をした。そこでああいう固まりがあってはいけないというので、大変警戒をして切り崩しを考えたものです。

男爵紀俊秀君　あの当時は大変差別待遇を受けたが、今日は大変大事にされるといって居りましたが、あれは多額の方でも少し遠慮し過ぎて居りました。あの時分は野崎武吉郎、田中源太郎、ああいう人達が大変勢力があられました。

杉渓言長君　滝口吉良、山口県の人で非常に演壇によく出られました。研究会かに入って七年の間、此処に出して貰いたい、稽古をするのだから、若し聞くのが嫌だと思ったら小便にでも何にでも立って呉れ、私は必ず出して呉れということを言って、問題毎に必ず出ました。

男爵西五辻文仲君　村上桂策という人は伊藤議長に、私は親の言うことさえ聞かぬ男ですから、いやじゃと申しましたら云々と言ったことから、親の言うことさえ聞かぬ男なら議員の資格はない、懲罰に付せろということで謝ったことがありました。

杉渓言長君　原忠順という人も中々やりましたな。なんでもある問題でお昼前に通してしまいたいところをこの人が長々とやり、皆が気を揉んで居るところへ、今度は鍋島直彬君がまたやり出したので、是が長かった。到頭午後になったことがありました。

花房嘱託　三曜会の御人名を速記に載せて残したいと思いますので、御記憶のところをどうか――。

杉渓言長君　二十四人程でしたが後に五人程殖えた。梅小路子が補闕で出て、小笠原寿長子が三曜会の後援で出ました。それから多額で二人程入りました。本多正憲君は会の書記みたいな役をして居ったものですから、陰険だというので睨まれて居ったが、ある時枢密院版として蒟蒻版が二つ三つ飛んだことがある。ところが夜の十二時頃、必ず皆が居る時分、堀田〔正養〕子爵がこういうものをあなた方御存じがないかとその蒟蒻版を突き付けて説明を求められた。松平乗承君はこういうものは全然知らないとやった。曾我君も知らないとやった。本多正憲君はこういうものは見たが、是とは違うと言ったので、さあ言質をとられたので落とせということになった。それで俄かなことであったので、松平乗承君の方は出たが、本多君の方は落ちて爾来出られなかった。夜十二時頃に、申し合せる間のない時に持ち廻って尋ねられたので、今なら電話があるが――、本多の答え方が悪かった。曾我はやって居るのだが、知らないと答えた。それから大和倶楽部というのは鳥尾〔小弥太〕さんの率いて居ったような会で、鳥尾倶楽部と云った方が宜い位なものでした。懇話会の一部の人と三曜会の一部の人の集まりです。

男爵西五辻文仲君　二つの会に入って居った人は随分居りました。

花房嘱託　貴族院各派名簿を印刷してお頒けした初めは、各派にて左の如き決議がありましたからです。私ちょっと朗読申し上げます。

明治四十四年十二月二十四日研究会事務所ニ於テ各派交渉委員協議ノ結果左ノ通リ決議ス

将来各派交渉委員会ニ加入スヘキモノハ、既設団体タルト新設団体タルトヲ問ハス二十五名以上ノ会員ヲ有スヘキコトヲ要ス

但シ交渉会ノ決議ニ依リ特ニ参加セシムル場合ハ此ノ限リニ非ラス

右決議ハ当日ノ出席者無記名投票ヲ以テ之ヲ決セリ

但シ研究会ハ他会トノ権衡ヲ保ツ為出席者六名ノ内三名ノミ投票ス

参考

右決議ノ精神ハ縦令一人タリトモ定数ヲ減シタルトキハ交渉会ニ加入セサルモノトス

尚当日ノ出席者ハ左ノ如シ

沖　守固男　高木兼寛男　有地品之允男　以上無所属
田健治郎男　原保太郎君　下条正雄君　以上茶話会
曾我祐準子　小沢武雄男　桑田熊蔵君　以上土曜会
三島弥太郎子　牧野忠篤子　酒井忠亮子
吉川重吉男　山田春三君　日高栄三郎君　以上研究会

座長（伯爵松平頼寿君）　交渉会の人数を決めたのは我々伯爵の連中の扶桑会の人数が十二名程でした。それが割り込んで行った訳で二十五人ということになって、我々共非常に苦しんだことがあります。

花房嘱託　今副議長閣下の仰せられる如く、あなたが中心になって伯爵の団体をお拵えになった。そうして委員の割当を御要求になって居ります。

それで出席参加をしたいと仰せになりましたところが、我々の会は公平に団体の人数は制限はしたものの、貴族院の適任者を選ぶから、伯爵の人数の中からも適任者を是非お選び御出席願いたいということでございました。是で今以て同成会抔はその人数を補充に努められて居ります。

阪本釤之助君　無所属に付いては佐佐木〔行忠〕侯爵の大変御援助を仰いだのでありますので、侯爵に御承知を戴いてこの次に一つお話を致しましょう。

座長（伯爵松平頼寿君）　如何でございましょうか。今日はこの程度に止めまして、この次は来月に致したいと思いますが、お暑いので成るべくお早く願いまして、皆さんの御都合の宜しい日に致したいと思います。そうして今日お出でを願いました御方々には是非この次にもお出でを願いたいと思います。

今日は前議長も御出席になる予定でありましたところ、急に広島に御用事が出来まして、今朝立ちましたので、この次には御出席になられると思います。

今日は御苦労様でした。それでは今日は是で——。

＊1　研究会幹部で伯爵議員の大木遠吉が原敬内閣の司法大臣に就任したのは大正九年五月十五日。

十一、昭和九年七月四日　旧話会

座長　公爵　徳川　家達

出席者
侯爵　佐佐木行忠　元書記官長　河井　弥八
伯爵　徳川　達孝　勅選　阪本釤之助
伯爵　松平　頼寿　勅選　石渡　敏一
伯爵　黒木　三次　勅選　三宅　　秀
子爵　青木　信光　書記官長　長　　世吉
子爵　梅小路定行　嘱託　花房崎太郎
男爵　東久世秀雄
男爵　南岩倉具威

午後二時十七分開会　午後三時五十七分散会

長書記官長　時間が大分経ちますようでありますから、副議長は見える筈になって居りますか、或るいは遅れるかお出が出来ないことになるではないかと思うのであります。時間を無にしますのも如何と思います。前議長もお出になって居りますから座長にお願いしまして御開会になりましては如何でございますか。

座長（公爵徳川家達君）　議長の出られます迄暫く議長席を穢します。

長書記官長　前回に御欠席、お出にならなかった方でお見えになって居る方も相当お在でになりますから、便宜上私から前回の時の模様をちょっと申し上げまして置きました方が御便宜かと思います。前回は、その二回前の時のお約束で会派に関係したお話を願うことになって居ります。お手許に差し上げて置きました議員各派別に関する調査というものを土台と致しまして、この調査に当たりました花房嘱託が之に付いて大体会派の出来ました模様を申し上げまして、それに付きまして尚お集まりの方から色々会派の出来ました時分のお話は大変面白いお話がございました。その中主として杉渓〔言長〕男爵、西五辻〔文仲〕さん等のお話が沢山ございまして、大体この会派の此所に差し上げましたお人別けに尚誤りがあるようでもありましたし、それから尚、年限等に付きましても、例えば三曜会というものは第一議会の時からあったというようなお話もございまして、尚また、懇話会、三曜会辺りが活動されたお話等もございました。之に引き続きまして今日は会派に関係しましたお話を願いたいと思って居ります。尚また印刷物の方を主として編纂致しました花房嘱託が、この印刷に付いて尚誤り等がございますし、補足して申し上げたいことがあるそうであります。それを先ず申し上げたいと思います。

花房嘱託　それでは僭越でございまするが、私より前回に申し上げました印刷誤りを此所で御訂正申し上げて置きます。この六番目の無所属としてございます明治二十八年、下の方の百二十七頁でございますが、この中全くこの無所属と申し上げるが適当か、または純粋の独立独歩と申し上げる方が適当ではないかと思う方々の人名が此所に載せてござりまするが、実は無所属としてあるのはその中の百三十三頁でございまするが、百三十三頁に明治三十一年十二月四十一名、是等が無所属として議事事項に付いて互いに最初の内は書面で議会の議事事項に付いて御通知があり、また賛同をお求めになったお仲間でございまして、この明治三十一年十二月以降の無所属の御方が無所属団とも申しますし、単に無所属と申したのでございます。それより前に百二十七頁の無所属の一としてあります。硬派とか軟派とかございますが、是は無所属の中でこの御方を他の方面で当時軟派の御方であるとか、政府に同情を持って在らっしゃるとか、政府に同情の少ない方であるとかいうこの使い分けの為に硬派と言い軟派と言ってしたものと見えますが、皆様全くお互いにその集会を為され、或るいは書面で賛否を問合わせて、先ず大体同一の行動をお取りなさったという組合ではございませぬのでございます。そこで印刷する時についうっかり校正を誤ったものでございますから一応お断りを申し上げます。それからその序でに申し上げますが、前会には三曜会から懇話会、研究会のお話がございまして、私より茶話会の起りを一応申し上げて置きました。今日は順序と致しまして無所属の起こりを今のお話に起因して申し述べたいと思って居ります。

この明治三十一年十二月と申しますのは丁度第十二議会が解散になりまして間もなく、伊藤〔博文〕公、当時の内閣は伊藤内閣でございましたが、伊藤公が辞職されまして、そうしてその次に大隈〔重信〕伯と板垣〔退助〕伯が内閣を組織されました。それが故に憲政党内閣と申しまして、先ず議会開けて以来第一の政党内閣でございます。で、当時の事情は御承知の御方が多くございますに依って、私よりお話することはございませぬが、私の取り扱った所では初めのうちは在来の官吏を無闇に更迭致して、そうして党人がその後に代った。それが為に猟官運動が盛んになって、その結果物議が起こって参りまするし、随分甚だしい状態になりまして、その時の事は私或る御方の書面を持って居りまするが、当時の状態は政体変革の――。

（松平副議長代って座長席に着く）

花房囑託 虞を抱いたというような手紙を持って居りますが、そのような有様でございますから、貴族院の有志の御方がお集まりなりまして、そうして当時は研究会からは堀田〔正養〕子爵、清浦〔奎吾〕さん、当時は清浦さんはまだ華族になって居られませぬ。清浦さん、それから木曜会の方では千家〔尊福〕さん、そのうち本田〔親雄〕さんも加わり、それから茶話会では船越〔衛〕男爵、平田東助さん、それから無所属の方では松平正直さん、高橋新吉さん、このような御方々が芝の愛宕下でございますが、愛宕下の当時林〔友幸〕伯爵の御別邸が空いて居りましたから、其所にお寄りになりまして、当面の対策を研究遊ばしたように私は記憶致して居ります。その結果としまして互いに議会の方の調査その他に付き聯絡を取って行こうという申し合せのようでございます。

それで私が一つ念の為に取って置きましたのは、その時に常任委員の予選表がございます。そうして只今行われまする所の予選の書き付けを極く簡単な形式で伝えられまして、そうして各派に別かって常任委員を推薦なさったのでございます。それ以前にはそのようなことは見受けませずして、それぞれ思い思いに投票為さったものであります。各員の得票の点検表を以て一々お読み上げになりました。御姓名を記入して御当選の御方を示されたことを私は記憶致して居ります。この十三回に至って初めて予選表に依って選挙されたものを見ますというと、その予選表は何人にもお見せにならずして皆様手控えして投票を為さったものとみえます。それからその前には貴族院で何か事があれば各部の部長、理事を議長室に招かれまして何かと御相談があって居りますが、その時から互いに各派の重立った御方が議事事項その他のことに付いて互いに意思を疏通してお在でになったように私等は見受けられまするのでございます。それで御承知の通り十三議会において憲政党内閣は内訌に依って潰れまして、その後山県内閣が成立せられ一ヶ月許り色々の準備の為に手間取りまして十二月に入って開院式が行われたように見まするが、十三議会はこの各派の申し合せが議会中継続致して居りまして、各議案に対しては各派互いに意思を疏通して協賛を為さったものと見えまする。

それで何事も一致して処置して参りました。それで十三議会は無事に進行し、最後に衆議院議員選挙法両院協議会の結果成案（貴族院の議決通り）を、衆議院の方では衆議院の見る所に依り衆議院議決案を議題として之を議し、決して貴族院に通知し来り、そうして最後には円満な両院の間が旨く行かずして終いました。それで十三議会の終りの頃から衆議院の方では何か面白くない形勢が見えましたものですから、貴族院におきましては来るべき十四議会も成るべく歩調を一つにして行こうではないかという申し合せの精神を継続遊ばして、それには各派中にて研究会に這入らない御方、茶話会に這入らない御方、木曜会に這入らない御方を勧誘して一つ無所属というものを団体のようにして鞏固に固めようということになりまして、そうしてその代表としましては坊城〔俊章〕伯爵、松平正直君、有地品之允男爵、高橋新吉君、この四人が無所属の表面に立って指導されましたものでございます。

それが十三議会は総て意見を伺う形式で無所属は各議員の意嚮を尋ねられて、手紙の遣り取りをする。集会決議は十三議会ではございませぬ。十四議会になりまして、それがお集まりがあって、そう沢山でないですけれどもお集まりになりまして、まあ申し合せの一致を見るような様子に立ち至ったのであります。これが第一次の無所属の起源です。それだけでは一向貴族院議員の意思を疏通して結束するという訳に行きませぬものですから、そこへ一つ意思疏通の機関を拵えようじゃないかという思召から木曜会からは千家男爵の外に渡辺清男爵さん、本田〔親雄〕男爵、長松幹男爵、松岡康毅君、園田安賢男爵、それから無所属の方からは坊城伯爵、沖〔守固〕男爵、松平正直君、有地男爵、高橋新吉君、それから茶話会では平田東助君、船越衛男爵、武井守正君、周布公平君、こういう御方が御尽力がございまして、各派の人々が丁度七十人集まられましてから、十四議会の前に幸倶楽部というものを創立せられた訳でございます。

それで十四議会は幸倶楽部員であって一方では茶話会員であり、木曜会員であり、無所属会員であるというのであります。それで研究会の御方も全く無いではございませぬが、研究会の御方は先ず会の幹事と申すような御方は見えませぬ。研究会はその時既に一つの事務所があり相当多数の人の団結が出来て居りましたものですから、研究会はまあ有志の御方でございますが、研究会にお這入り為さらない御方と思います。伯爵では吉井〔幸蔵〕さん、広沢〔金次郎〕さん、それから木戸孝正さんもお這入りになったように記憶致して居りますが、それから丁酉会では田中源太郎さん、米谷半平、山田卓介さんという方等が多く見えました。そういうことでございまするが、その後各派とも規制改正がございましてから二重籍は面白くないというような意見も起こりまして、研究会の御方は研究会にお帰りになるようになり、木曜会の御方は木曜会にお帰りになって、それで後に残る人は茶話会、無所属でございますが、茶話会、無所属の御方は自分の集会の事務所を幸倶楽部に置いて居られましたものですから、他に出られる必要もないものでありますから、茶話会、無所属の御方は幸倶楽部にお残りになることになったのであります。

それだけ見ますると幸倶楽部というものは茶話会と無所属、幸倶楽部は単数か複数か、こういう御疑問の起るようなことになった次第でありますが、沿革を申しますれば只今申したような通りでございます。無所属の事は後にまた申し上げますが、古い御方が御出席になって居りますから、この十三議会の愛宕下の会合、この集会に御出席当時の事情をお聞き及びの御方から多少詳しく承りたいと思いまするが、ちょっと是だけ申し上げて置きます。それから十四議会の次は十五議会になりまして、政友会内閣でございまするが、是は先達てからの御話がありましたが、十三議会と十五議会は今から申せば政党内閣初めての大気勢の挙って居る時でございます。それだけを申し上げて置きます。

阪本釤之助君　私共この研究会に居り無所属というものを起こしましたが、只今のお話でも、無所属、茶話会、何か木曜会、ああいうような今のような年配の、その当時私共から見ると老人組というか、そういう方が集団となって居られるのが三つ程あって、皆内幸町辺りに事務所があったりして、何か当時私共から見ると老人の御方の寄って居らしゃるのが三つ程あって、どれがどれやら内容に亘って調べて見る必要もなし、まるで別のもののように考えて居ったのであります。その関係がどうであったか、この三つが対立して居るか、その中は何れもあっちに行ったり、こっちに行ったりして結んで居られたと思いますが、そうじゃなかったですか。この沿革等のことはこの続きとしてお話を願うことが順序であり、大変参考になりはしないかと思うが、ちょっと次に感じたことでありますが、どんなものでありますか、徳川公等は御覧になりまして――。

公爵徳川家達君　青木さんはどうですか。

子爵青木信光君　私はその前の事は能く判りませぬ。梅小路君等が覚えて居られましょう。私が出る前の時代、十三議会、十五議会というのは吾々が選出されない前でございます。

子爵梅小路定行君　その前のことは僕も余り記憶しないが、今仰せられたことはその通りだ。

阪本釤之助君　私も研究会に這入ったのが明治四十四年、大正元年のちょっと前でありましたが、その時分あなた方が盛んにお働きになって居ったですが、貴族院議員というものになって登場してみると、ちょっと例を言ってみると、尾崎三良とか仁尾惟茂というような人が非常に働いて居って、その前に大木〔遠吉〕さんとかいうような人が目標になって、大木さんとか、千家さんとか、大浦〔兼武〕さんとか、松平正直さんというような方が非常にこの政府党とでもいいますか、働いて居られたということは知って居りますが、そのまた余波が残って居って、こういう御方が貴族院に勢力を張ってやって居らっしゃったということを微かに見て居りましたが、其所に至ります迄には間がありますから――。

子爵青木信光君　余程間があるようであります。その間に総選挙の色々のことがありましたり、研究会にも木曜会が別れたり種々の問題が――。

花房囑託　そうです。それでこの前に申し上げましたように勅選ばかりの事は幸倶楽部の方面の沿革を申し上げれば凡そ判りますが、それと同時に有爵者の選挙のある度に有爵者の選出の顔触れに依りまして各派の消長が起きる訳で、それで先達て二七会の起こりを一応確かめる為にお尋ね申し上げた。それで第一その後になりますでございますが、その十三議会が明治三十一、二年で、十四議会が二年、三年、それから伊藤公の政友会が三年、四年で、それで四年になりまして、紀〔俊秀〕男爵はお出なって居りませぬが、南岩倉〔具威〕男爵が在らっしゃいますが、それで男爵議員の石田英吉さんがお逝れになりまして、その後に男爵野田豁通さんを推薦するということになりまして、それで推薦状の出ました後に二七会の方では小野尊光さんをお立てになり、それで大分競争が激烈になって参りまして、それで今度は薩摩の島津長丸さんをまた一人立てて、そうしてその結果能く日限は後で訂正致しますが、明治三十四年六月初旬の頃でございましたが、大分是が激烈の競争を為さったもので、そうしてもう一つも裕りの取れないことになってしまいまして、投票の前になりましてから野田さんが九十六票、小野さんが九十票か九十一票、そこで島津さんが四十票で、二百二十六票でしたか、その様になってしまいまして、そのうちに野田さんの方が五、六票多い積りで選挙当日いらっしゃいましたところが、開票の結果は島津さんの投票が二十五票になり、その十五票が小野さんの方に這入って居ったということで、それがその男爵の喧嘩の起源でございますするので、それが結ぼれて或る時はずっと参りまして、是は別な原因でございましたけれども、貴族院令第二次の改正*1、第一回は是は日露戦争の功績に依って授爵さるる御方が多数ある見込みで、その発表になる前に議員の制限をしようというので、第一回の貴族院令改正案が出ました。是は按分比例にするとか、政府の原案通りにするとかいって、大分まあ御議論はございましたけれども、別にその政府のやり方が不公平というようなことではなかったのでございます。

第二回目になって大分その二回目の提案は不公平だというような御議論がございまして、そうしてその結果男爵の方は内輪割れがしてしまって、幸俱楽部の方の策動か何か存じませぬけれども、茶話会、無所属の方の人員が増加してしまったような訳で、それと同時にまた子爵の方でも談話会が組織せられ、四十四年の選挙は大分混雑したように私共は記憶致して居りますが――。

子爵青木信光君　あの時は貴族院令の改正案が成り立って貴族院で協賛を経たものを実行せずに続けて居ったというようなことになって居りましたね――。

花房嘱託　左様です。是は後に矢張り各派の沿革――。

子爵青木信光君　平田君が正会長でありましたね。私共の出ました時分、三十年には三曜会というようなものがあって、選挙に激烈な競争があった。四十四年ではなかったが、なかなか激しいもので、両方とも子爵の議員は六十六名でしたか、七十名でしたかね。

子爵梅小路定行君　そうです。

花房嘱託　七十名――。

子爵青木信光君　二十五名を三曜会が反対派に立ちまして居るに拘らず推そうということで、研究会は公平な積りで詮衡した積りであります。ところが反対の三曜会の方は承知しなくて、非常な激烈な競争になった。ところがそのうちに三曜会の方の形勢非なりとして三曜会の幹事の方から研究会に交渉に来まして、それでは自分の方は二十五名立てるし、君の方は四十五名選出しろという書面が参った。研究会の方では初めからこちらは決まって居る、今更こういう風になった以上はそういうようなことは出来ませぬ。こういうことでお断りをして――。

阪本釤之助君　それは何年です。

子爵青木信光君　三十年であります。それで研究会の方は安心した訳です。ところが研究会は多数で七十名選出した訳であります。ところで私等は研究会ばかりでなく、ああいう方の知名の人を大分入れて置きました。その後何ですね、大分その御方が入会になった。三十七、八年の選挙は無事――。三十七、八年ですか。

花房囑託　三十七年です。

子爵青木信光君　三十七年は無事であった。四十四年の選挙は、談話会というものが出来て、また非常な競争をやった。それから皆一致した。子爵議員の方はそういうような工合になって居りまして、その間に伯爵が別派に分かれて何か色々の問題がありましたね。

花房囑託　その点は私ずっと繰り返して見ますと、子爵の方は長い間反対者の相当の人物を選挙遊ばして居らっしゃったようで、四十四年でもまた矢張り出して居らっしゃったですね。

子爵青木信光君　三曜会というような方は大分選出して居りました。

花房囑託　その点は私から言っては甚だ言い悪いことでありますが、男爵の方は短気でありました。

子爵青木信光君　四十四年の時は色々の問題があって、政友会内閣であったが、お話の伊藤内閣の時分に御承知の通り政党否認、貴族院では違いますが、原敬なんか、星亨なんか、それで以て皆反対の気勢を挙げたことがありましたね。

花房囑託　その頃は申し上げてはなりませんが、私の手控では南岩倉男爵は交渉委員として大分御活動為さって居りましたから大分お話がありそうなことと思いますが。

男爵南岩倉具威君　大分激烈だから口から外に出ない。唯この前に木曜会の出来ましたお話を西五辻君が言われましたけれども、あれは内部の事であって、表面的のことを言うと、あの時新しい議員に選出されました私共が古い方の所に這入っては、どうも新しい考えも実行が難しいから、一つ別に新しい会を立てて貰いたいという心があったところにこの間お話がありましたように木曜会というものが出来たですな。その事だけちょっと付け加えて置きます。

侯爵佐佐木行忠君　木曜会は選挙が済んで直きでしたか。

男爵南岩倉具威君　そうです。七月です。

花房嘱託　十二議会の時は、木曜会は十四人でもう出来て居ましたですな。

子爵青木信光君　三十年頃は他の勅選の方が主なる問題を、清浦〔奎吾〕さんとか、波多野〔敬直〕さんとか、浜尾〔新〕さんとか他会の御方が事務所に来て議会の問題に付いて研究会の勅選の色々の方と相談をされて、其所で決まったことが会の議になったことがあったんです。

阪本釤之助君　総ての政治がそういう風に行くのですな。議員の方で皆様お若いし段々訓練を経て今のような偉い者にお成りになった――。

子爵青木信光君　四十四年から当事者の者が相談するというようなことになったように私は記憶して居ります。

阪本釤之助君　三島〔弥太郎〕さんあたりが初でありますか。

子爵青木信光君　三島君あたりからが初であります。

阪本釤之助君　そうですな。

子爵青木信光君　曾禰〔荒助〕大蔵大臣があの割増金の問題か何か、勧業銀行のあの問題でえらい騒ぎであった。特別委員会で否決して、研究会に移さずして、何でもその時に大蔵大臣を止せと云って、それで以て会の方に帰った。議員が皆決議してやったというような問題がありましたね。

石渡敏一君　大分喧しうございましたね。

侯爵佐佐木行忠君　梅小路子爵にお聴きしますが、梅小路子爵は木曜会に一遍もお這入りになって居りませんでしたか。

子爵梅小路定行君　木曜会には這入って居った筈です。此所にはどうなって居るか知りませんが、木曜会には這入りました。私と、私のみならず、それは三曜会が強くなって一時寄留的に行った。行き場所がないから、そういうことはあった筈ですがね。それは何ですか、花房君、此所には載せませんでしたかね。

花房嘱託　此所に載って居ります。

阪本釤之助君　三十三年にあります。貴方のお名前――。

子爵梅小路定行君　木曜会には行きました。

阪本釤之助君　生駒親忠という御方を私知って居るが、あの方の名前等見えますな。

花房嘱託　梅小路子爵、唐橋〔在正〕子爵、壬生〔基修〕伯爵というような御方が――。

阪本釤之助君　その中で私共が全く知らぬ御方は南光利男爵という御方があります。あとは皆知って居ります。

伯爵徳川達孝君　ちょっと花房さんにお尋ねしたいのだがね、貴族院各派別は年代を別けてお調べになって居るから間違いのあろう訳はないと思うですね。こうやって印刷になる以上は将来残るだろうと思う。そこでどうでも宜いと言えば宜いかも知れぬが、私共その会派別の中に一つ違うことがある。是は私の年を取ったので耄碌してしまったのか、あったのを忘れたのか、或るいは花房君のお調べが間違って居るのか分からぬが、この中に私共は違って居る所がある。是が後に存することになっては、私が死んだ時には宜いけれども、子孫に達孝にそういうことがあったかということを言われますと少し困る。その事を余り申すというと少し皆様に差し支えがあるから申しませぬが――。

阪本釤之助君　仰しゃるが宜いじゃありませんか。この会はその為に出来て居るのですから。

伯爵徳川達孝君　それでそれは何所かというと、是です。こんなことがあったか、貴族院の事務局の方で私をそういう風に見て居るかと思って、私は意外に思った。それは丁度二十八頁、研究会の同賛成派の中、四十名のその中に徳川達孝ということが書いてある。私は議員になって以来罷める少し前迄は純無所属で、無所属組とは違う。その中に純無所属というのは何所にもない。唯純無所属という文字のあるのは二百三十五頁の所に明治四十五年は伯爵徳川達孝は純無と書いてある。其所だけで、何所を見ても純無所属というものはないように思う。私共の持って居る各派別の書類には扶桑会に這入らぬ迄は純無所属なので、それで議員のことですからして、問題に依っては色々賛否があって、丁度研究会に反対のこともある。二十八頁にあって二百三十五頁、そこに初めて純無という字が出て居る。是はお間違いであろうからして、御訂正が出来る場合には同賛成派四十名という中からお抜きを願いたいと思うのです。

石渡敏一君　四十五年に徳川伯爵は交友倶楽部に這入ってお在でになるように思うですが。

伯爵徳川達孝君　どこ迄もそんなことはない。

阪本釤之助君　伯爵の仰しゃるのは無所属だから転籍する筈はない、此所に書かないでも徹頭徹尾研究派ではない、この調べに依りますと、賛成派ということに、この年に至る迄這入っていらっしゃるようになって居る。

伯爵徳川達孝君　是はそういう風に偏ったことはしない。それだけはどうぞ、それに付いて内容は余り申し上げぬ方が宜いと思います。

石渡敏一君　徳川伯爵のお話しになるところの四十五年迄というと、私は四十一年からなったのですけれども、四、五年の間純無所属はなかなかあったんです。

花房嘱託　ちょっと申し上げますが、最後の二百三十五頁の中の徳川伯爵の御名前の下に純無という二字を出して居るということはこの後訂正してございますからどうぞ。この前回に此所は印刷誤りであると申しまして、徳川伯爵は純無、それから岩村兼善は交友倶楽部と、こう訂正がしてございます。それはこの前に――。

阪本釤之助君　貴方の御覧になったのには純無という字はありませんか。私の頂戴したのにはありません。

伯爵徳川達孝君　この中に純無というのはないのです。

侯爵佐佐木行忠君　先き花房さんから言われたように、或る時期は純無があって、あとは純無はない――。

座長（松平副議長）　前の分を何とか訂正するとか――。

書記官長（長世吉君）　純無の方がないのですか。

伯爵徳川達孝君　賛成派に永らくなって居って、それから純無になったという風に、こうなって居ると、何でも斯でも研究会に賛成かと思われる――。

座長（松平副議長）　徳川伯爵、如何でございましょう。是は今御希望もございましたし、事務局の方で一つ純無所属というのをもう少し調べてみましょう。そうしてこの項目の分は訂正することに致します。左様御承知置きを願います。

伯爵徳川達孝君　どうぞ――。

子爵梅小路定行君　伯爵にちょっと伺いますがね、扶桑会は確かあれを解散式をやりましたね。あの時に解散の記念として何かそうでしょう。そうすれば我輩も扶桑会に入って居る。それが載って居らぬね、花房君。我輩と今故人になって居るけれども舟橋〔遂賢〕子爵、唐橋子爵、久世〔通章〕子爵、是は木曜会に一遍入ったことがある。暫く居った。三曜会の落武者はあっちこっちへ行って居る。木曜会に入ったり、その当時行く所がなかったので、どういう意味にしても扶桑会に入ったことがあるのです。扶桑会と三曜会の壊れました時は扶桑会というのは――。

〔欄外〕扶桑会と木曜会と混同の気味あり(花房)

花房嘱託　余程年代が違います。研究会を脱会なさって後扶桑会にお入りなすったのじゃありませぬか。扶桑会の出来ましたのは、明治四十年後、四十一年か四十二年――。

子爵梅小路定行君　研究会へ我輩等の入ったのは、明治三十四年でしたかね。

花房嘱託　丁度堀田〔正養〕さんが研究会をお出なさる時子爵閣下もお出になった。それも四十二年後――。

子爵梅小路定行君　そんなことはない筈だがね。

花房嘱託　扶桑会は明治四十年以後であります。

〔欄外〕扶桑会は明治四十一年十二月に(花房)

子爵梅小路定行君　明治四十四年というのは、我輩が退籍して政治に関係がなくなった。だからそういうことはない。扶桑会はもっと前に解散して居った。何処かでカフス釦等を貰ったのは余程前でしょう。四十四年には扶桑会が出来る筈がない。

花房嘱託　この辺りはどうぞ御訂正を願います。それでちょっと徳川伯爵に申し上げますが、この前にもお断り申し上げてありまして、この明治四十一年後は貴族院の各派の名簿を戴きまして、そうして印刷致しましたから、それは事務局で責任を以て修正を致さにゃなりませんが、それより前では各事務所にあったものを参考とし、それから新聞に載せたものを参考として皆様の御研究の材料に備えたもので、是は御訂正を願う積りで印刷したのでありますから、どうぞその点だけは御諒承を願いたいと思います。

伯爵徳川達孝君　事務所の方のと事務局からお配りのと、それから新聞や何かのことで仰しゃったのであるのですか。

花房嘱託　左様です。事務局も矢張り当時の書記官長あたりの腹の中の想像を現わしたものでございますから――。

座長（松平副議長）　徳川伯爵の所に何か古い書いた部属のものでもあるのでございますか。部属ではない、会派の書いたものがお手許にあるのでございますか。古いところが――。

伯爵徳川達孝君　あるかも知れません。

座長（松平副議長）　それをお調べになって、それをまたこっちへ戴きましたら、それを基にしてやりますと大変都合が好いと思います。

伯爵徳川達孝君　家に何かあるか調べてみまして、今の扶桑会の人名簿でもあったら差し上げることに致します。

座長（松平副議長）　それでは、それを書記官長迄お出しになって戴きましたら――。

花房嘱託　それで実は伯爵閣下に申し上げますが、伯爵の集合遊ばす団体の御事情の材料が欲しくて、先達てからも松平伯爵に無理なことを申し上げまして、伯爵の御関係の無いものを、伯爵が御関係のあったかのように私申し上げまして、その速記を取り消す積りでありました。今月適当に取り消す積りでありましたけれども――。

座長（松平副議長）　もう少し材料を集めないとちょっと分かりません。

伯爵徳川達孝君　あるかどうか分かりませんが、兎も角あるだけは差し上げます。

花房嘱託　扶桑会の方は貴族院にお届けになりましたらございます。

伯爵徳川達孝君　二十五名というのは困った。兎に角扶桑会は特別の御憐憫を以て、二十五名だけで独立の会派になった。それでああいう方を集めて二十五名にしようと思った。

［欄外］扶桑会が二十五名に達したりという事はまだ承知しませぬ（花房）

佐佐木侯爵　今の記事ですね。是は事務局で印刷でもされて、之に付けて置いた方が宜かろうと思います。つまり是と別になりますが、速記を読めば分かりますから、之に付けて置いた方が宜いと思います。

花房嘱託　ええ。

座長（松平副議長）　是は纏めるのも大変なものです。余程訂正をしなければならぬ。それで出来たら――。今じゃ極く綜合したあら筋のことをお話を願って、それから後でそれをずっと初めから終い迄纏めて行くようにしないと、今は何処でも構わないお話を願った方が宜くはないかと思います。今決まって了うというと、それきりお話が出ませんから、阪本さん等も一つまあ貴方の御承知の事を時代構わずやって戴きたい。

阪本釤之助君　只今承って居ると、私の喋りたいと思うのは、まだ大分距離があるから――。

座長（松平副議長）　それは構いません。構わずやって戴きたい。そうすると、その前にはこういうことがあったと、どなたか思い出すかも知れませんから、貴方のお入りになってから後のことをずっと一つお話を願ったらどうでしょう。

阪本釤之助君　青木さん等の御承知のことを申し上げるのでありますが、私が貴族院に入れて戴きましたのは明治四十四年でしたと思います。その時は直ぐに研究会へ入会を願いまして末端に居りましたが、是はもう研究会というものの大きい本の歴史をお調べになり、また御承知の方も沢山ありますから、私から申し上げる必要もないと思いまするが、今から顧みまするると、その時分から研究会は非常に盛んなものであり、丁度三島さんが牛耳を取って居らっしゃった。それ以前のことは岡部〔長職〕さんとか、ずっと古く行けば吉川〔重吉〕さん、平田〔東助〕さん、堀田さん、司法大臣をなされた波多野*2〔敬直〕さんですか。こういうようなことは私が申し上げる迄もございません。

そういうことはずっと済んで了って、三島さんが秩序正しく押えて居らっしゃったようでありますが、その時の事を今から顧みますと、今でもお喋りですが、入った時から謹んで居るべきものでありましょうが、私は入った時から主張を致して居りますし、また問題があれば色々なことを言ったもので、今でも冷や汗が出るようですが、中々色々なことを言ったのであります。青木さん等が妙なことを言うと、思召しだろうと思いますが、随分賑やかなものでした。それからその結果が――。

大正十年の結果ということでもありませんが、大正十年に原内閣の時に中橋〔徳五郎〕文相が、高等学校増設という妙な、一時に高等学校を造るという案を出されまして*3、帝室からも少なからぬ御寄付を仰がれた。之に私共非常に反対を致しました。高等学校等というものは、富んだ者の子弟が入学すべきものである。行くならば金は自分から出してやるが宜い、皇室のお金迄も御無理を申して、そんなに沢山造らなければならぬということはないというような理窟を申しまして、まあ今から顧みると岡田〔良平〕君がその節の牛耳を取って居ったといっても宜い。私等の阪本一個の議論としてはそういうものであります。

そんな者がまあ十人ばかり居りましたので、頻りに主張したのでありますが、大勢はまあ色々なことがございましたろうけれども、順応して行こうということで除外例を求めて、この議論だけは別の意見を主張することをお許し願いたいということを申し上げましたので、御承知下さったようでありましたが、研究会は余程固く結んで居らっしゃって、左様な誤解した例を開くということは宜しくないということで、誠に慇懃な御態度を以て、どうか辛抱して呉れというお話でございましたけれども、到頭脱退するより仕方がないというようなことが、無所属というものの出来ました元であります。その無所属という名前は此処にありますが、前には別に無所属というものがありまして、その頃には亡びて居りましたから、名前の付けようがないから無所属という名前で、この無所属の御相談を願うに付いては赤裸々に申すことは御迷惑と思いますが、佐佐木さん、どうですか。

〔欄外〕平田さんは研究会に関係なし。最初より茶話会員なり（花房）

〔欄外〕勝田（主計君ならん）で無く堀田〔正養〕子爵ならむ。堀田子は内務大臣でなく逓信大臣に任せられたる事あり

佐佐木侯爵　どうぞ。

阪本釤之助君　余程御援助下さいまして、公侯爵、それから黒田〔長和〕男爵、岩倉〔道倶〕男爵、藤村〔義朗〕男爵、という風な御方が関係された。是は研究会の外の御方でしたけれども、御援助下さいまして、その議論が一致したのであります。高等学校を増設するということは、別に研究会がどうするこうするというのではない。その後ずっと錦水会と申して、錦水へ寄って酒を飲む会がありました。この連中が加わって錦水会というものは出来たのでありますが、この錦水会というのはもう今は中断して了いました。その節は確か十名位のものだったと思いますが、それでは交渉団体にならず、どうかして二十五名に達しようというので、今の侯爵、男爵の御援助を得てそこらのお名前を拝借して手紙を出して戴きました。その時にはえらい集って来まして、二十五名の御方が出来ましたのであります。それは華族会館に集まりまして相談を重ねたのでありますが、中々是だけの数を纏めるには骨が折れました。今でも覚えて居りますが、夜分あれは二階の方の部屋でない方でありましたが、まだ見えませぬか、まだ見えませぬかという御催促がある。まだ見えませぬという訳で迚も面白い幕がありましたな。

佐佐木侯爵　ありましたね。

阪本釤之助君　あなた方が助けてやろうという御方と、是非こうしろという方とが、二階と下とで。私共の方の居った所は以前の華族会館の西北の隅の所の、余り感心せぬ部屋でありましたが、其処に居った。二階の方に居らっしゃって話をされたがどうも旨く行かぬということでありましたが、到頭二十五名になりました。今から考えるとそれは今の火曜会の御方が大分多数居らっしゃるように思う。名前を読み上げて宜いですか。

佐佐木侯爵　どうぞ――。

座長（松平副議長）　既往のことでありますから――。

阪本釤之助君

伊藤博邦公　徳川慶久公　二条厚基公　鍋島直映侯　徳川圀順侯　細川護立侯　佐竹義春侯

木戸幸一侯　佐佐木行忠侯　久我常通侯　中山輔親侯　藤波言忠子爵　加藤高明子爵　松室致

沖原光孚男爵　北条時敬　平井晴二郎　黒岡帯刀　西村精一男爵　渡正元　藤井包総男爵

岡田良平　上山満之進　阪本釤之助　田所美治

この二十五名が十二月二十五日の夜顔揃えが出来て、皆御出席でもありませんが、相談した結果、兎に角二十五名の交渉団体が成り立ちました。その時にこの中から交渉委員になって戴きました御方が二条厚基公、徳川圀順侯、細川護立侯、佐佐木行忠侯、黒岡帯刀君、田所美治君。この六名の御方に交渉委員を願うということになったのであります。そうしてちょっと小さな団体が出来た。是が即ち無所属の始まりであります。それでまあずっとやって来ましたが、近年に至りまして段々衰運になり、衰運という言葉はいけませんが、まあ時勢の変化に依って数が減って、無所属の方も何だか大分心細くなって来ました。到頭合併を致しまして、名前はどういうのが宜かろうかというようなことで、同和会という名前が出来ましたのが、即ち今日の同和会であります。この同和会の月日等はちょっと今覚えて居りませんが、是は近いことですからお調べになれば分かるだろうと思います。

初め無所属が出来ました時から、華族会館は政治上には使ってはならぬということでありまして、今館長がお聴きになったらお叱りを受けることと思いますが、実は晩餐会で寄っては――、事務所も何にもないから華族会館に寄って晩飯を食うのが即ち無所属の会であった。然し私共には非常に結構なことです。一向金も掛りませず、ボーイ長の鈴木等という人も非常に心易くなって了って、時々集まっては晩飯を食うということになる。今度は同和会に入りますと事務所が出来た。近代は幸倶楽部の同成会、公正会、交友倶楽部は別ですが、同成会、公正会、同和会という三つの事務所になって居ります。是は即ち今日の現況であります。

ちょっと一時はこの無所属も同和会も盛況を呈しまして、四十何名というものがありましたけれども、誠にこの消長が始終あるものでありますから、年寄が多い会でありますから、近代は私共は中老というようなところでありますが、始まりと終いを見まするというと、その間のことは他の派においても同じことである。数の消長は議論はありますけれども、然し目ぼしいやかましい者が集って居る所でありますから、中々議論は始終ありますけれども、高等学校の増設に関するような目ぼしいことは内容は余り記憶して居りませぬが、最初は無所属の御方が多数でありましたが、段々今日は火曜会も出来まして、その中では年を取られた御方が沢山ありまして、寧ろ勅選の多数の集まりのようなことになりました。そうして是が他の派と同和会となりましてからは、もう全く有爵の御方では今じゃ加藤〔高明〕君も死なれましたし、幣原〔喜重郎〕、若槻〔礼次郎〕、もう有爵者というものは殆ど少ない。全く勅選の集団というような形になった訳であります。もうちょっと申し上げると宜いのでありますが、今直ぐに申し上げることはまあそんなことで、外に考え付いたらまた申し上げます。

それから、昭和二年頃のことをちょっと手帳がありますが、その頃には昭和二年の十二月議会召集の散会後華族会館に集って午餐を共にしたのは、細川侯、大久保〔利和〕侯、鍋島〔直映〕侯、佐佐木侯等総数十七人。あれは佐佐木さん、何ですか、火曜会は居られましたか。

侯爵佐佐木行忠君　はあ、居りました。

阪本釤之助君　そうですね。

座長（松平副議長）　河井さん、どうですか。貴方何か――。

河井弥八君　まだ私共は――。

座長（松平副議長）　ぼつぼつやって行ったら――。

阪本釤之助君　今居らっしゃる書記官長としての御方では貴方が一番古いだろう。

河井弥八君　柳田〔国男〕さん。もっと古いのは金子〔堅太郎〕さん。

阪本釤之助君　柳田さんは商売変えなさったし、金子さんは余りに古過ぎて、極く近いところで。

石渡敏一君　商売変えをしたというと、貴方も商売変えをしたじゃありませんか*4。

河井弥八君　私共初めて書記官長になりましたが、各派の帳面というのは偉いもので、書記官長の本当の虎之巻で、中々其処いらに出たものじゃない。之を持って居れば、本当に何というか、色々なことが分かるので、議員諸君から非常に喧しく言われまして、そんな物を持って居るのは怪しからぬ、俺はそんな会に入っちゃ居らぬというようなことを大変言われたものですから。本当に入って居っても入って居ないように韜晦してござった方があったのであります。それがまあ段々何でもなくなって了って、そうして誰にでも分けてやってあったのです。一番初めは太田〔峯三郎〕書記官長は非常に厳重に言い渡して、人に見せちゃいかぬというので、非常に喧しく言ったものであります。

阪本釤之助君　矢張り今の書記官長に引き継がれて居りますが。

河井弥八君　我々の書記官長時代には、印刷してやっても誰も何とも言いやしない。今は議員諸君が新聞記者を相手にして何でも話すようになったから、それは一向構わなくなった。以前は随分喧しくて、叱られたりなんかしたものです。

石渡敏一君　ちょっと交友倶楽部のお話をしてみましょう。然し今日何にも用意してないので、皆集った人の数も申し上げることは出来ない。唯大正元年十二月に三十名の人がありますが、是はまあ余程大きくなってからのことであります。私は明治四十一年に議員になった積りで居るのですが、此処のお調べでは四十年になったことになって居りますが、どうも私の記憶と少し違って居る所がありますから、是はお調べを願いたいと思います。私は四十一年の一月と、こう思うのであります。一月に辞表を出して此処の議員となったと思うのであります。

それから、岡野敬次郎、この人も私より一年位遅れはしないかと思う。西園寺内閣の続いただけに岡野君の方が遅れて議員になった訳です。安楽兼道君は私共より少し古くなって居った。この大正元年十二月に三十名の中で私より先になって居る人を見ますると、役員の方の松岡〔康毅〕、鎌田〔栄吉〕、馬屋原〔彰〕、山脇〔玄〕、是等の諸君が先になって居って、それから安楽兼道君が先に議員になって居った。岡野君、それから私等が後からなって、一つの会合をやろうじゃないかと、こういうことになったのであります。西園寺内閣の下に議員になった者が集ってみようじゃないかというのが、六、七人であったのであります。その中にまあ鎌田、松岡を入れて、それから山脇、馬屋原というのは客員として呼ぼうじゃないか、松岡君を殊更に客員とするということになったのは、丁度私等が四十一年に議員になった時分には、是は外の会派の事で私が言う必要はないようなものですが、一面には研究会はもう成立して立派な会派を備えて居られた。それから一面には幸倶楽部、この幸倶楽部が妙に三つにその時には分かれて居った。無所属組というのと、茶話会と、それから幸倶楽部員という、この三つに分かれて居ったのです。それは何故――、私は間違いならば後から訂正しますけれども、実は研究会の方から来ないかといって青木君から頻りに言われたこともあった。

それから幸倶楽部としては田〔健治郎〕君等が一緒に次官をして居ったことがあったのですから、幸倶楽部に来ないか、茶話会とか無所属といっちゃどうも困るかも知れぬけれども、幸倶楽部に入って来ないか、こういうのでありまず。幸倶楽部というのは無所属のものであるから、現に松岡君もそれに入って居る、こういう話だった。けれども是は一つ内証に願いたいのですが、妙に私には余り外へ行くなという話が内閣から来たものでありますから、どちらも私はお断りして居った。その外に党派として成り立って居ったのは、千家さん達がやって居った男爵——、全部の男爵じゃないけれども、男爵会が成り立って居った。木曜会と言ったですか——。

〔欄外〕石渡君は明治四十年十二月十日勅選

〔欄外〕交友倶楽部は明治四十三、四年頃の都下の各新聞には其集会等の記事掲載、其事務局に届け出は大正元年十二月の召集の時ならむ(花房)

〔欄外〕この辺、幸倶楽部の事情に付言明せらるゝ所其真相を得ざるものゝ如し。幸倶楽部は会派にあらず、議員の集会所也(花房)

〔欄外〕この辺、木曜会と其の選挙母体たる〔二七会〕と公正会の選挙母体たる〔協同会〕と混雑せるものゝの如し(花房)

〔欄外〕協同会の成立は明治三十四年なり。又協同会は選挙母体にして貴族院の会派に関係なし。石渡君の会派の出入に協同会を云々せらるるは飛んでもなき間違なり。

子爵梅小路定行君　協同会。

石渡敏一君　協同会は後から成り立って、何でも勅令の改正の時分に是も研究会の方と木曜会の両方から引っ張られて、あっちに行き、こっちに行き、頻りにやられたことがあると覚えて居ります。それで到頭私は、その時には千家さんが余りどうも大きな声をして威張り散らしたので、それが癪に障ってそれに同意しなかった。で私は研究会の数の方に入った。それだけ記憶して居るのでありますが、つまり主なものは三つであった。幸倶楽部の外に二つ会があって、幸倶楽部、研究会、土曜会、この三つがその当時成り立って居った。そこで私等が四十一年に入りました時には、全く無所属であって、一人ぼっちで居ったのであります。殆ど何にも分からなかったのだから、古市〔公威〕君が、その当時幸倶楽部の茶話会だったろうと思いますが、茶話会の方に行って、どうも余り貴族院の党派というものは人に物を知らせぬものだ、酷過ぎるではないか、何かそんな文句を言うよりも会に入ったら宜いじゃないかというような、こういう竹箆返しを喰ったことがあった。是も癪に障ったけれども、何とも仕方がなかった。その当時何でも久保田譲、あの人達が何か会を起こして委員会が出来上がったことがあるのであります。その時も矢張り私は曾我〔祐準〕さんとか久保田さんの方の意見と反対してやって、その時に曾我さんからして酷く怒られたことがあったのです。その会としては今お話する三つがあって、その外にさっき徳川伯爵のお話しになった純無所属があった。之に大分人が居たようであります。この中には色々種類があるのですけれども、私等の知ったところでは、純無所属にはその時分に十人か十五人位居はしないかと思って居りました。そうこうして居る中に仲間入りが出来てきた。岡野敬次郎君が罷めて貴族院議員になった。それから安楽兼道、奥田義人、奥田は後かも知れませぬ。鎌田、松岡、都合西園寺内閣の時分に議員になった連中七人ばかりが帝国ホテルに寄って食事を共にして、そうして一つ組合を作ろうじゃないかというところから始めましたのが抑々初めなんでございまして、是は年代或るいは集った人のお名前はちょっと私今記憶がないのですが、交友倶楽部にはちょっとしたものは書いてあると思いますから、それを差し上げようと思います。

客員として居るのは、是は元無所属の人、或るいはさっきお話した幸倶楽部に居った御方は、どうだこっちへ来ないかと云ったらば入って来られた。それで一緒になってやって居りましたが、多額納税議員が大分我々の方に同意して入って来て呉れたものだから、大分勢力が付いたが、まだ二十五人の勢力は迚も得られなかったが、大正元年十二月三十日としてあるのは、恐らくは初めて交渉団体になった時分の話じゃないかしらんと思うのです。この前に一つの歴史が付く訳になって居る。それだけの事は交友倶楽部の薄い報告か何かが毎年出して居りますが、その報告を御覧下さいますと、初めの所に書いてある。極く簡単でありますが、まあそんな工合で出来上がった会合なんでございます。

［欄外］協同会の成立は明治三十四年にして、選挙母体で会派にあらず（花房）

［欄外］是の年代が明治四十二年にあらざるか、其れより各新聞紙は交友倶楽部の集会云々と記載するに至れるか（花房）

阪本釤之助君　今木曜会のお話がありましたので、ちょっと挿話を申し上げますが、丁度私は東京府の書記官をして居りまして、千家氏が知事をやられて芝公園の官舎に居って、私は隣りの小さな秘書官の官舎に居りました。時々夜中に人力車の出入りが多くて議員が喧しいというので、千家さんの所に出入りが多くなりましたそうですけれども、私はその時分には無関心で、東京府の仕事を一生懸命になってやって居ったから、貴族院がどんなものやら殆ど感じなかったのですが、その時最も名の知れた方は杉渓男爵、紀男爵、平野〔長祥〕男爵、金子〔有卿〕男爵というような御方だったように私は思います。段々こう太って行きましたが、終いには松岡さんなんかが入って来ました。

［欄外］其当時が明治三十四年六月の男爵選挙の大競争の時なるべし。協同会は此の選挙競争に基因して成立せるものなり（花房）

石渡敏一君　それからおかしなことを申すけれども、無駄話の一つにもなるか知らぬと思うのは、あれは何年でございますか、千家さんの時にやって居った木曜会というのは解散して了ったことがあります。色々その事に付いては原因があるらしいですけれども、解散して男爵を各会に分属して了ったことがありましたな。是はまあ皆さん御承知の方なんです。今迄なかったところの茶話会だとか無所属に分配し、それから伯爵会の中にも一人か二人入って居やしないかと思う。

座長（松平副議長） 曾我さんが入ったですがね。

［欄外］曾我祐準子爵は此の紛争には全く無関係なる事は花房之を弁明仕候

石渡敏一君 研究会にも大分入って居りましたな。

座長（松平副議長） 入って居りました。

石渡敏一君 方々へ分属したけれども、誰がどういう風にして分属したかそれが分からないで、私共の所だけは誰も男爵が来なかった。それで以て妙なことをするじゃないかと云って、不服をまた並べたことがあったのです。妙に方々に分属して了ったというようなことがあって、交友倶楽部だけは分属の中に与らなかったことを覚えて居ります。

阪本釤之助君 この記録を見ますると、四十三年の末に連袂して脱退していらっしゃる。此処迄言うのはどうか知れませぬが、大浦さんが操縦して打ち壊したのだそうです。

石渡敏一君 そういう話でありますが。

阪本釤之助君 それはこの会には相応しくないから言わないが――。

石渡敏一君 そういうことであると、借金のある連中に借金取りが借金を取れ取れと云って責め込んだというようなことで、非常に弱ったというような話も聞いて居った。それは会の趣意でないから黙って置きますが、兎に角分散をして、我々の所へは一人も寄越さなかったことだけは覚えがあるのです。

阪本釤之助君 十名ほか残って居らっしゃらない。あとがね。それがその時でしょう。その時に貴方がたに語られたのでしょう。是はどうも――。

石渡敏一君　是はどうも青木君が能く知って居られて――。それから何だかこの男爵がぶつぶつ不平を起して分属するということはいかぬというので一つになったそうですが。

座長（松平副議長）　如何ですか、今日はまあ是位のお話に願って置きまして、それからまた十月にでも、まあ八月と九月は一つお休みを願いまして、十月匆々に願ったらどうかと思います。その内には近衛〔文麿〕公でもお帰りになりますから、それでは今日は是で会を止めたいと思います。

〔欄外〕五月十七日近衛議長渡米、八月一日帰朝

＊1　第二十一議会で議決された貴族院令の改正（第一次改正）が一度も実施されていない第二十五議会に第二次桂内閣は伯爵十七、子爵七十、男爵六十三各名以内を定数とする貴族院令改正案を提出した。研究会は現行の貴族院令では子爵議員の優位は失われるとして改正を求めており、桂内閣の措置は彼らの期待に応えるものであった。本改正案は委員会では否決されたが、本会議で可決された。

＊2　波多野敬直は内務大臣の経歴はなく、第一次桂内閣の司法大臣をつとめた。

＊3　原敬内閣は高等学校の増設など高等教育機関の充実をおこない、第四十一議会（大正七年十二月～八年三月）に「高等学校創設及拡張支弁ニ関スル法律案」を提出した。

＊4　河井弥八は貴族院書記官長より、大正十五年七月内大臣秘書官長に転じ、以後宮内省の要職を歴任した。本談話のときは帝室会計審査局長官。

【解題】「旧話会速記」各写本と本書の編纂過程

内藤 一成

今回尚友ブックレットとして刊行された「旧話会速記」は、昭和のはじめに貴族院の往事を知る議員と事務局職員たちが集い語り合った記録として、また近年、歴史の記録手法として注目をあつめるオーラルヒストリーの先駆をなすものとして、きわめて興味深い史料である。同速記は、昭和五十五年（一九八〇）に刊行された尚友倶楽部編『貴族院の会派研究会史』明治大正篇（以下『研究会史』）のなかで紹介されて以来、一部でその存在は知られていたが、これまで一般に見ることのできない、いわばまぼろしの史料であった。

本解題では、旧話会の歴史と「旧話会速記」の特色をあきらかにし、そのうえで今回『新編旧話会速記』というかたちで世に出るに至った経緯を述べることで、本書の理解に役立てたいと考えている。

一 旧話会の創立

旧話会が創立されたのは昭和二年（一九二七）十月十一日である。貴族院関係者による史談会という構想の発案者は貴族院議長公爵徳川家達であった（以下引用は国立国会図書館憲政資料室所蔵「旧貴族院五十年史編纂収集文書」所収「旧話会創設関係書類」より）。

徳川はこの構想を実現に移すべく同年九月三十日付で「今般貴族院ニ関スル史談ヲ交換シ併テ御懇親

ヲ厚クスルノ目的ヲ以テ別紙趣意書ノ如キ計画ヲ相樹申候ニ付テハ将来会員トシテ御賛同相願度。猶各位ノ御意見拝聴旁規約案等ニ就テ御協議申上度候間、来十月十一日午後三時貴族院議長官舎へ御光来被下度」という書簡を関係者へ送り、参加をひろく呼びかけた。

史談会の意義について徳川は、右書簡に同封した設立趣意書案のなかで次のように述べている。わが国の憲政史を振り返ったとき「公文書等ニ依リ表面的ニ観察シ得ザル事実感想等テ仲々記録ニ留メ置キタキ事ガ尠ナカラヌヤウニ思」われ、これらを「謬リナキヤウ統一的ニ之ヲ記録シ置クコトハ誠ニ必要デアリ、興味モ多カラウト存ジマス」とした。そのための方法として「此ノ際貴族院議員又ハ貴族院事務局ノ職員及過去ニ於テ議員又ハ職員タリシ人々相集マツテ憲法制定当時ヨリ引続キ貴族院ニ関係シタル色々ノ事件、制度ノ変革等ニ関スル秘史逸話感想等ヲ談ジ合ヒ、且ツ面白イト思ハルル談話ナドヲ記録ニ留メテ実際上ノ参考ニモ供シ、又懐古ノ資料トモスル」ことをめざした。

そもそも徳川はなぜこの時期に貴族院史談会を企画したのか。趣意書案では「［わが国の憲政史を］裏面ヨリ見、又ハ側面ヨリ窺フ場合ニ於テハ可成リ興味モ多ク、且ツ将来ノ参考ニ資スベキモノガ矢張リ相当豊富ニアツタヤウニ考ヘラレマス」とあるのみで明瞭でない。推測だが、おそらく昭和二年という時期が影響していたと思われる。この年は徳川幕府が終焉を告げた慶応三年（一八六七）からちょうど六十年目にあたり、翌三年は明治維新から六十年、近代日本は還暦を迎えようとしていた。この間、時代は明治、大正、そして昭和へと移り、立憲政治の象徴的存在として、明治二十三年（一八九〇）、衆議院とともに産声を上げた貴族院もすでに四十年近い歳月を重ね、往事を知る関係者も次々と鬼籍に入っていた。さらに近年は貴族院の政治活動に対する批判が第二次護憲運動を惹起するなど、同院の意義をあらためて問う動きがひろがっていた。激動の幕末に生まれ、近代日本の発展とともに半生を送ってきた徳川が、貴族院の過ぎし日を関係者とともに温めあい、これを記録にとどめて未来への財産としようと考えたとしても不思議ではない。
案内状は二一〇名に送られたというが、十月十一日の会合の出席者は「貴族院日誌」同日条（憲政資料室所蔵「旧貴族院五十年史編纂収集文書」）によれば新旧議員七三、同職員八名、計八一名、前掲「旧話会創設関係書類」には現議員五四、旧議員一八、現職員五、旧職員三、合計八〇名と記されている。人名は左記のとおり。

公爵　徳川家達
侯爵　黒田長成・蜂須賀正韶
伯爵　松木宗隆・松浦厚・寺島誠一郎・柳沢保恵・柳原義光・徳川達孝
子爵　京極高徳・実吉安純・樋口誠康・青木信光・冷泉為勇・伊集院兼知・水野直・吉田清風・藪篤麿・秋月種英・八条隆正・立花種忠・山口弘達・梅小路定行・青山幸宜・入江為守
男爵　野村素介・阪本俊篤・阪谷芳郎・山内長人・船越光之丞・千秋季隆・北大路実信・坪井九八郎・神山郡昭・福原俊丸・黒田長知・小畑大太郎・西五辻文仲・杉渓言長・南光利・平野長祥・長松篤棐・山内豊政・楠本正敏
勅選　古市公威・浅田徳則・犬塚勝太郎・木場貞長・和田彦次郎・河村譲三郎・石塚英蔵・小松謙次郎・石井省一郎・三宅秀・原保太郎・藤田四郎・加太邦憲・阪本釤之助・橋本圭三郎・倉知鉄吉・山之内一次・南弘・鎌田栄吉・室田義文・安楽兼道・菅原通敬・西久保弘道・一木喜徳郎・江木千之
多額納税者　日高栄三郎・桑田熊蔵・鎌田勝太郎
貴族院事務局　成瀬達・木下蔭高・石橋徳作・河井弥八・山口金太郎・蔦野孝卿・瀬古保次・小林次郎

当日の協議の模様は、本書に全文が収録されており、詳細はそちらに譲る。協議の結果、未定であった会の名称は「旧話会」に決定し、左の規約が定められた。

旧話会規約

第一条　本会ハ旧話会ト称シ事務所ヲ貴族院事務局内ニ置ク

第二条　本会ハ会長ノ定ムル所ニ依リ時々集会シ会員相互ノ懇親ヲ図リ、及貴族院ニ関スル史談ヲ交換スルヲ以テ目的トス

第三条　本会ハ左ノ会員ヲ以テ組織ス

一　十年以上貴族院議員又ハ貴族院事務局高等官ノ職ニ在ル者及其ノ職ニ在リタル者。但シ議員及高等官ノ在職年数ハ之ヲ通算スルモノトス

二　前号ノ在職年数ニ満タザル者ト雖会長ヨリ会員トシテ推薦シタル者

三　貴族院議長又ハ貴族院副議長ノ職ニ在ル者及其ノ職ニ在リタル者

四　現ニ貴族院事務局高等官ノ職ニ在ル者

第四条　本会会員ノ入会及退会ハ之ヲ幹事長ニ申出ヅルモノトス

第五条　本会ニ左ノ役員ヲ置ク

会長　　一名

幹事長　一名

幹事　　若干名

第六条　会長ハ貴族院議長ノ職ニ在ル者之ニ膺リ会務ヲ総理ス

幹事長ハ貴族院書記官長ノ職ニ在ル者之ニ膺リ幹事ヲ指揮シ会務ヲ掌理ス
幹事ハ会員中又ハ会員外ヨリ会長之ヲ嘱託シ会務ヲ執行ス
第七条　本会ノ経費ハ会員ノ醵出ニ依ルモノトス。但シ当分ノ間之ヲ徴収セズ

要するに旧話会とは、十年以上のキャリアを有する議員または事務局職員、とりわけ貴族院創設当時のことを知る関係者を中心に、「貴族院ニ関スル史談ヲ交換スル」ことを目的とする集まりであった。また同会は一応徳川を中心とする任意の団体であったが、事務所が貴族院事務局内に置かれ、貴族院議長が会長、書記官長が幹事長をつとめるなど、半公的な性格を有していた。

その後十月二十四日には、議長名で「旧話会未回答者九十七名ニ趣意書及規約書ヲ送付シ賛成及入会回答ヲ求メ」たという（「貴族院日誌」同日）。また十月二十八日、成瀬貴族院書記官長を中心に旧話会幹事会が開かれ「一、総会ヲ開キ金子〔堅太郎〕子爵ニ談話ヲ乞フコト。問題　貴族院ニ関スル諸法規ノ制定。二、第一回ヨリ第四五回頃迄ノ議員ヲ集メ談話ヲ為サシムルコト。三、尚会派ノ消長変遷等ノ調査ハ花房〔崎太郎〕・川村〔種次〕両君ニ依託」（「貴族院日誌」同日）と当面の方針が決められた。

旧話会の活動に関しては、「貴族院日誌」及び昭和八年十一月に作成された「旧話会経過概要」（憲政資料室所蔵「近藤英明関係文書」、以下「経過概要」と略す）によって、ある程度確かめることができる。「経過概要」によれば昭和二年十月十一日の会合は「創立協議会」であり、十二月七日が第一回旧話会だという。この点「貴族院日誌」では十二月七日と、次の昭和三年四月九日の旧話会がともに第二回と記されており、カウントを改めたものと思われる。内容は後で紹介するとして、両日とも速記録は存在する。

当日の模様は「貴族院日誌」には「旧話会（第二回）午后二時ヨリ議長官舎ニ開催。第一回ヨリ第二

十回議会ニ関係ノ新旧議員ノ会員ニ対シ通知セリ。徳川議長以下会員十七名及通知セサル鎌田栄吉君計十九名出席」、「南部〔マヽ〕男、杉渓男、松平乗承子、稲垣〔太祥〕子、平山〔成信〕男等懐旧談アリ、中途金子子爵来会予算審査期限ノ件、憲法并附属法規制定当時ノ事情ニ付談話アリ」と記されている。

第二回は昭和三年四月九日に開かれた。当日の「貴族院日誌」によると「午後二時第二回旧話会ヲ議長官舎ニ開催。議長・副議長以下三十四名成瀬幹事長幹事全部来会。金子子爵ノ講演アリ」とあり、「経過概要」では「前約ニ依リ金子子爵ハ『議会開設当時ノ事情』ト言ヘル題下ニ約二時間ニ旦リテ詳細ニ講演セラル」とある。旧話会が金子に講演を要請していたことは前述のとおりである。

ところが、この日、金子が旧話会で講演をおこなった事実は、現存する「旧話会速記」中に記録が存在しないことなどの理由により、今回の本書の刊行に伴う調査が実施されるまでほぼ完全に忘れ去られていた。調査の結果、この時の記録が前掲「旧貴族院五十年史編纂収集文書」中に「議会開設当時の事情」という表題で残っていることが判明した。同史料は貴族院五十年史編纂掛が昭和十六年十一月に作成した写本で、オリジナルは旧話会が『貴族院旧話会講演集第一　議会開設当時の事情』としてまとめたものを「議員の議会制度研究上必要となる参考資料として認め印刷に付し議員に配布」した『貴族院彙報附録』である（以上「議会開設当時の事情」）。他とは別形式でまとめられ印刷頒布されたことが、結果として同記録の存在を埋もれさせてしまったといえよう。「講演集第一」とあるのは、旧話会が今後もこうした形式の記録作成を予定していたことのあらわれといえるが、続編の存在は確認できていない。なお同記録は高瀬暢彦編『金子堅太郎著作集』第二集（日本大学精神文化研究所、一九九六年）にも全文が収められている。

旧話会の開催に話を戻すと、昭和四年七月九・十六・二十三各日に山口弘達を招いて会が開かれた。「経過概要」によればこの時の会合は臨時会で、「日記ニ基キ貴族院ニ関スル実験談ヲ聴取」したとある。このときの記録はすべて存在する。「貴族院日誌」には「旧話会ニ関シ本日午后一時ヨリ院内階上内談室ニ於テ子爵山口弘達氏ノ来院ヲ乞ヒ、研究会ノ起源沿革等ニ就テ談話アリ」（七月九日条）、「午前十時ヨリ山口子爵ノ来院ヲ乞ヒ旧話会ニ関スル談話アリ。正午散会」（七月二十三日条）とある。現存する速記録には臨時会のことはまったく記されていないが、出席者を見ると、議員は山口だけで、ほかはすべて貴族院事務局関係者となっており、たしかに通常の会とは性格を異にしている。

七月二十三日の会合を最後に「爾後都合ニ依リ旧話会開会ニ至ラズ」（「経過概要」）とあり、会は中断期にはいった。中断の理由は定かではないが、昭和五年より六年にかけて徳川が外遊したこと、同六年五月八日以降「貴族院制度改正調査会」がたびたび開かれ、関係者が繁忙であったことなどの影響と思われる。また昭和八年十一月七日の旧話会で鎌田勝太郎が「江木［千之、昭和七年八月死去］さんの件で引き伸ばされ」と発言しており、正式会が長期間中断したことには同人も何か関係したらしい。

旧話会が再開されたのは、昭和八年四月二十七日である。当日の模様は「経過概要」によれば「旧話会再開ニ付徳川会長挨拶ヲ述ベラル、阪本釤之助、子爵仙石政敬、男爵西五辻文仲、男爵紀俊秀、犬塚勝太郎、伯爵徳川達孝等ノ諸氏ヨリ交々諸種ノ談話ヲ換ハサル、次デ協議ノ結果、爾後毎月一回旧話会ヲ開催スルコト、世話係（三名）ヲ設クルコトヲ申合セ、会長ハ直ニ議員中ヨリ侯爵佐佐木行忠、男爵紀俊秀ノ両氏ヲ事務局側ヨリ瀬古書記官ヲ世話係ニ指名セラレタリ」とある。

第二回は五月二十六日に開催され、長世吉貴族院書記官長より第一より十五議会における諸問題についての概要が報告され、これに対し阪本・紀・三宅秀・男爵南岩倉具威らより談話があった。また木場貞長よりも憲法制定当時に関する談話があった。第三回は六月十九日に開催され、清浦奎吾、若槻礼次郎より第一より第十五議会における諸問題、とくに増税案をめぐる政界状勢に関する講演があった。このほか、木場・阪本からも談話があった。これら再開一～三回の速記録は、すべて欠落している。

第四回は七月六日、第五回は十一月七日に開催された。両回の記録は存在する。「経過概要」には以降の情報は記されてないが、昭和九年六月七日・七月四日の二回分の速記録が存在する。七月四日の旧話会では次回の開催時期について話し合われていることから、これ以降も会は存続したと思われるが、「貴族院日誌」は昭和八〜十年分が欠落しており判然としない。昭和十一年以降の日誌に旧話会の記述はなく、どのようにして会が終了したのかを確かめることはできなかった。

二　現存する「旧話会速記」について

長らく埋もれていた「旧話会速記」が世間に知られるようになったのは、水野勝邦がこれを貴族院に関する基本史料として『研究会史』のなかで紹介して以降のことである。水野は参議院事務局が所蔵する「旧話会速記」十冊について、表題、日付、出席者に関する情報をあきらかにし、「〔旧話会は〕毎回速記され原稿のまゝ製本され保管された。現在は第四、第五、第六が欠本で合計十冊が参議院事務局議事部長のもとに保管してある。〔中略〕見ることのできたのは以上の十冊である。四、五、六は欠けているし、最後の第一一巻にも『又十月ニデモ、八、九ハオ休ミヲ願ヒ』とあるので更に続けたと思われるが、まだ入手できない。これらに語られている内容は正規の記録には見られないもので、各議員の体験等の座談でありその時の思い出なので記憶ちがいもあるのはやむをえないが貴重な史料で、殊に山口弘達子、杉渓言長男の懐古談は充実したもので、本書〔『研究会史』〕にも随所に引用した」と記した。同時に写真も掲載されており、これを見ると罫紙にペン書された速記録が和綴じ製本されていたことが確認できる。

水野が何時いかなる経緯で「旧話会速記」の閲覧をおこなったのかは不明だが、『研究会史』が刊行されたのが昭和五十五年であるから、それより前に実施されたことは間違いない。それから二十年あまり、今回水野が閲覧した「旧話会速記」について参議院事務局に照会したところ、所蔵が確認できないということであった。

右速記録が所在不明なため、これ以上の検証はできないが、新たな問題として果たして同書をもって最終的な原本と認めてよいのかという疑問が生じた。というのは、以下に紹介する「旧話会速記」の各写本のなかには右速記録とは表題、番号が異なるものがあるからである。さらに詳しくは後述するが、昭和二年十月十一日分のタイプ印書による速記録が存在していた。タイプ版による速記録が別に存在するとなれば、水野が閲覧した速記録は完成前の稿本という可能性もでてくる。実際、右の「才休ミ」といった表現は完成段階の速記録では考えにくい。他にも疑問はあるが、速記録という史料の性質上、原本が複数存在する可能性があることや、他にタイプ版速記録が見つかっていないことなどを踏まえ、現時点では水野が閲覧した「旧話会速記」を原本乃至原本にきわめて近い存在と見なす（以下、同書を「原本」とよぶ）。

残念ながら「原本」は所在不明であるが、管見のかぎりでは前記タイプ版を含めて五種類の写本類が確認されている（「原本」ならびに各写本については巻末の附表1各本一覧表を参照）。

以下、順に内容を紹介していくと、第一は水野勝邦が「旧話会速記」をカセットテープに朗読して吹き込み、後日、これをワープロで活字化したものである（以下同書を「水野本」とよぶ）。「水野本」は残念ながら一部のテープが欠けているうえに（もとは十回分が揃っていたという）、個人的な参考資料として作成したせいか、やや厳密性を欠く部分があり、また閲覧場所や時期に関する情報も残されていない。さらに写本の作成が筆写ではなく朗読によったため、再活字化された原稿では本来文語体であったはずの文章は口語体となり、文字も底本との対照ができないため一般的な用法で充てられていた。以上の欠陥は史料としてはほとんど致命的であるが、一方で①表題が「原本」と対応していること、②録音で使用されたテープ（ソニー社製 Low-Noise C60）の店頭流通期間が昭和四十七年以降五十年代前半までであり、水野が参議院事務局で「原本」を閲覧し、写真撮影をおこなったとされる時期との間で矛盾がないこと、③閲覧記録には「原本」以外の速記録の存在を示す情報がまったく記されていないこと、などから「原本」をもとに作成されたものである可能性を有する。

第二は、社団法人霞会館で所蔵されている写本である。同史料はコクヨ社製罫紙にペンで筆写された「旧話会速記」全十回分が各回ごとに綴じられている。第一回の前には「貴族院旧話会速記」と全体表題が付され、昭和二年十月十一日の第一回より、昭和九年七月四日の第十三回までの開催年月日が記されている。なお第六〜八回（「原本」第四〜六回に該当）に関しては「記録所在不明」となっている。写本の作成者は不明であるが、元参議院議事部長で昭和五十一年より霞会館内に設置された「貴族院関係調査委員会」の嘱託をつとめた海保勇三氏の旧蔵とされ、全十冊が収められた箱には「海保」と書かれたラベルが貼られている（以下同書を「海保本」とよぶ）。同じく作成年代についても判然としないが、新字体が用いられていることや、使用された罫紙から見て（黒田国光堂よりコクヨに社名変更されたのが昭和三十六年）、海保氏が参議院事務局、あるいは貴族院関係調査委員会時代に作成されたものと思われる。

「原本」と「海保本」とを比較すると、表題の付け方に差異があるうえに、前述の「原本」の「又十月ニデモ、八、九ハオ休ミヲ願ヒ」という記述は「海保本」では「又十月ニデモ、マア八月トカ九月ハ一ツ御休ミヲ願ヒマシテ」と微妙に食い違っており、「海保本」が「原本」とは別の底本より作成された可能性を窺わせる。「海保本」と「水野本」を比較すると記述が合致しない部分もあったが、内容的には一致していた。

第三は、参議院事務局庶務部資料調査課で所蔵されている貴族院五十年史編纂掛が作成した写本である（同書を「編纂掛本」とよぶ）。貴族院五十年史編纂掛の活動については、二宮三郎「憲政資料室前史」上下（『参考書誌研究』四三・四四）を参照されたい。同書は「貴族院五十年史編纂用紙」の名入りの原稿用紙にペンで筆写されており、「原本」「海保本」と同じ十回分の速記録が全五冊に合綴されている。書誌情報もあきらかで、台本出所は貴族院議事課、昭和十六年九月作成とある。

「編纂掛本」と「原本」「水野本」「海保本」をそれぞれ比較すると、表題の付け方は異なるが、速記録の残存状況は同じである。このうち「編纂掛本」と「海保本」について詳しく比較すると、両者の記述は相当部分で一致していたが、①昭和二年十二月七日・昭和八年七月六日・昭和八年十二月十一日・昭和九年六月六日各速記録の文体が前者は平仮名文、後者は片仮名文となっている、②昭和九年六月六日・同年七月九日両速記録では松平頼寿を前者は座長、後者では副議長と表記している、③微少とはいえ記述の不一致箇所が若干ある。こうした相違点は両者が異なる底本から作られた可能性が高いことを示している。このほか「海保本」では文末に「。」があるのに、「編纂掛本」にはないことや、「編纂掛本」は旧字体が使われているのに対し、「海保本」では新字体に置き換えられていることなどの差異もあった。

第四は先に述べた昭和二年十月十一日分のタイプ版の速記録で、表題には「第一回　旧話会速記録」とある。同史料が綴じ込まれている前掲「旧話会創設関係書類」の書誌情報を見ると台本出所は貴族院事務局庶務課、昭和十八年四月とあり、この時期、事務局内にタイプ版速記録が存在していた可能性が指摘できる。同史料を「原本」及び各写本と比較すると、内容は各写本と同じである。とくに「編纂掛本」との間では表題、文体の細かい部分まで完全に一致した。唯一違っていたのは、「實」を「実」など一部の漢字が「編纂掛本」では簡略化されていたことだけである。

第五は、「皇族ト貴族院ニ関スル史料」（前掲「旧貴族院五十年史編纂収集文書」所収）と題する冊中に収められた昭和四年七月九日の速記録の抄録である。同史料は貴族院五十年史編纂掛による筆写史料で、筆写年代は昭和十七年十「月、台本の出所には貴族院五十年史編纂掛、貴族院調査課とある。皇族の貴族院台臨に関する談話部分を抜粋したものであり、表題には「旧話会速記（昭和四年七月九月）」とある。このほかより部分的な抜粋抄録が憲政資料室蔵「憲政史編纂会収集文書」中にもある。

以上を総合すると、以下のようなことがいえる。

①オリジナルに相当する「旧話会速記」として存在が確認できたのは「原本」だけであった。しかしながら現在所在不明のためこれを見ることはできない。

②「原本」と各写本を比較すると「水野本」との間には表題に対応が見られるが、他は表題、番号が一致しない。

③内容的には各写本とも同じである。各写本の本文の記述には差異、それも単純ミスでは考えられない不一致が含まれており、これらは「原本」以外に複数のオリジナルが存在していた可能性を生じさせる。

④昭和十六年九月段階で貴族院事務局議事課には、「原本」とは別の「旧話会速記」を所蔵していた可能性がある。また昭和十八年四月段階で同前庶務課では、「原本」とは別にタイプ印書された「旧話会速記」を所蔵していた。

⑤昭和十六年九月段階ですでに現在と同じ全十冊しかオリジナルの速記録は確認できない。

ほかにも指摘すべき点はあるが、結果として判明した事実とともに多くの疑問が残った。しかしながら「原本」あるいは別のオリジナルが発見されない現段階では、こうした疑問に十分に応えることはできない。将来何らかの形でオリジナルが発見されることに期待したい。

三『新編旧話会速記』とその内容について

前節で述べた事情に基づき、今回の「旧話会速記」の翻刻にあたっては尚友倶楽部所蔵「水野本」を底本とした。ただし前述のとおり同書は現状のままでは史料的に重大な欠陥があることから、他の諸本によっていくつかの補訂作業をおこなった。

第一に霞会館より「海保本」借覧の便宜を得、これをもとに全面的な校訂をおこなった。両書の表現に相違があった場合には、現段階では写本としての精度の高い「海保本」の記述を採用した。ただし「水野本」の口語体表記を「海保本」にならって文語体に戻すことはしなかった。これは速記録自体、本来口語でなされたものを文語体で表記したものであり、口語体であらわしても支障はなく、むしろ読みやすくなることで内容の理解に資すると判断したからである。漢字に関しては基本的には「海保本」に拠ったが、例えば其、此、斯の箇所を平仮名のまま残すなど、読みやすさ、分かりやすさを考慮し、無理に統一することはしなかった。また誤字脱字は適宜あらためた。

このほか「水野本」には一部欠本があるが、これに関してはすべて「海保本」で補った。同じく昭和三年四月九日の旧話会については、前掲「議会開設当時の事情」を収録した。なおこれらを翻刻する際、表現を口語体にあらためるなど、文体の統一をはかった。

また各談話が第何回であるのかという点に関しては、「原本」、各写本、「経過概要」ともさまざまであることから、本書ではいずれかのカウントを採用することはせず、全十一回の速記録を時系列に掲げ、便宜的に一・二……と番号を付した。また各回の扉には「原本」閲覧記録中にある日付、出席者に関する情報を記した。なお「旧話会速記」は昭和初期に作られたものであるために、一部には現代の基準からすれば不適切な表現も含まれるが、史料という性格に鑑み、あえて改変はせず、そのままの形で収録した。

各回の記録には、さまざまな会派や事件、これにかかわる多数の人名が登場し、また専門的な内容も少なくない。そこで本書では、本文の各所に注番号を付し、各回の末尾に注を掲げた。人名に関しては各回の初出時に〔 〕で名前を補うとともに、巻末に主要人物リストを載せた。なお会派の沿革に関する説明は膨大となることから、割愛した。このあたりについては尚友倶楽部編『貴族院の政治団体と会派』（尚友倶楽部、一九八四年）を参照してもらいたい。同じく議員の所属については酒田正敏編『貴族院会派一覧』（日本近代史料研究会、一九七四年）を参照されたい。

このような作業をへた「旧話会速記」は単純な翻刻というよりは、新たに編纂されたものであるという意味合いが強いことから「新編」を冠した。とはいえ「旧話会速記」がもつ雰囲気や、貴重な情報は決して損なわれてはいない。

続いて『新編旧話会速記』各速記録の内容を紹介しよう。一は旧話会創立総会に関する協議に関するもので、徳川より会の趣旨が述べられ、種々の議論の末に「旧話会」という会名と規約が決定している。二は実質的な第一回にあたり、古市公威・杉渓言長・西五辻文仲・金子堅太郎らが次々と創立当時の貴族院の諸制度や重要問題に関して談話を披露している。ただ最初の会ということもあり、内容はややまとまりを欠いている。

三は前述したとおり金子堅太郎の講演である。金子は福岡藩士の出身で、維新後は藩主黒田長知に従って米国に留学、ハーバード大学で法律学を修めた。伊藤博文に見出され、同人のもと井上毅・伊東巳代治とともに明治憲法の起草にあたった。その際、貴族院令の立案を担当し、明治二十三年には初代貴族院書記官長に就任した。金子は貴族院の発足に際しては、関係法令の起草をはじめほとんどの事柄に携わっていたことから、舞台裏の様子がきわめて詳細に語られており、史料的価値は高い。

四〜六は前述のとおり貴族院事務局関係者による山口弘達へのインタビューである。山口は万延元年（一八六〇）生まれで、旧牛久藩主家当主、明治二十三年の第一議会のときは満三十歳であった。創立期より研究会に参加し、大正十四年まで子爵議員をつとめた。山口への打診は「旧話会之件ニ関シ明九日山口子爵ノ談話アリタキ旨花房〔崎太郎〕君同子爵ニ依頼ス」（「貴族院日誌」昭和四年七月八日条）とあるが、伏線は昭和二年十二月七日の旧話会で同人が日記をつけているという杉渓言長の発言にあると思われる。事実、山口は日記を持参し、これをもとに詳細な談話をおこなっており、初期議会における「勤倹尚武建議案」をはじめとした重要問題、各派の成立事情、有爵議員選挙の実態などに関する談話は、他では得られない貴重なものとなっている。

七は昭和八年の再開後のもので杉渓言長が各議会における自身の知見を詳細に披露している。杉渓は奈良華族の出身で、三曜会・木曜会・清交会・幸倶楽部・公正会と所属会派を渡り歩いた古株の男爵議員であった。水野勝邦の指摘どおり、内容は非常に充実している。八では富井政章・紀俊秀・鎌田勝太郎が談話の中心をつとめている。富井は帝国大学法科大学長などをつとめた高名な民法学者である。同人は初期議会の重要問題であった「法典延期問題」では延期派にくみし、席上自らの関わりを中心にこの問題を語っている。鎌田は香川県出身の多額納税者議員で論客として知られた。公益事業にも熱心で大正七年、財団法人鎌田共済会を設立、会頭をつとめた。鎌田は席上、あまり知られていない多額納税者議員の院内での立場と活動の一端をあきらかにしている。紀は神官華族の長老である。

九では、入江為守、木場貞長が談話の中心である。入江は公卿子爵の重鎮として研究会及びその選挙団体の尚友会の幹部をつとめた人物で、研究会と勅選議員会派幸倶楽部との提携関係の実態などについて述べている。また木場は勅選議員の側からみた貴族院について語っている。このほか長世吉貴族院書記官長、貴族院嘱託で『貴族院各派ノ沿革』という著作をもつ花房崎太郎が会派の沿革について語っており、内容は豊富である。

十の話題の中心は貴族院内の会派に関する事柄である。冒頭で長書記官長が所属会派一覧作成の事情を述べている。この点については前出『貴族院会派一覧』が参考となる。また杉渓・西五辻というともに奈良華族出身の男爵が研究会、三曜会、懇話会といった諸会派の沿革を語っている。十一では花房嘱託の調査に基づき、出席者が会派の歴史を確認しあっている。前述のとおり、次回の日程を話し合ったところで、談話は終了している。

全十一冊の速記録では概ね明治期の貴族院、とくに第一議会から十五議会を中心に、重要問題や会派の成立経緯や消長について各出席者が知見を語り合っている。談話という性格上、事実誤認や不正確な部分もあるが、このような形で語り残さなければ永久に失われてしまったであろう内容が多く、「公文書等ニ依リ表面的ニ観察シ得ザル事実感想等テ仲々記録ニ留メ置キタキ事」を記録にとどめるという当初の目的は概ね達成できているといえよう。また各人が同時期の事象についてそれぞれの立場から語っており、内容的に重複が多いが、これも各談話を読み重ねることで史実を多面的に浮かび上がらせることができる。何より効果的なのは「語る」史料特有の身近さ、わかりやすさである。実際、筆者は今回本書の編纂のため貴族院の議事録をたびたび参照したが、退屈とさえいえる議事録の内容が、本書とともに読み進めると活劇のように迫ってくることに少なからず驚かされた。

こうした一方で、旧話会の各出席者は暴露的、中傷的な発言には抑制的であり、ときに速記を中止してすらいる。会合での談話披露のため、微妙な問題に対する発言にブレーキがかかることは、ときに物足りなさを覚えることもあるが、このことは座談会の宿命であり、一面貴族院の品行の良さのあらわれとみることもできる。

ともかく本書によって今後貴族院に対する理解が飛躍的に深まることはいうまでもない。さらに「語る」ことによってはじめて残る歴史があることを教えてくれる旧話会の試みは、同時代を歴史として正しく後世に伝えていくという、我々自身が背負った責務に対しても、多くの示唆を与えるものとなっている。

《追　記》

『新編旧話会速記』が尚友ブックレットの一冊として刊行されたのは平成十六年（二〇〇四）十二月であった。それから十七年あまり、この間、同書は貴族院研究の基本史料の一つとして研究者など多くの人びとに活用されてきた。

拙著『貴族院と立憲政治』（思文閣出版、二〇〇五年）、『貴族院』（同成社、二〇〇八年）は、同書がなければ完成できなかったし、貴族院研究を牽引した西尾林太郎・小林和幸・今津敏晃各氏も同書を直接、間接に参照されている。近年においても原口大輔氏の『貴族院議長・徳川家達と明治立憲制』（吉田書店、二〇一八年）や、藤田裕介氏の「交友倶楽部の成立と貴族院」（原田敬一編『近代日本の政治と地域』〈吉川弘文館、二〇一九年〉など、同書を活用した優れた研究が生み出されている。

その一方で、近年同書は品切れ状態がつづき、入手困難となっていた。こうしたなか令和二年（二〇二〇）、尚友倶楽部において再版の計画が持ち上がり、前回の「旧話会速記」編纂に携わった筆者にも相談があった。

筆者には、この機会に是非叶えたい希望があった。

詳しくは「解題」で触れたが、前回の編纂は、尚友倶楽部が所蔵する写本（水野勝邦氏が「原本」を朗読した録音テープからの復元。水野本）を底本に、一般社団法人霞会館が所蔵する別の写本（海保本）で補訂する形でおこなっている。翻刻ではなく「新編」とした所以である。

これに対し、参議院事務局所蔵の写本（編纂掛本）は、確認できたなかではまちがいなく最善本であった。しかしながら、同本の存在が判明したのは編纂の最終局面であり、この段階からほとんど一から作り直すというのは現実的にはきびしいものがあった。その他、もろもろの事情もあり、結果的に「編纂掛本」は、複写等はおこなわない形での閲覧にとどまった。

いつか再版の機会があれば、その時こそ編纂掛本を校訂に用いたい。そう考えていた筆者にとって今回の計画は、ようやくおとずれた好機であった。そこで、尚友倶楽部に希望を伝えたところ、再版の意義が増すとして、積極的に賛同していただけた。作業が増大し、負担も少なくないにもかかわらず、学術的意義を認めてくださった同倶楽部に対し、心より感謝を申し上げたい。

校訂方針が認められたのをうけ、筆者は尚友倶楽部・霞会館・参議院事務局でそれぞれ所蔵する「旧話会速記」の再調査に取り掛かった。

尚友倶楽部の「水野本」、霞会館の「海保本」とも、前回との間に変化はなかった。一方、参議院事務局では、議会史料室が発足し、関係資料が公開されるようになるなど、資料を取り巻く環境に一定の変化があった。事務局に照会したところ、「原本」は依然として未詳、「編纂掛本」は、庶務部文書課において、憲政資料と総称される資料群の一つとして保管されており、現用文書を対象とする情報公開制度とは別に、学術目的などでの閲覧希望があれば、個別に対応しているとのことであった。

今回、参議院事務局に対し、「編纂掛本」を用いて『新編旧話会速記』の全面的な校訂をおこないたい旨を伝え、協力を願い出たところ、快く承諾をいただけた。ご対応くださった参議院事務局庶務部文書課調査係の金子隆昭・小此木稔両氏をはじめ、関係各位に対し厚く御礼を申し上げる。

実際に「編纂掛本」を熟覧し、『新編旧話会速記』の編纂で依拠した「水野本」「海保本」と比較すると、基本的に内容は同じであったが、字句の違いをはじめ細かな差異は相当数にのぼった。昭和九年七月四日の速記録では、「編纂掛本」と「海保本」とでは付箋の記事が一致せず、底本が異なる可能性をうかがわせた。

談話録や議事録を作成した経験のある人なら納得できると思うが、談話をそのまま活字化しても文意が通じないことが多い。そのため速記者や編纂者は、差し支えない範囲で原文を調整するのが一般的である。さらに談話者自身が、稿本段階の速記録に目をとおして加除修正を施すことも少なくない。すなわち談話記録には、完成版以外にも各種の版が存在する余地があり、さらにいえば完成版が必ずしも内容的に最善ともいえないのである。こうした複雑性は、談話速記録という資料がもつ宿命といってよい。

今回の校訂作業を通じて、文字的な差異は基本的に「編纂掛本」に合わせたが、さきにみた付箋記事の不一致など、「編纂掛本」に統一することで消滅してしまう情報については、そのまま残した。

以上のとおり全面的な校訂作業をおこなったことから、今回の再版では『新編旧話会速記』の書名に（新訂版）を追加した。「新編」の「新訂版」ということになるが、これまでの経緯を踏まえ御了解を願いたい。

今回「編纂掛本」を全面的に活用して校訂ができたことで、旧版では所々にあった文意の通りにくい箇所はほぼ解消することができた。その他の点も含め、資料集としての価値が大きく上昇したことはまちがいない。今後は本書が、議会研究、貴族院研究の基本資料の役割を担っていくことになるだろう。

最後に、今回の再版に協力してくださったすべての方と機関に、あらためて感謝を表明し、追記の筆をおく。

令和四年七月記

青木　信光（一八六九～一九四九）　麻田藩　子爵　貴族院議員（子爵　明治三十年～昭和二十一年）。研究会幹部として大正、昭和期に活躍。宗秩寮審議官、日本銀行監事などもつとめる。

安藤　則命（一八二八～一九〇九）　鹿児島　貴族院議員（勅選　明治二十三年～明治四十二年）。大警視、元老院議官。

五十嵐敬止（一八六〇～一九三一）　千葉　貴族院議員（多額納税者　明治二十三年～明治三十年、明治三十七年～明治四十四年）。千葉県多古村戸長、日本勧業銀行設立委員など。

石渡　敏一（一八五九～一九三七）　静岡　貴族院議員（勅選　明治四十年～昭和九年）。司法省参事官、司法次官、内閣書記官長、枢密顧問官を歴任。

伊東巳代治（一八五七～一九三四）　長崎　伯爵　貴族院議員（勅選　明治二十三年～明治二十四年、明治二十七年～明治三十二年）。伊藤博文の腹心として知られ、研究会に対し発言力を有した。枢密院書記官長、内閣書記官長、農相、枢密顧問官、臨時外交調査委員会委員などを歴任。

稲垣　太祥（一八五九～一九三二）　山上藩　子爵　貴族院議員（子爵　明治二十五年～昭和七年）。研究会所属。

入江　為守（一八六八～一九三六）　公卿　子爵　貴族院議員（子爵　明治三十年～大正三年）。研究会、尚友会の有力者。御歌所参候、東宮侍従長、侍従次長、皇后宮大夫などをつとめる。

梅小路定行（一八六五～一九四二）　公卿　子爵　貴族院議員（子爵　明治二十四年～明治四十四年、昭和四年～昭和十七年）。殿掌、不動貯金銀行取締役、京都市会議員など。

大木　喬任（一八三二～一八九九）　佐賀　伯爵　明治維新後は参与、東京府知事を経て参議、文部卿、枢密院議長、文相などの要職を歴任。

大木　遠吉（一八七一～一九二六）　佐賀　伯爵　貴族院議員（伯爵　明治四十一年～明治四十四年、大正七年～大正十五年）。大木喬任の嗣子。明治末期、研究会の牙城を崩すべく組織された選挙団体伯爵同志会の指導者として活躍。大正期以降、研究会幹部となり、原・高橋内閣の法相、加藤友三郎内閣の鉄相をつとめる。
大村　純雄（一八五一～一九三四）　大村藩　伯爵　貴族院議員（子爵　明治二十三年～明治二十四年、伯爵　明治三十年～明治四十四年）。
岡部　長職（一八五五～一九二五）　岸和田藩　子爵　貴族院議員（子爵　明治二十三年～大正五年）。創立期からの研究会幹部、第二次桂内閣には法相として入閣。このほか外務次官、特命全権公使、東京府知事、枢密顧問官などもつとめる。
小沢　武雄（一八四四～一九二六）　福岡　男爵　貴族院議員（勅選　明治二十三年～大正十五年）。明治二十四年十二月、「勤倹尚武建議案」をめぐる審議で舌禍問題を起こし陸軍中将を免官となった。
小畑　美稲（一八二九～一九一二）　高知　男爵　貴族院議員（勅選　明治二十三年～大正元年）。名古屋控訴裁判所長、宮城控訴裁判所長、元老院議官をつとめる。
加藤　弘之（一八三六～一九一六）　兵庫　男爵　貴族院議員（勅選　明治二十三年～明治三十九年）。明治十四～十九年東京大学総理、二十三～二十六年帝国大学総長。
金子堅太郎（一八五三～一九四二）　福岡　伯爵　貴族院議員（勅選　明治二十三年～明治二十四年、明治二十七年～明治三十九年一月）。伊藤博文のもと憲法起草に参画、明治二十三年～明治二十七年貴族院書記官長、後農相、枢密顧問官、臨時帝室編修局総裁など。
加納　久宜（一八四八～一九一九）　一宮藩　子爵　貴族院議員（子爵　明治二十三年～明治三十年、明治三十七年～大正八年）。初期議会における貴族院の有力者。他に大審院検事、鹿児島県知事などもつとめる。
鎌田　栄吉（一八五七～一九三四）　和歌山　貴族院議員（勅選　明治三十九年～昭和二年）。慶應義塾長、文相、枢密顧問官。
唐橋　在正（一八五二～一九三二）　公卿　子爵　貴族院議員（子爵　明治二十三年～大正十四年）。研究会所属。
河井　弥八（一八七七～一九六〇）　静岡　貴族院議員（勅選　昭和十三年～昭和二十二年）。貴族院書記官長。内大臣秘書官長。昭和二十二年より参議院議員。
紀　俊秀（一八七〇～一九四〇）　日前・国懸各神宮宮司　男爵　貴族院議員（男爵　明治三十年～明治四十四年、大正十四年～昭和十五年）。木曜会に所属し研究会と争う。

京極　高典（一八三六～一九〇六）　多度津藩　子爵　貴族院議員（子爵　明治二十三年～明治三十九年）。初期研究会の有力者。
清浦　奎吾（一八五〇～一九四二）　熊本　伯爵　貴族院議員（勅選　明治二十四年～明治三十九年）。内務省警保局長より貴族院議員となり、以後明治三十九年枢密顧問官となるまで、研究会の最高実力者として君臨。その間、法相、農相、内相を歴任、後首相。
黒木　三次（一八八四～一九四四）　鹿児島　伯爵　貴族院議員（伯爵　大正十五年～昭和十九年）。
近衛　篤麿（一八六三～一九〇四）　公卿　公爵　貴族院議員（公爵　明治二十三年～明治三十七年）。貴族院では三曜会を率いる。明治二十四年貴族院仮議長、明治二十九年より明治三十六年まで議長をつとめる。
近衛　文麿（一八九一～一九四五）　公卿　公爵　貴族院議員（公爵　大正五年～昭和二十年）。近衛篤麿の長男。昭和八年徳川家達を継いで貴族院議長となり、旧話会の会長に就任。後、首相。
木場　貞長（一八五九～一九四四）　鹿児島　貴族院議員（勅選　明治三十九年～昭和十九年）。明治二十二年より法制局勤務、明治二十六年より文部省に転じ、明治三十六年文部次官。明治三十九年依願免本官となり貴族院議員に勅選。
阪本　釤之助（一八五七～一九三六）　愛知　貴族院議員（勅選　明治四十四年～昭和九年）。明治三十～明治三十一年貴族院書記官、福井・鹿児島県知事、名古屋市長をつとめる。後、枢密顧問官。
佐佐木行忠（一八九三～一九七五）　高知　侯爵　貴族院議員（侯爵　大正七年～昭和二十一年）。佐々木高行の孫、昭和十二～昭和十九年貴族院副議長をつとめる。他に國學院大学長、神社本庁統理など。
島津　忠亮（一八四九～一九〇九）　佐土原藩　伯爵　貴族院議員（子爵　明治二十三年～明治二十五年、伯爵　明治二十五年～明治四十二年）。
島内　武重（一八五七～一八九三）　高知　貴族院議員（多額納税者　明治二十三年～明治二十六年）。高知県会議員など。
新庄　直陳（一八五六～一九一三）　麻生藩　子爵　貴族院議員（子爵　明治二十三年～大正二年）。
杉渓　言長（一八六五～一九四四）　奈良華族　男爵　貴族院議員（男爵　明治二十三年～大正十四年）。木曜会より無所属派、公正会。

千家　尊福（一八四五〜一九一八）　出雲大社大宮司　男爵　貴族院議員（男爵　明治二十三年〜大正七年）。埼玉県知事、東京府知事をへて第一次西園寺内閣の法相に就任。貴族院では木曜会の統率者として活躍。

仙石　政固（一八四三〜一九一七）　出石藩　子爵　貴族院議員（子爵　明治二十三年〜大正六年）。侍従、宮内省出仕、内務少書記官。

仙石　政敬（一八七二〜一九三五）　出石　子爵　貴族院議員（子爵　昭和九年〜昭和十年）。

曾我　祐準（一八四三〜一九三五）　福岡　子爵　貴族院議員（子爵　明治二十四年〜大正四年）。陸軍中将、東宮大夫、枢密顧問官などを歴任。谷干城とともに懇話会、土曜会で活躍。

曾禰　荒助（一八四九〜一九一〇）　山口　子爵　貴族院議員（勅選　明治三十三年〜明治三十九年）。明治二十三年衆議院書記官長、衆議院議員、第一次桂内閣の蔵相　として日露戦時財政を担当。後枢密顧問官、韓国統監をつとめる。

伊達　宗敦（一八五二〜一九一一）　仙台藩主分家　男爵　貴族院議員（男爵　明治二十三年〜明治四十四年）。

旧中源太郎（一八五三〜一九二二）　京都　貴族院議員（多額納税者　明治三十年〜明治三十七年、明治四十四年〜大正七年）。京都株式取引所頭取、京阪電気鉄道株式会社監査役などを歴任し、衆議院議員もつとめた。

谷　干城（一八三七〜一九一一）　高知　子爵　貴族院議員（子爵　明治二十三年〜明治四十四年）。陸軍中将、学習院長、農相。貴族院では懇話会、土曜会を率いて積極的な活動をおこなう。

堤　功長（一八四五〜一九一三）　公卿　子爵　貴族院議員（子爵　明治二十五年〜大正二年）。

徳川　家達（一八六三〜一九四〇）　静岡藩　公爵　貴族院議員（公爵　明治二十三年〜昭和十五年）。明治三十六年より昭和八年まで貴族院議長、その間ワシントン会議全権、日本赤十字社社長などもつとめた。旧話会会長。

徳川　達孝（一八六五〜一九四一）　田安家　伯爵　貴族院議員（伯爵　明治三十年〜大正三年）。明治四十年代、大木遠吉らとともに伯爵同志会で活躍。侍従長。

富井　政章（一八五八〜一九三五）　京都　貴族院議員（勅選　明治二十四年〜大正七年）。東京帝国大学法科大学長。枢密顧問官。

鳥尾小弥太（一八四七〜一九〇五）　山口　子爵　貴族院議員（子爵　明治二十三年〜明治二十八年）。陸軍中将。明治二十三年枢密顧問官より貴族院議員となり、大和倶楽部を率いる。明治二十八年、再び枢密顧問官となる。

鍋島　直彬（一八四三〜一九一五）　鹿島藩　子爵　貴族院議員（子爵　明治二十三年〜大正四年）。沖縄県令、元老院議官など。

西五辻文仲（一八五九〜一九三五）　奈良華族　男爵　貴族院議員（男爵　明治二十三年〜明治四十四年）。木曜会所属。

二条　基弘（一八五九〜一九二八）　公卿　公爵　貴族院議員（公爵　明治二十三年〜大正九年）。三曜会、土曜会に所属。

蜂須賀茂韶（一八四六〜一九一八）　徳島藩　侯爵　貴族院議員（侯爵　明治二十三年〜大正七年）。特命全権公使、東京府知事、文部大臣、枢密顧問官などを歴任。明治二十四年七月〜明治二十九年十月まで貴族院議長。

花房崎太郎（一八六〇〜一九四三）　福岡　明治三十年貴族院臨時雇となり、以後同院属や嘱託を長くつとめる。貴族院の事情にあかるく昭和十七年には『貴族院各派ノ沿革』を刊行。

林　友幸（一八二三〜一九〇七）　山口　伯爵　貴族院議員（子爵　明治二十三年〜明治三十三年）。奇兵隊士をへて明治維新後は内務省、大蔵省に勤務、また元老院議官、枢密顧問官をつとめる。

原　忠順（一八三四〜一八九四）　佐賀　貴族院議員（多額納税者　明治二十三年〜明治二十七年）。

東久世秀雄（一八七八〜一九五一）　東京　貴族院議員（男爵　昭和七年〜昭和二十一年）。貴族院書記官長代理。公正会所属。

東久世通禧（一八三三〜一九一二）　公卿　伯爵　貴族院議員（勅選　明治二十三年〜明治二十四年）。尊攘派公家として知られ、明治二十三年枢密顧問官より貴族院副議長に就任、翌年再び枢密顧問官となる。後枢密院副議長。

平田　東助（一八四九〜一九二五）　山形　伯爵　貴族院議員（勅選　明治二十三年〜大正十一年）。明治二十七年一月、勅選議員を辞することなく枢密院書記官長に就任、その後、農相、内相、内大臣など。幸倶楽部に所属し、貴族院の実力者として長期間権力をふるった。

平山　成信（一八五四〜一九二九）　東京　貴族院議員（勅選　明治二十七年〜大正八年）。内閣書記官長、宮中顧問官、枢密顧問官。平田東助とともに幸倶楽部の実力者。

広橋　賢光（一八五五〜一九一〇）　公卿　伯爵　貴族院議員（伯爵　明治二十三年〜明治三十年）。法制局参事官、内務省参事官、内閣記録局長など。

藤波　言忠（一八五三〜一九二六）　公卿　子爵　貴族院議員（勅選　大正五年〜大正十五年）。宮内省主馬頭、宮中顧問官などをつとめる。

舟橋　遂賢（一八六五〜一九二四）　公卿　子爵　貴族院議員（子爵　明治二十三年〜大正十三年）。

古市　公威（一八五四〜一九三四）　兵庫　男爵　貴族院議員（勅選　明治二十三年〜大正十三年）。土木官僚として知られ、内務省土木技監、逓信省総務長官などを歴任。

細川潤次郎（一八三四〜一九二三）　高知　男爵　貴族院議員（勅選　明治二十三年〜明治二十六年）。文事秘書官長、華族女学校長、枢密顧問官。明治二十四年九月〜明治二十六年十一月貴族院副議長。

堀田　正養（一八四八〜一九一一）　宮川藩　子爵　貴族院議員（子爵　明治二十三年〜明治四十四年）。筑豊興業鉄道専務取締役。研究会の重鎮であったが、第一次西園寺内閣での入閣など政友会との接近が派内の反発を招き、四十二年除名された。

穂積　陳重（一八五五〜一九二六）　愛媛　男爵　貴族院議員（勅選　明治二十三年〜明治二十五年）。法科大学教授、法科大学長、帝国学士院長をつとめる。大正五年枢密顧問官、大正十四年議長に就任。

本多　正憲（一八四九〜一九三七）　長尾藩　子爵　貴族院議員（子爵　明治二十三年〜明治三十年）。

槇村　正直（一八三四〜一八九六）　山口　男爵　貴族院議員（男爵　明治二十三年〜明治二十九年）。第一議会当時は行政裁判所長官の地位にあった。

松平　乗承（一八五一〜一九二九）　西尾藩　子爵　貴族院議員（子爵　明治二十三年〜大正十四年）。三曜会、土曜会に所属。

松平　頼寿（一八七四〜一九四四）　高松藩　伯爵　貴族院議員（伯爵　明治四十一年〜明治四十四年、大正三年〜昭和十九年）。伯爵同志会に参加し、明治四十四年の総改選で落選、その後復活し昭和八年貴族院副議長、十二年同議長となる。

万里小路通房（一八四八〜一九三二）　公卿　伯爵　貴族院議員（伯爵　明治二十四年〜大正十二年）。

三浦　安（一八二九〜一九一〇）　和歌山　貴族院議員（勅選　明治二十三年〜明治四十三年）。元老院議官、東京府知事、宮中顧問官などをつとめる。懇話会所属。

南　光利（一八六六〜一九三四）　奈良華族　男爵　貴族院議員（男爵　明治三十年〜明治四十四年）。木曜会所属。
南岩倉具威（一八六九〜一九四五）　岩倉家分家　男爵　貴族院議員（男爵　明治三十年〜大正十四年）。
三宅　秀（一八四八〜一九三八）　東京　貴族院議員（勅選　明治二十四年〜昭和十三年）。医科大学教授兼医科大学長。東京帝国大学名誉教授。
村上　桂策（一八五一〜一九二五）　愛媛　貴族院議員（多額納税者　明治二十三年〜明治三十年）。愛媛県会議員。
村田　保（一八四二〜一九二五）　東京　貴族院議員（勅選　明治二十三年〜大正三年）。太政官大書記官、元老院議官をつとめる。シーメンス事件で第一次山本内閣を弾劾し、議員辞職。
室田　義文（一八四七〜一九三八）　東京　貴族院議員（勅選　明治三十四年〜昭和十三年）。メキシコ、ペルー駐在公使。
矢代　操（一八五三〜一八九一）　福井　大学南校、司法省明法寮に学ぶ。明治十四年には明治法律学校（現明治大学）の創設に尽力。元老院書記官の後、貴族院書記官となるが、第一議会終了後まもない明治二十四年四月二日死去。
山川　浩（一八四五〜一八九八）　福島　男爵　貴族院議員（勅選　明治二十三年〜明治三十一年）。陸軍少将、高等師範学校長など。懇話会所属。
山口　弘達（一八六〇〜一九三二）　牛久藩　子爵　貴族院議員（子爵　明治二十三年〜大正十四年）。研究会所属。
山口　尚芳（一八三九〜一八九四）　佐賀　貴族院議員（勅選　明治二十三年〜明治二十七年）。岩倉使節団では副使をつとめる。後元老院議官、会計検査院長。
若槻礼次郎（一八六六〜一九四九）　東京　男爵　貴族院議員（勅選　明治四十四年〜昭和二十二年）。蔵相、内相、首相。貴族院では茶話会、同和会に所属。

「旧話会速記」各本一覧

	「原　本」	水野本（尚友倶楽部）	海保本（霞会館）	貴族院五十年史編纂掛本（参議院事務局） 表題	貴族院五十年史編纂掛本（参議院事務局） 各題	旧話会経過概要
昭和2年10月11日	旧話会速記（甲号）		第一回　昭和二年十月十一日　旧話会速記	旧話会速記一　昭和二年十月十一日　昭和二年十二月七日	第一回　旧話会速記録　昭和二年十二月七日　旧話会速記録	創立会
昭和2年12月7日	昭和二年十二月七日　旧話会速記壱　上	昭和二年十二月七日　旧話会速記　1	第二回　昭和二年十二月七日　旧話会速記			第1回
昭和3年4月9日						第2回
昭和4年7月9日	旧話会速記壱（下）	昭和四年七月九日　旧話会速記1の下	第三回　昭和四年七月九日　旧話会速記	旧話会速記二　昭和四年七月九日　昭和四年七月十六日　昭和四年七月二十三日	旧話会（山口子爵談話）	臨時会―1
昭和4年7月16日	旧話会速記二	昭和四年七月十六日　旧話会速記2	第四回　昭和四年七月十六日　旧話会速記		旧話会（山口子爵談話）	臨時会―2
昭和4年7月23日	旧話会速記三		第五回　昭和四年七月二十三日　旧話会速記		旧話会（山口子爵談話）	臨時会―3
昭和8年4月27日						第二次―第一回
昭和8年5月26日						第二次―第二回
昭和8年6月19日						第二次―第三回
昭和8年7月6日	旧話会速記七	昭和八年七月六日　旧話会速記　第7	第九回　昭和八年七月六日　旧話会速記	旧話会速記三　昭和八年七月六日	昭和八年七月六日　旧話会速記	第二次―第四回
昭和8年11月7日	旧話会速記八		旧話会速記　昭和八年十一月七日	旧話会速記四　昭和八年十一月七日　昭和八年十二月十一日	昭和八年十一月七日　旧話会速記	第二次―第五回
昭和8年12月11日	旧話会速記九	昭和八年十二月十一日　旧話会速記　第9	第十一回　昭和八年十二月十一日　旧話会速記		昭和八年十二月十一日　旧話会速記	
昭和9年6月7日	旧話会速記拾		旧話会速記　昭和九年六月七日	旧話会速記五　昭和九年六月六日　昭和九年七月四日	旧話会速記（昭和九年六月七日）	
昭和9年7月4日	旧話会速記拾壱		旧話会速記　昭和九年七月四日		昭和九年七月四日　旧話会速記	

※原本のうち昭和二年十二月七日分については、『貴族院の会派研究会史』明治大正篇二八〇頁に掲載の写真で表題を確認できたのでそれに拠った。

貴族院関連年表 （「貴族院政治年表」（尚友報告書）より作成）

明治18年（一八八五年） 第一次伊藤内閣
12・22 伊藤内閣成立 子爵谷干城農商務大臣就任
明治19年（一八八六年） 第一次伊藤内閣
5・1 第一回条約改正会議開会
明治20年（一八八七年） 第一次伊藤内閣
7・26 谷農相辞任 後任子爵土方久元
明治21年（一八八八年） 第一次伊藤内閣―黒田内閣
3・17 貴族院令成る
明治22年（一八八九年） 黒田内閣・三条内閣―第一次山県内閣
6・5 伯子男爵議員選挙規則公布 多額納税者議員互選規則公布
7・2 各爵議員選挙規程作成の伯、子の調査委員決まる
11・27 伯子男各爵議員選挙規程成る
明治23年（一八九〇年） 第一次山県内閣
2・27 貴族院令 伯子男爵議員選挙規則施行
5・26 金子堅太郎貴族院書記官長に就任
6・10 第一回多額納税者議員選挙
7・10 第一回伯子男爵議員選挙 男爵議員の当選者確定二十名
7・24 伯爵議員の当選者確定十五名
7・28 子爵議員の当選者確定七十名
9・29 第一回選挙による多額納税者議員四十五名確定 勅任さる 第一次勅選議員五十九名任命

10・10 貴族院成立規則公布
10・24 初代貴族院議長に伯爵伊藤博文
11・29 第一回帝国議会開院式
12・1 貴族院第一日　予算委員長谷干城　全院委員長細川潤次郎

明治24年(一八九一年)　第一次山県内閣―第一次松方内閣
1・20 帝国議会議事堂全焼
1・28 貴族院議場を帝国ホテルに移す
3・3 予算委員長谷干城ら予算審議に余日不足と不満を表明　委員を辞任
3・6 予算委員会副委員長により審議を続行し可決
5・11 ロシア皇太子大津にて遭難
7・21 侯爵蜂須賀茂韶第二代貴族院議長に就任
9・30 勅選細川潤次郎貴族院副議長に就任
10・20 帝国議会議事堂竣工
11・21 第二回帝国議会召集
11・30 「研究会」華族会館にて発会式
12・14 厄介物事件おこる「帆船検査廃止に関する法律案」の説明で河津政府委員が貴族院を厄介物と評す
小沢事件おこる　勅選男爵小沢武雄陸軍中将が議会において参謀本部廃止論を唱えたところ、これが軍機の公表にあたるとして中将を免官さる
12・15 貴族院「勤倹尚武建議案」提出　成立せず
12・25 貴族院山川浩、小沢中将免官の理由の回答を政府に求む

明治25年(一八九二年)　第一次松方内閣―第二次伊藤内閣
3・11 内務大臣品川弥二郎　選挙干渉問題で辞任
5・2 第三回特別帝国議会召集
5・7 貴族院「水産業の保護に関する建議案」を発議し可決

5・11　「選挙干渉に関し政府に反省を求める建議案」提出し可決
5・27　勅選村田保「民法、商法施行延期法案」を提出
6・6　衆議院の軍艦製造費等の予算削除を復活修正して衆議院に回付（予算先議権問題おこる）
6・13　先議権問題　枢密院にご諮問　貴族院の主張通りにきまる
7・27　社交団体として「尚友会」成立
11・25　第四回帝国議会召集

明治26年（一八九三年）　第二次伊藤内閣
1・16　「田畑地価特別修正法律案」否決
2・13　「官吏俸給節減に関する建議案」可決
2・26　予算修正案可決
11・15　侯爵西園寺公望　貴族院副議長に就任
11・25　第五回帝国議会召集
11・26　全院委員長に谷干城を選任

明治27年（一八九四年）　第二次伊藤内閣
1・24　貴族院議員　衆議院の解散理由を明示しない政府の態度を非難し伊藤首相に忠告書を提出
5・12　第六回特別帝国議会召集
5・14　侯爵西園寺公望　貴族院副議長を辞す
8・1　対清宣戦布告
10・6　侯爵黒田長成　貴族院副議長就任
10・15　第七回臨時帝国議会広島に召集
10・21　臨時軍事費（日清戦争）一億五千万円　可決
12・22　第八回帝国議会召集

明治28年（一八九五年）　第二次伊藤内閣
4・17　日清講和条約調印

12・25　第九回帝国議会召集

明治29年（一八九六年）　第二次伊藤内閣―第二次松方内閣

2・4　「小学校修身教科書国費編纂するの建議案」提出　可決

3・4　明治二十九年度予算案可決

3・27　「決算に関する決議案」提出　可決

9・26　勅選清浦奎吾　司法大臣に就任

10・3　公爵近衛篤麿　第三代貴族院議長に就任

12・22　第十回帝国議会召集

明治30年（一八九七年）　第二次松方内閣

6・10　多額納税者議員総選挙

7・10　伯子男爵議員総選挙　伯爵十五名、子爵七十名、男爵三十五名

9・29　多額納税者議員勅任四十五名

11・6　男爵西徳二郎　外務大臣に就任

12・21　第十一回帝国議会召集

明治31年（一八九七年）　第三次伊藤内閣―第一次大隈内閣―第二次山県内閣

5・14　第十二回特別帝国議会召集

6・9　「衆議院議員選挙法改正案」未了（衆議院修正議決）

11・7　第十三回帝国議会召集

12・27　「地租条例中改正法律案」可決

明治32年（一八九九年）　第二次山県内閣

1・19　「高等学校及帝国大学増設に関する建議案」提出　可決

1・21　「学制振張に関する建議案」提出　可決

2・22　「郵便条例改正法律案」可決

3・3　「華族令中改正案」修正議決

3・8 「議院法中改正法律案」可決
3・9 「家禄賞典禄処分法施行法律案」両院修正議決成立
11・20 第十四回帝国議会召集
明治33年(一九〇〇年) 第二次山県内閣―第四次伊藤内閣
2・19 「衆議院議員選挙法改正法律案」可決
2・22 足尾鉱毒事件に関する請願 採択
10・19 子爵渡辺国武 大蔵大臣に就任
12・14 貴族院各派の代表「官紀振粛の忠告を政府に行う」ことを決める
12・17 貴族院各派の一八七名 星亨逓信大臣の処決を首相に忠告 二十一日辞任
12・22 第十五回帝国議会召集
明治34年(一九〇一年) 第四次伊藤内閣―第一次桂内閣
1・26 増税案「酒税法中改正法律案外七件」を政府、議会に提出
2・27 貴族院増税反対 十日間の停会となる
3・3 貴族院六会派 政府の申入れを拒絶
3・9 調停不調のため更に五日間貴族院を停会 首相 貴族院改造の上奏案を作成
3・12 天皇 近衛議長を召され勅語を賜る
3・14 貴族院 奉答文を可決
3・17 貴族院本会議「増税案」可決
10・7 侯爵黒田長成 貴族院副議長に再任
12・7 第十六回帝国議会召集
明治35年(一九〇二年) 第一次桂内閣
1・30 日英同盟協約調印
12・6 第十七回帝国議会召集
12・16 衆議院 予算案、「地租増徴案」に反対 議会五日間停止

12・20　貴族院の各派　近衛議長とともに政府と政友会、憲政本党と交渉するも妥協不成立　議会七日間停止
12・21　首相地租増徴案の成立断念
明治36年(一九〇三年)　第一次桂内閣
5・8　第十八回特別帝国議会召集
6・2　「地租条例中改正法律案」可決　「財政に関する建議案」(公債発行反対)可決
9・22　法相清浦奎吾　農商務大臣に転任　後任波多野敬直
12・4　公爵徳川家達　第四代貴族院議長に就任
12・5　第十九回帝国議会召集
明治37年(一九〇四年)　第一次桂内閣
2・10　対露宣戦布告
3・18　第二十回臨時帝国議会召集
3・21　「帝国海軍の戦功に関する決議案」提出　可決
3・27　「臨時事件費支弁に関する決議案」可決
3・28　「戦時増税等諸案」可決
3・29　「帝国艦隊第二回旅順口閉塞の動作に関する決議案」提出　可決
6・10　多額納税者議員選挙
7・10　伯子男爵議員総選挙　伯爵十七名　子爵七十名　男爵五十六名
9・29　多額納税者議員　勅任四十五名
11・28　第二十一回帝国議会召集
12・1　「満州軍に対する感謝決議案」提出　可決
12・28　非常特別税法中改正法律案及び臨時軍事費追加予算七億八千万円を可決　「貯蓄勧業債権法」可決
明治38年(一九〇五年)　第一次桂内閣
2・25　「貴族院令中改正案」修正案可決
9・5　日露講和条約調印

12・25　第二十二回帝国議会召集
12・29「陸軍に対する感謝決議案」「海軍に対する感謝決議案」提出　可決
明治39年（一九〇六年）　第一次西園寺内閣
2・23「国債整理基金特別会計法案（減債基金法案）」可決
3・24「議院法中改正法律案」可決
3・27　鉄道国有化問題で賛否対立
12・25　第二十三回帝国議会召集
明治40年（一九〇七年）　第一次西園寺内閣
3・23「国有林野法中改正案」修正議決
12・25　第二十四回帝国議会召集
明治41年（一九〇八年）　第一次西園寺内閣―第二次桂内閣
1・25「東京都制案」提出　可決
2・22「増税案」四件可決
3・25　子爵堀田正養は逓信大臣に、男爵千家尊福は司法大臣に就任
7・14　子爵岡部長職　司法大臣就任
10・7　侯爵黒田長成　貴族院副議長に再任
12・22　第二十五回帝国議会召集
明治42年（一九〇九年）　第二次桂内閣
3・20「貴族院令中改正案」可決成立　有爵互選議員定数変更決まる
6・16　公爵岩倉具定　宮内大臣に任ぜられる
12・22　第二十六回帝国議会召集
明治43年（一九一〇年）　第二次桂内閣
8・29　韓国併合の詔書渙発
12・5　公爵徳川家達　貴族院議長に重任

12・20　第二十七回帝国議会召集

明治44年（一九一一年）　第二次桂内閣—第二次西園寺内閣

2・3　「明治四十三年度特別会計朝鮮関係追加予算案」　可決

6・10　多額納税者議員総選挙

7・10　伯子男爵議員総選挙　伯爵十七名　子爵七十名　男爵六十三名

8・30　男爵牧野伸顕　農商務大臣就任

9・29　多額納税者議員　勅任四十五名

12・23　第二十八回帝国議会召集

明治45年・大正元年（一九一二年）　第二次西園寺内閣—第三次桂内閣

3・20　「衆議院議員選挙法中改正法律案」　特別委員会案可決

7・30　明治天皇崩御

8・21　第二十九回臨時帝国議会召集

8・24　御大葬費一五四万円　可決　明治天皇崩御の哀悼上奏文　可決

12・24　第三十回帝国議会召集

歴代貴族院議長・書記官長一覧

■貴族院議長

氏名	任	免
伊藤博文	明治23・10・24	明治24・7・21
蜂須賀茂韶	明治24・7・21	明治29・10・3
近衛篤麿	明治29・10・3	明治36・10・2
徳川家達	明治36・12・4	明治43・12・3
徳川家達	明治43・12・5	大正6・12・4
徳川家達	大正6・12・5	大正13・12・4
徳川家達	大正13・12・5	昭和6・12・4
徳川家達	昭和6・12・5	昭和8・6・9
近衛文麿	昭和8・6・9	昭和12・6・7
松平頼寿	昭和12・6・19	昭和14・7・9
松平頼寿	昭和14・7・10	昭和19・9・13
徳川圀順	昭和19・10・11	昭和21・6・19
徳川家正	昭和21・6・19	昭和22・5・3

■貴族院書記官長

氏名	任	免
金子堅太郎	明治23・5・26	明治27・1・31
中根重一	明治27・2・16	明治31・11・18
太田峯三郎	明治31・11・18	大正3・4・7
宮田光雄	大正3・4・8	大正3・4・13
柳田国男	大正3・4・13	大正8・12・23
河井弥八	大正8・12・23	大正15・7・23
成瀬達	大正15・7・23	昭和6・12・5
長世吉	昭和6・12・5	昭和13・4・2
瀬古保次	昭和13・4・2	昭和15・12・4
小林次郎	昭和15・12・4	昭和22・5・2

※宮田は事務取扱

旧版あとがき

平成三年頃、当時大学院生であった内藤一成氏が尚友倶楽部を尋ねてこられた。貴族院について研究したいが、という相談であった。若い人の研究にぜひ協力したいと思い、閲覧希望の資料を探してみた。その中に故水野勝邦が「研究会史」で取り上げた「旧話会速記」があった。原本は見当らなかったがテープが残されており、テープを起こし、内藤氏に見ていただいたのが「旧話会速記」水野木であった。しかし「研究会史　明治大正編」二〇〇頁に載っている写真の原本は所在不明であった。

この度「尚友ブックレット17号」として「旧話会速記」を翻刻活字化するにあたり、参議院庶務部資料調査課は同課所蔵写本との照合を快く許可された。社団法人霞会館は会館所蔵の写本を参照するにあたりご協力くださった。現時点で出来るかぎりの検証をすることができたのは両者のお力によるところ大である。内藤氏には両書とも点検をお願いした。こうした経緯から、この十余年間「旧話会速記」をおってこられた内藤氏に解題をお願いした次第である。

同書中の発言者後裔の方々からは翻刻活字化に際してこころよくご承諾いただいた。所蔵資料の参照、照合の便宜をはかってくださった参議院庶務部資料調査課ならびに社団法人霞会館、金子堅太郎講演翻刻の許可をされた国立国会図書館憲政資料室、「旧話会速記」原本につきご教示くださった元駒沢大学教授前田英昭氏、翻刻にあたり適切な助言を賜わった政策研究大学院大学教授伊藤隆氏、駿河台大学教授広瀬順晧氏、解題、校正、付注、付表作成と編集の全範囲にわたり作業された宮内庁書陵部編修課内藤一成氏、本書刊行に至るまでに賜わった多くの方々のご協力に心から御礼申し上げる。

平成十六年七月

社団法人　尚友倶楽部

調査室　上田和子

後　記

尚友倶楽部史料調査室　藤澤恵美子

尚友ブックレット第38号は、第17号「新編　旧話会速記」に参議院事務局所蔵の「編纂掛本」を用いて改訂を行い、新訂版として刊行するものである。

尚友倶楽部では、昭和四六（一九七一）年から平成二（一九九〇）年にかけて「尚友報告書」として十二冊、平成六（一九九四）年から平成二一（二〇〇九）年にかけて「尚友ブックレット」として二十冊の近現代史に関する史料の刊行を行ってきたが、いずれも非売品である上、当所の在庫も少ないものもあり、一般には入手が困難な状況である。一方、貴族院研究が進む中で、当時を伺い知れる貴重な資料として入手を希望される声もあることから、要望の高い図書については復刻を進めることとし、令和元（二〇一九）年には「貴族院の会派研究会史　復刻版　明治大正篇」「同　昭和篇」を刊行した。

本書刊行にあたり、参議院事務局では資料の閲覧、撮影など便宜を図って頂いた。一般社団法人霞会館は所蔵されている資料の掲載など快諾を下さった。法政大学文学部史学科　内藤一成准教授は改めて全体の調査を行っていただき、より精度の高い史料集として刊行に至る労をとられた。ここに深く感謝を申し上げる。

他の尚友倶楽部刊行史料集同様、広く学会に寄与し、近代日本史研究に貢献することを願っている。

編者
一般社団法人尚友倶楽部《しょうゆうくらぶ》
旧貴族院の会派「研究会」所属議員により1928年に設立された公益事業団体。学術研究助成、日本近現代史関係資料の調査・研究に取り組んでいる。その成果は、『品川弥二郎関係文書』『山縣有朋関係文書』『三島弥太郎関係文書』『阪谷芳郎東京市長日記』『田健治郎日記』などの資料集として叢書49冊、ブックレット37冊が出版されている。

内藤一成（ないとう かずなり）
法政大学文学部准教授。1967年生まれ。博士（歴史学）。
主要著書：『貴族院と立憲政治』（思文閣出版、2005年）、『貴族院』（同成社、2008年）、『華族令嬢たちの大正・昭和』（吉川弘文館、2011年）、『三島和歌子覚書』（芙蓉書房出版、2012年）、『四條男爵家関係文書』（同成社、2013年）、『河井弥八日記　戦後篇』全5巻（信山社、2015～20年）、『三島弥彦　伝記と史料』（芙蓉書房出版、2019年）『三条実美』（中央公論新社、2019年）ほか

新編 旧話会速記【新訂版】
〔尚友ブックレット *38*〕

2022年 8月18日　発行

編　集

尚友倶楽部史料調査室《しょうゆうくらぶしりょうちょうさしつ》・内藤一成《ないとうかずなり》

発　行

(株)芙蓉書房出版
（代表 平澤公裕）
〒113-0033東京都文京区本郷3-3-13
TEL 03-3813-4466　FAX 03-3813-4615
http://www.fuyoshobo.co.jp

ISBN978-4-8295-0842-8